智能空战对抗训练目标识别

王 栋　郗 岳　朱诗剑　黄震宇　周向东
侯 睿　潘 勃　孙 曜　刘远飞　寇雅楠　著

電子工業出版社
Publishing House of Electronics Industry
北京 • BEIJING

内 容 简 介

本书研究内容分为两个部分，第一部分为“复杂场景下的小目标检测与识别方法研究”，第二部分为“基于机器学习的智能空战深层态势感知”。

第一部分为总体研究，在复杂场景下小目标检测与识别中，提出了上下文信息指导的小目标的检测方法、信息补偿机制的小目标识别方法、样本方向属性指导的数据增强方法；在遥感图像飞机检测的实际应用中，提出了结合数据增强、区域推荐和PHOG的飞机快速检测方法。

第二部分以1对1超视距空战为背景，立足于大量空战训练数据，利用机器学习的方法开展了智能空战深层态势感知的研究，旨在从数据化、智能化的角度解决空战态势感知问题。主要内容有基于粒子群优化 LSTM 的空战轨迹预测研究，基于CHCQPSO-LSSVM 的空战目标机动识别研究，基于 Multi-BiLSTM-Attention 网络的空战目标意图识别研究。

图书在版编目（CIP）数据

智能空战对抗训练目标识别 / 王栋等著. 一北京：电子工业出版社，2022.12
ISBN 978-7-121-44769-3

Ⅰ. ①智… Ⅱ. ①王… Ⅲ. ①空战一对抗性训练一研究 Ⅳ. ①E824

中国版本图书馆 CIP 数据核字（2022）第 252269 号

责任编辑：刘小琳　　特约编辑：韩国兴
印　　刷：北京建宏印刷有限公司
装　　订：北京建宏印刷有限公司
出版发行：电子工业出版社
　　　　　北京市海淀区万寿路 173 信箱　　邮编 100036
开　　本：720×1 000　1/16　印张：15.5　字数：230 千字　彩插：14
版　　次：2022 年 12 月第 1 版
印　　次：2025 年 3 月第 2 次印刷
定　　价：98.00 元

凡所购买电子工业出版社图书有缺损问题，请向购买书店调换。若书店售缺，请与本社发行部联系，联系及邮购电话：（010）88254888，88258888。

质量投诉请发邮件至 zlts@phei.com.cn，盗版侵权举报请发邮件至 dbqq@phei.com.cn。

本书咨询联系方式：liuxl@phei.com.cn，（010）88254538。

前　言 / Forword

本书第一部分研究复杂场景下的小目标检测与识别，这在军用方面具有十分重要的研究意义。该技术将极大地提高军事装备的智能化水平，如卫星对战场的态势感知、导弹末端的精确制导和单兵智能装备升级等。

现有的目标检测与识别技术在理想环境中已经取得了显著的效果，但在更为普适开放的环境下往往无法正常工作。复杂场景下的小目标检测与识别研究面临环境的复杂性、目标特性的复杂性和数据的不完备性等方面的挑战。

该研究需要解决的核心科学问题是源域特征空间和目标域特征空间分布不一致。本书解决该问题的基本思路是在源域知识的指导下，修正目标域样本在特征空间的联合概率分布，从而提高样本目标域特征的可分性。

针对分布不一致的问题，从上下文信息、信息补偿及数据增强这3个方面展开研究，现已取得如下研究成果：

（1）针对环境复杂所引起的前景和背景分离难的问题，本书提出了上下文信息指导的复杂场景小目标检测方法（DLGC），该方法引入上下文信息约束来剔除候选区域中存在的大量背景，从而解决了小目标检测难的问题。另外，在4个公开的数据集中，说明了DLGC方法能够有效地检测小尺寸人脸（简称小脸）和物体。在世界著名的小脸检测数据集——WiderFace和遥感图像物体识别数据集——DOTA中，DLGC方法分别得到93%和61.73%的准确率。

（2）针对由目标特性的复杂性所引起的小目标自身携带信息匮乏的问题，本书提出信息补偿机制的复杂场景小目标识别模型（RL-GAN）。

根据该模型学习低分辨率图像的特征空间和其高分辨率图像特征空间之间存在的差异，将这种差异补偿至低分辨率图像特征，以减少其与高分辨率图像特征的差异，从而提升小目标识别的性能。此外，本书将通道注意力机制引入 RL-GAN 优化过程中，提出基于全局信息通道的注意力 RL-GAN，引导网络聚焦于信息量丰富的特征而忽略信息量匮乏的特征，达到小目标特征高效提取的目标。该模型在两个公开的数据集——高分辨率舰船识别数据集和 CIFAR-10 数据集进行了实验，识别准确率提升了 20%以上，错误率降低了 6.88%。同时，本书构建了一个专门针对低分辨率舰船识别任务的数据集 WIDER-SHIP，RL-GAN 相比于残差学习网络，在识别性能上取得了 10%～15%的提升。

（3）针对由数据集方向不完备性所引起的模型训练过拟合问题，本书提出了样本方向属性指导的数据增强方法。该方法通过将样本旋转特定角度的方式，使训练样本在方向分布上充分覆盖物理世界中样本方向的分布，以此提升数据方向的完备性，最终减少训练模型中过拟合风险。为了验证所提出的数据增强方法的有效性，本书在 PASCAL VOC 2007 数据集上测试了 RCNN 系列模型在目标识别任务上的性能，测试发现在视频监控相机中，该模型的平均识别准确率在使用数据增强后，提高了 7.5%。

（4）针对遥感图像大场景难以快速检测的问题，本书结合数据增强方法提出了区域推荐和 PHOG 的飞机快速检测方法。该方法从减少候选区域搜索空间和特征优化两个角度加速了复杂场景下小目标检测的任务。首先，该方法设计了基于二值范数梯度的编码算法用于封闭对象边界检测，以大大缩小潜在目标区域的搜索空间，从而加快传统的窗口滑动策略。其次，该方法采用更轻量的特征描述符，通过方向直方图的金字塔获得椭圆傅里叶变换的梯度，大大减少学习模型参数个数，从而加速了目标检测过程。相比于 DLGC 算法，本书提出的小目标检测方法将检测任务的速度提升近 20 倍。

本书第二部分，以1对1超视距空战为背景，立足于大量空战训练数据，利用机器学习的方法开展了智能空战深层态势感知的研究，旨在从数据化、智能化的角度解决空战态势感知问题。主要研究工作如下。

（1）基于粒子群优化LSTM的空战轨迹预测研究。轨迹预测是空战态势感知、智能空战中的关键问题。传统轨迹预测模型存在模型简化较大、考虑因素较少等问题。结合飞行轨迹连续性、时序性、交互性的特点，提出基于粒子群优化LSTM的空战轨迹预测模型。将目标机的位置、姿态等信息同时作为轨迹预测模型的输入，更加符合真实轨迹变化规律；对建立的基于粒子群优化LSTM的空战轨迹预测模型采用综合考虑动量和速度的自适应调整学习步长的学习算法进行训练；并与基于BP、RNN、LSTM的轨迹预测模型进行仿真对比分析。结果表明：与基于BP、RNN、LSTM的轨迹预测模型相比，所提模型预测误差更小、预测效果更好，可以更加准确地进行目标机空战轨迹的预测。

（2）基于CHCQPSO-LSSVM的空战目标机动识别研究。针对现有机动识别方法的不足，将空战目标机动识别问题等效为数据分类问题，提出了一种基于运动分解和CHCQPSO-LSSVM的识别模型。利用仿真数据对模型进行训练，挖掘出了飞行参数与机动动作之间的映射关系。结合运动分解的思想，构造了机动特征数据，在此基础上构建了机动动作样本库并建立了基于最小二乘支持向量机的机动动作识别模型，利用交叉杂交的混沌量子粒子群算法对模型进行了优化，将优化后的模型应用到态势数据中实现飞行员的机动动作识别，建模过程实现了复杂问题的简单化。仿真实验结果表明，本书提出的识别模型对各类机动动作都可以准确识别，平均准确率可达96%左右，而且连续进行200次识别所需时间约为30ms，可以准确、快速地进行空战目标机动识别。

（3）基于Multi-BiLSTM-Attention网络的空战目标意图识别研究。传统1对1空战中目标战术意图识别过程中仅依据单一时刻进行推理分析，而实际战场中目标战术意图是由一系列动作实现的，因此，目标状态呈现动态、时序变化特征。针对此问题在长短期记忆网络（LSTM）的基础上引入双向（Bidirectional）传播机制和注意力（Attention）机制，但是单一的、固定的 BiLSTM 只能学习到一个特定维度的信息，因此，我们通过设置不同的 BiLSTM，构建了一个 Multi-BiLSTM-Attention 模型。该模型可以学习到多个维度的带有依赖信息的特征。根据领域专家知识和实践经验，构建空战意图特征集，并将其编码成时序特征，将决策人员经验封装成标签，通过 Multi-BiLSTM 学习空战意图特征向量中的深层次信息，并利用注意力机制自适应分配网络权重，最后将不同权重的空战特征信息放入 Softmax 函数层进行意图识别。通过与多种空中战术目标意图识别模型进行对比及实时性实验分析，结果显示所提模型极大地提升了空中目标战术意图识别率，并且具有很好的识别实时性，可以准确、快速地进行空战意图识别。

目　录 / Contents

第一部分　复杂场景下的小目标检测与识别方法研究

第 1 章　绪论 …… 2

1.1　研究背景及意义 …… 3

1.1.1　研究意义 …… 3

1.1.2　研究现状 …… 6

1.1.3　困难挑战 …… 8

1.1.4　科学问题 …… 11

1.2　研究内容和创新点 …… 11

1.2.1　研究内容 …… 12

1.2.2　特色创新 …… 13

第 2 章　复杂场景下小目标检测与识别的相关技术 …… 16

2.1　传统场景下常规目标检测与识别 …… 17

2.1.1　检测与识别的基本模块 …… 17

2.1.2　检测和识别的框架 …… 21

2.2　复杂场景下小目标检测与识别 …… 26

2.2.1　信息增强 …… 26

2.2.2　上下文信息发展现状 …… 28

第 3 章　上下文信息指导的复杂场景下小目标检测 …… 30

3.1　小目标特征淹没 …… 31

3.2 小目标检测算法的原理分析 ……34
3.2.1 复杂场景下的小目标检测 ……34
3.2.2 上下文信息 ……35
3.2.3 判别式学习 ……36
3.3 上下文信息指导的复杂场景下小目标检测方法……37
3.3.1 基于 SVM 的目标候选区域相似度计算……37
3.3.2 基于谱聚类的图模型分割 ……38
3.4 实验结果与分析 ……40
3.4.1 子模块有效性验证实验 ……40
3.4.2 WiderFace 数据集小脸检测的实验结果 ……43
3.4.3 AFW 和 PascalFace 数据集人脸检测的实验结果 ……43
3.4.4 DOTA 数据集遥感图像小目标检测的实验结果……45

第 4 章 信息补偿机制的复杂场景下小目标识别 ……48

4.1 问题引出 ……49
4.2 信息补偿机制下的小目标识别算法原理分析 ……53
4.2.1 低分辨率行为识别与人脸识别 ……53
4.2.2 基于超分辨率重建的低分辨率物体识别方法……53
4.2.3 基于特征变换的低分辨率物体识别方法……54
4.3 基于表示学习生成对抗网络的小目标识别算法……55
4.3.1 问题定义和方法概述 ……55
4.3.2 全局特征注意力机制 ……60
4.3.3 全局特征注意力机制 RL-GAN 的 LR 图像分类 ……62
4.4 实验结果与分析 ……63
4.4.1 数据集和评价指标 ……64
4.4.2 WIDER-SHIP 遥感图像舰船识别的实验结果 ……67
4.4.3 HRSC 遥感图像舰船识别的实验结果 ……68
4.4.4 CIFAR-10 的实验结果 ……69

4.4.5 模型消融实验 ······69

第 5 章 样本方向指导的数据增强 ······73

5.1 问题概述 ······74

5.2 基于属性指导的数据增强方法分析 ······76

5.3 样本方向指导的数据增强方法 ······77

5.3.1 基于物体主轴 POD 的方向描述子 ······78

5.3.2 基于中值的数据集相似度量方法 ······80

5.3.3 基于扰动矩阵的图像旋转算法 ······82

5.4 实验结果与分析 ······82

5.4.1 测试集图像旋转对学习模型检测性能的影响 ······83

5.4.2 物体方向的估计 ······86

5.4.3 主轴方向分布的相似度衡量 ······87

第 6 章 基于区域推荐和 PHOG 的飞机快速检测 ······90

6.1 问题概述 ······91

6.2 区域推荐和特征提取原理分析 ······92

6.3 基于区域推荐和 PHOG 的遥感图像中飞机快速检测算法 ······93

6.3.1 基于梯度特征的快速区域推荐算法 ······93

6.3.2 基于 PHOG 的特征快速提取方法 ······94

6.4 实验结果与分析 ······96

本部分总结 ······100

参考文献 ······103

第二部分 基于机器学习的智能空战深层态势感知

第 7 章 绪论 ······126

7.1 空战态势感知概述 ······128

7.1.1 空战 OODA 过程描述 ······128

7.1.2 空战态势感知的层次结构 …………………………130
7.2 国内外研究现状 …………………………131
7.2.1 轨迹预测研究 …………………………131
7.2.2 机动识别研究 …………………………132
7.2.3 意图识别研究 …………………………133
7.3 研究意义 …………………………134

第 8 章 相关理论和数据来源 …………………………136

8.1 数据挖掘理论 …………………………137
8.2 机器学习相关理论 …………………………138
8.2.1 神经网络 …………………………138
8.2.2 支持向量机 …………………………140
8.2.3 深度学习 …………………………143

第 9 章 基于粒子群优化 LSTM 的空战轨迹预测研究 …………………………144

9.1 目标轨迹预测问题描述 …………………………145
9.2 基于 PSO-LSTM 神经网络的飞行轨迹预测 …………………………147
9.2.1 LSTM 神经网络模型 …………………………147
9.2.2 传统粒子群算法 …………………………149
9.2.3 自适应学习策略的 PSO 算法 …………………………150
9.2.4 PSO-LSTM 模型 …………………………152
9.2.5 算法流程 …………………………153
9.3 仿真实验与分析 …………………………155
9.3.1 轨迹数据选取与处理 …………………………156
9.3.2 轨迹预测性能对比分析 …………………………157

第 10 章 基于 CHCQPSO-LSSVM 的空战目标机动识别研究 …………………………163

10.1 机动识别问题描述 …………………………164

10.1.1 多元时间序列识别 ……164
10.1.2 分级识别 ……166
10.2 机动动作分类与数据处理 ……166
10.2.1 参考坐标系 ……167
10.2.2 机动动作分类 ……169
10.2.3 飞行数据选择与处理 ……173
10.3 基于 CHCQPSO-LSSVM 的空战目标机动识别 ……177
10.3.1 QPSO 算法 ……177
10.3.2 改进杂交机制的 QPSO 算法 ……179
10.3.3 参数寻优流程 ……181
10.3.4 机动识别模型 ……182
10.4 仿真实验与分析 ……183
10.4.1 机动识别样本数据的构造 ……183
10.4.2 实验设置 ……183
10.4.3 模型训练 ……184
10.4.4 机动识别准确性分析 ……187
10.4.5 机动识别实时性分析 ……192

第 11 章 基于 Multi-BiLSTM-Attention 网络的空战目标意图识别研究 ……194

11.1 目标意图识别问题描述 ……195
11.2 基于 Multi-BiLSTM-Attention 网络的 1 对 1 空战目标意图识别研究 ……197
11.2.1 意图空间描述 ……197
11.2.2 BiLSTM ……200
11.2.3 Attention 机制 ……201
11.2.4 Multi-BiLSTM-Attention 模型 ……203
11.3 意图识别样本数据的构造 ……205

11.4 仿真实验与分析 ······ 208
11.4.1 实验设置 ······ 208
11.4.2 意图识别准确性分析 ······ 212
11.4.3 意图识别实时性分析 ······ 218
本部分总结 ······ 220
参考文献 ······ 224

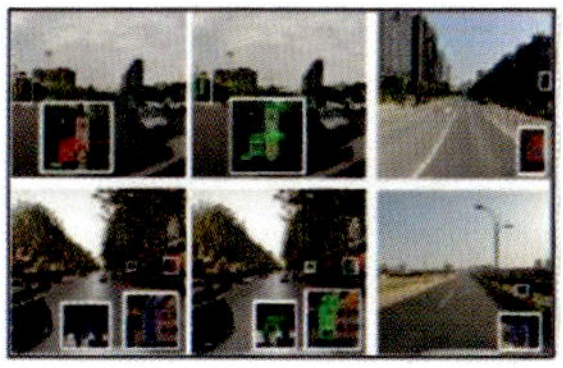

（a）自动驾驶中交通标示牌的检测与识别

（b）视频监控中的人脸检测与识别

（c）视频监控中的行人检测和重识别

（d）遥感图像中的飞机检测

（e）遥感图像中的舰船识别

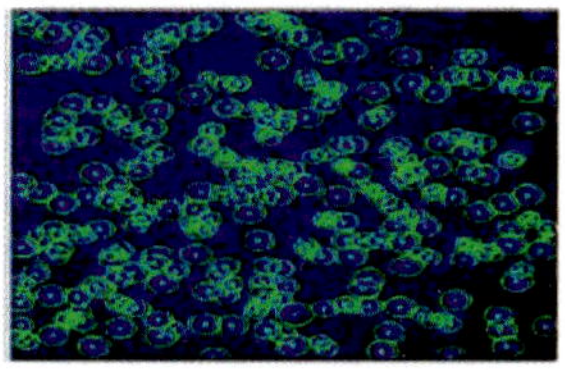

（f）医学图像中的细胞检测

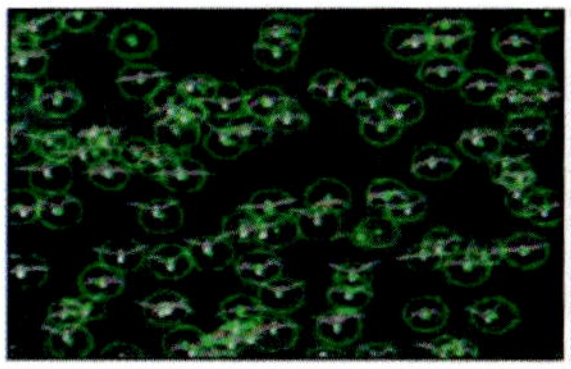

（g）无人机图像中的动物检测

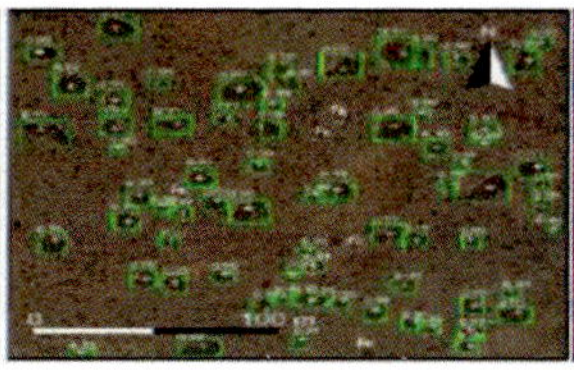

（h）无人机图像中的植被检测

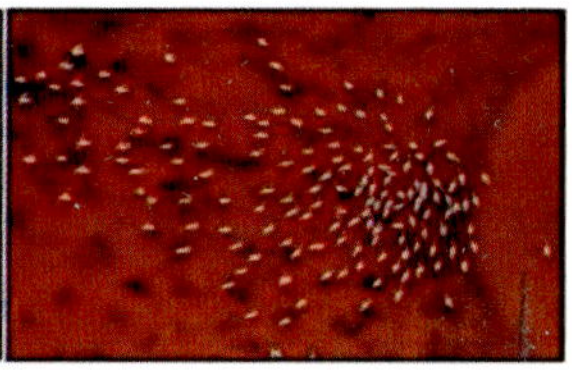

（i）无人机图像中的动物检测

图 1.1　复杂场景下小目标检测与识别典型应用的示例

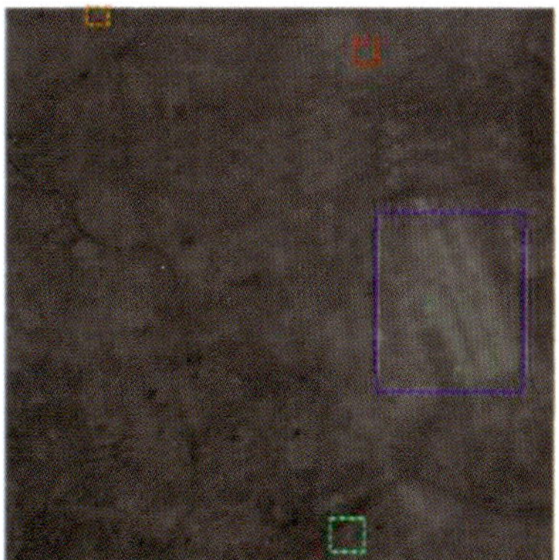

（a）遥感图像

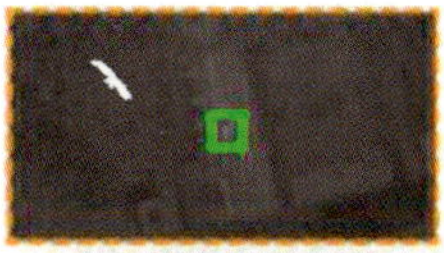

（b）野外停靠飞机

（c）空中行进中的飞机

（d）小型机场停靠的飞机

图 1.2　遥感图像中，浓雾天气下的飞机检测

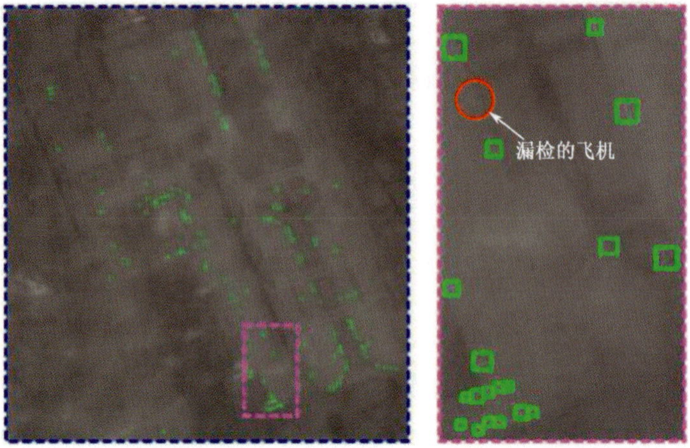

（e）大型机场停靠的飞机　　（f）局部细节

图 1.2　遥感图像中，浓雾天气下的飞机检测（续）

（a）　　（b）

图 1.3　数据方向不完备性示例

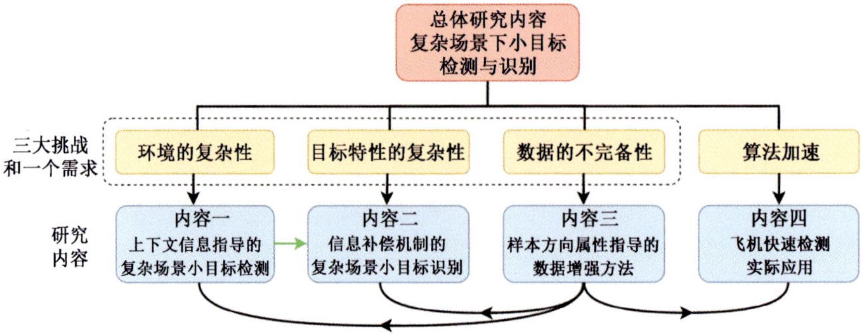

图 1.4　总体研究内容和子研究内容之间的逻辑关系

图 3.1　DLGC 小脸检测结果和 HR[24]小脸检测结果

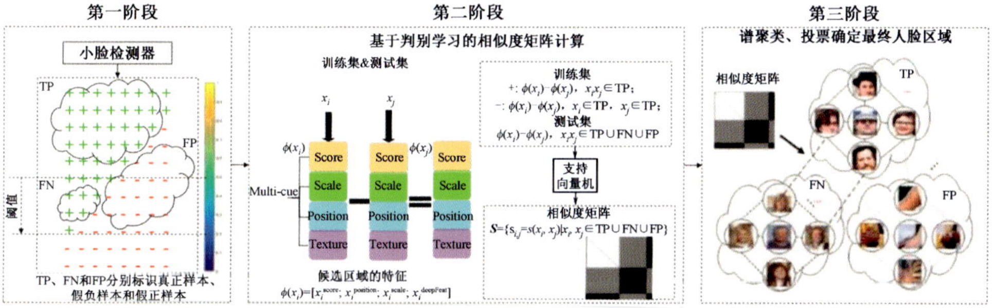

图 3.2　本文提出基于 DLGC 的小脸检测框架

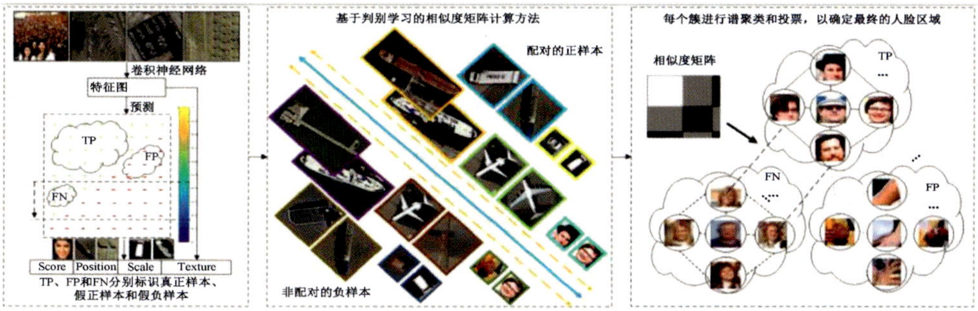

图 3.3　面向遥感图像小目标检测 DLGC 的算法框架

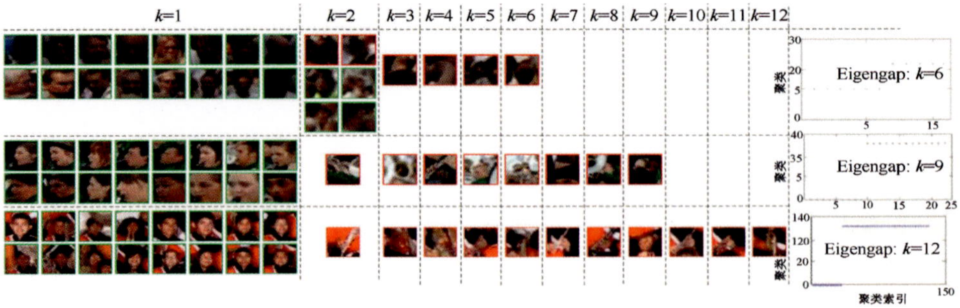

图 3.4　给定不同候选区域之间的相似度矩阵，谱聚类可视化结果

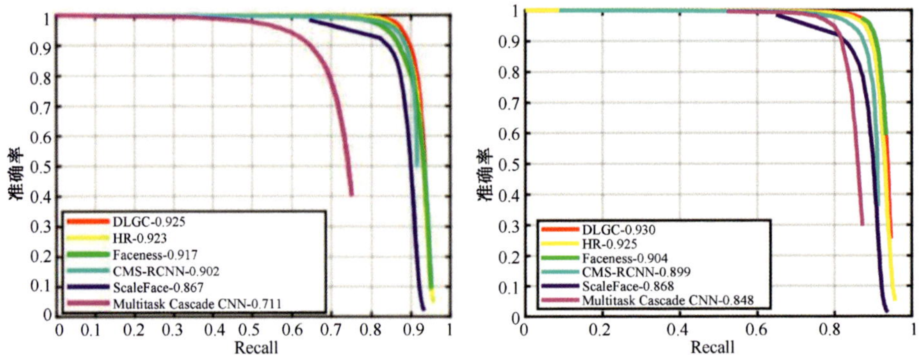

（a）测试集　　（b）验证集

图 3.5　WiderFace 测试集简单子集和验证集简单子集的 PR 曲线

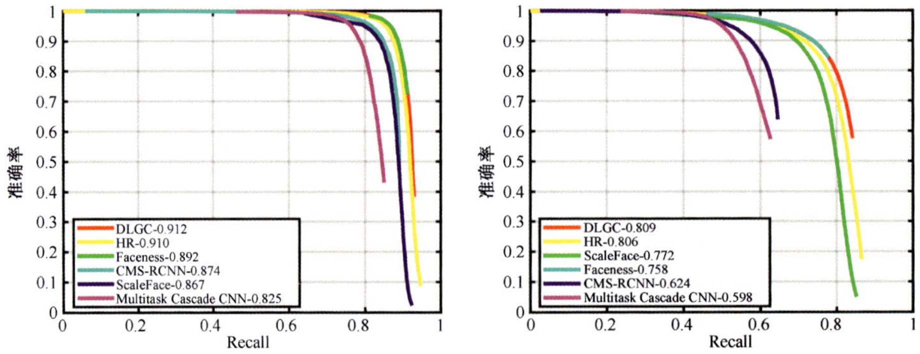

（a）　　（b）

图 3.6　验证集适中子集和困难子集的 PR 曲线

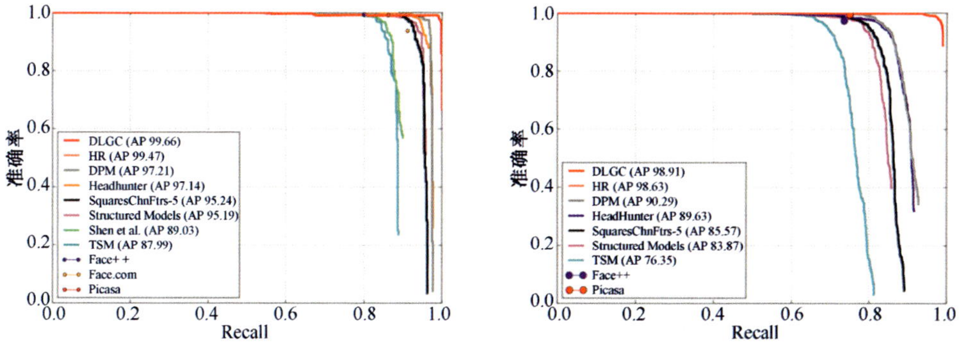

(a) (b)

图 3.7 AFW 和 Pascal Face 数据集上的 PR 曲线

图 3.8 DLGC 方法在 WiderFace 数据集上进行人脸检测的结果

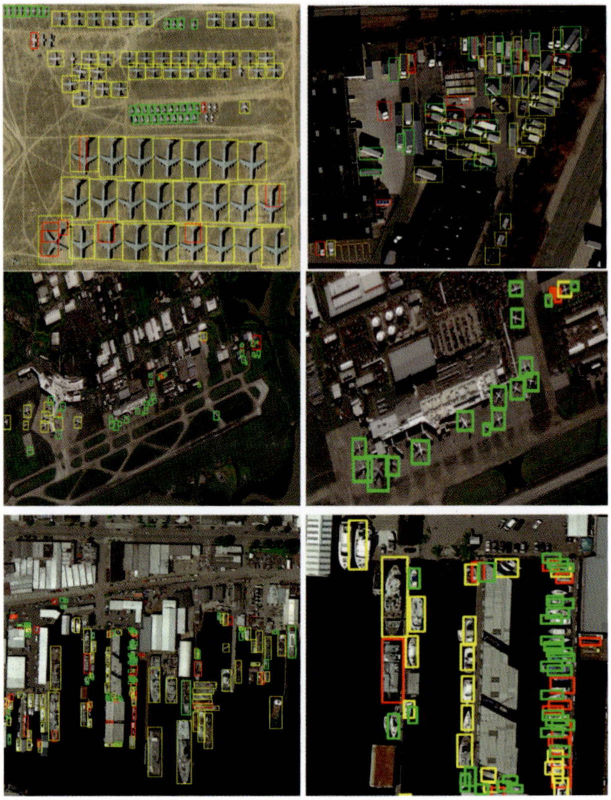

图 3.9　DLGC 遥感图像的目标检测

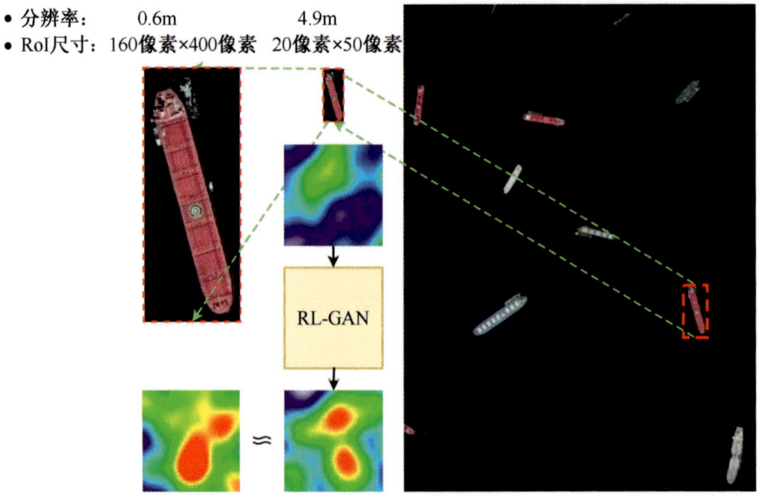

图 4.1　HR RoI 和 LR RoI 在分类器的高层卷积层中表现出不同的特征

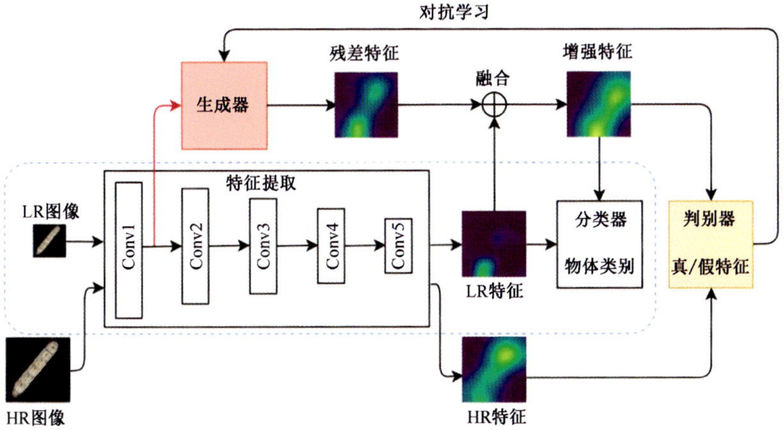

图 4.2　RL-GAN 框架细节

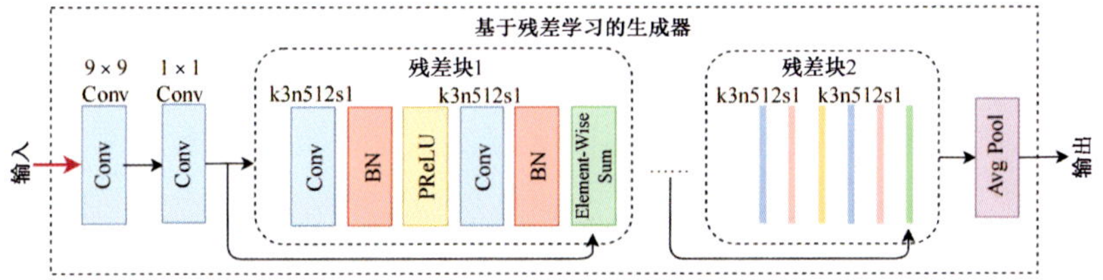

图 4.3　基于残差学习的生成器 *G* 的架构

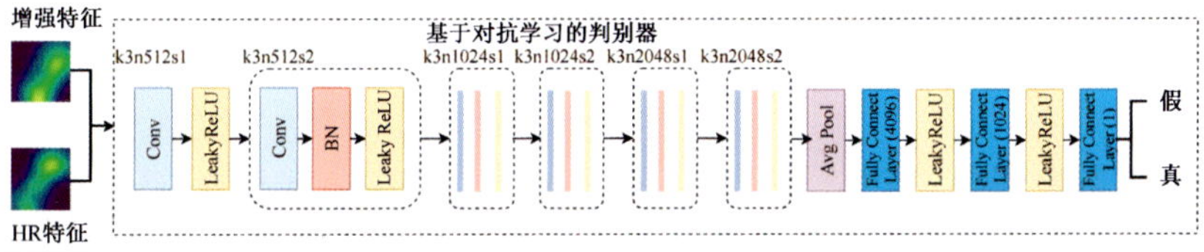

图 4.4　基于对抗学习的判别器 *D* 的架构

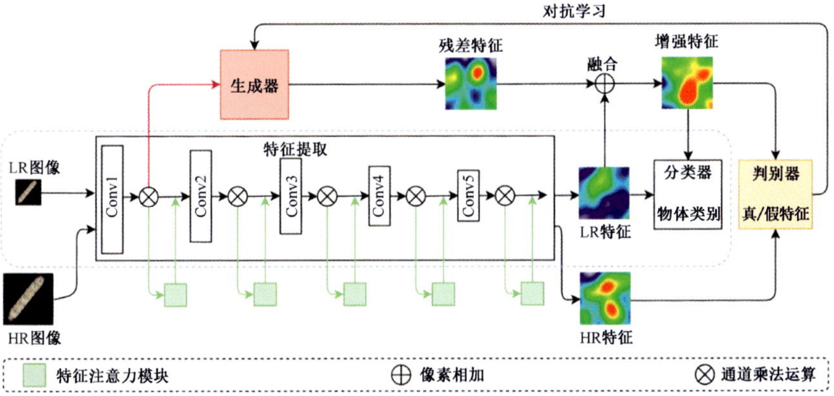

图 4.5　基于特征注意力的 RL-GAN 框架细节

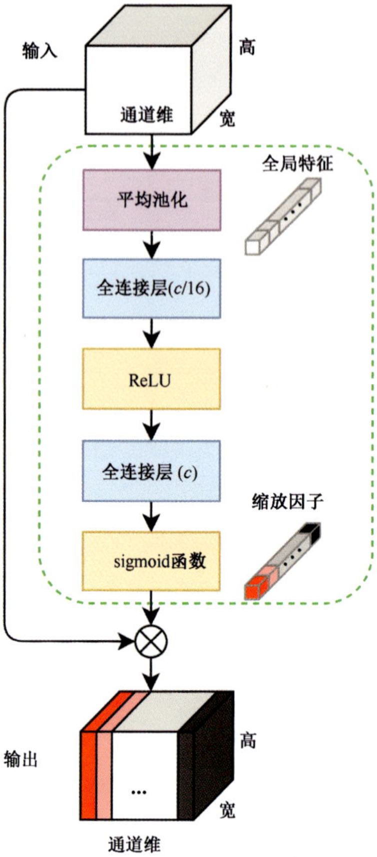

图 4.6　自适应通道注意力机制模型架构

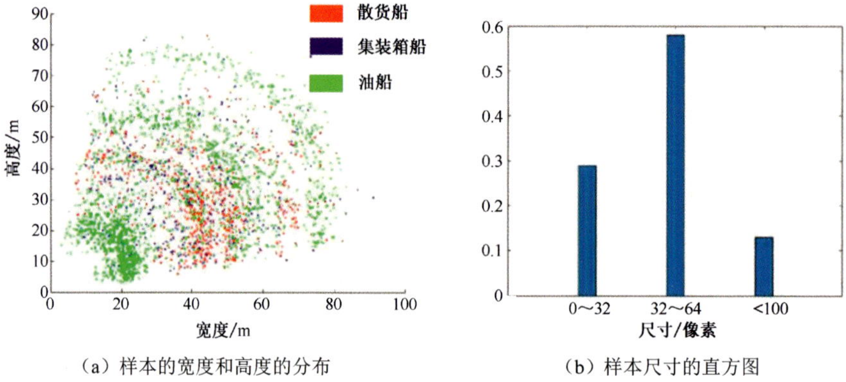

图 4.8　WIDER-SHIP 数据集中部分样本的统计信息

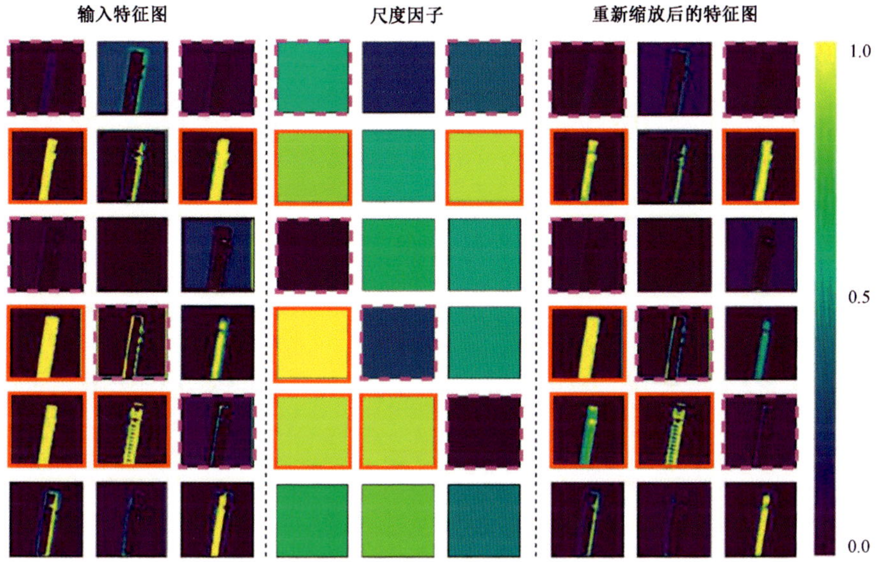

图 4.10　输入特征图、缩放因子及经过特征注意力模型处理后的特征图

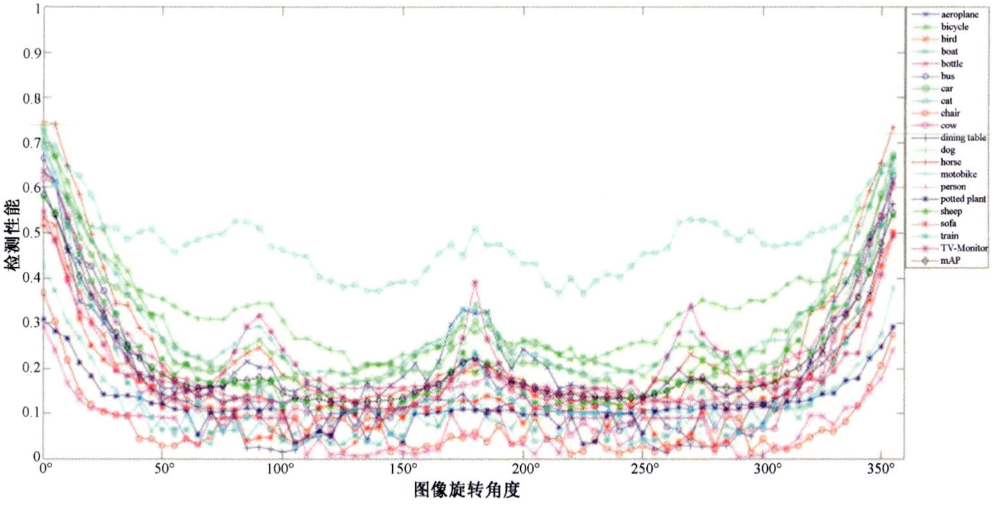

图 5.2　在 PASCALVOC2007 上 FasterRCNN 的检测结果

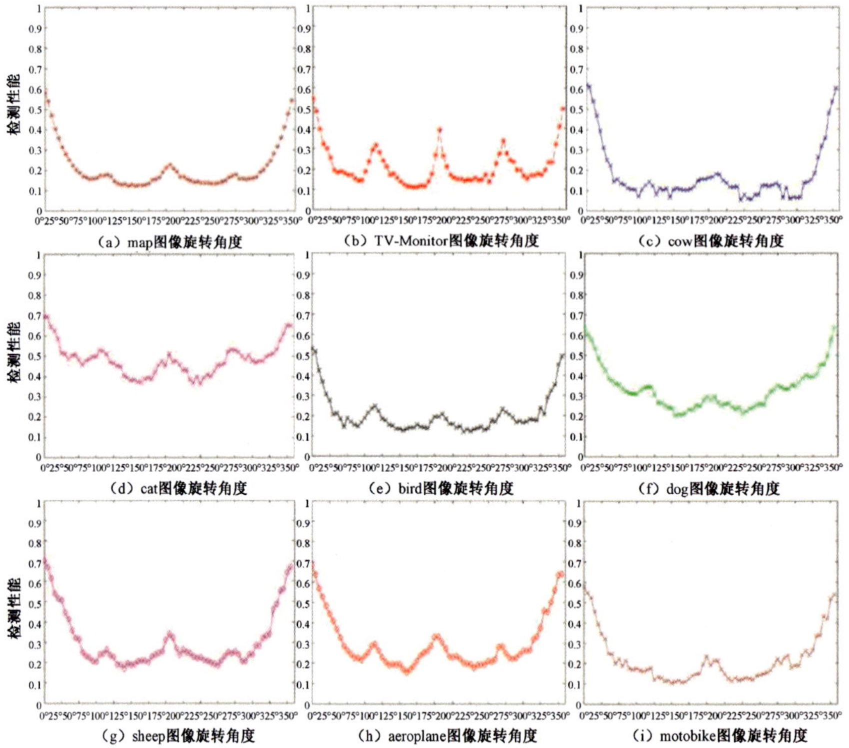

图 5.3　Faster RCNN 在牛、猫和鸟等类别上的 mAP 和 AP 结果

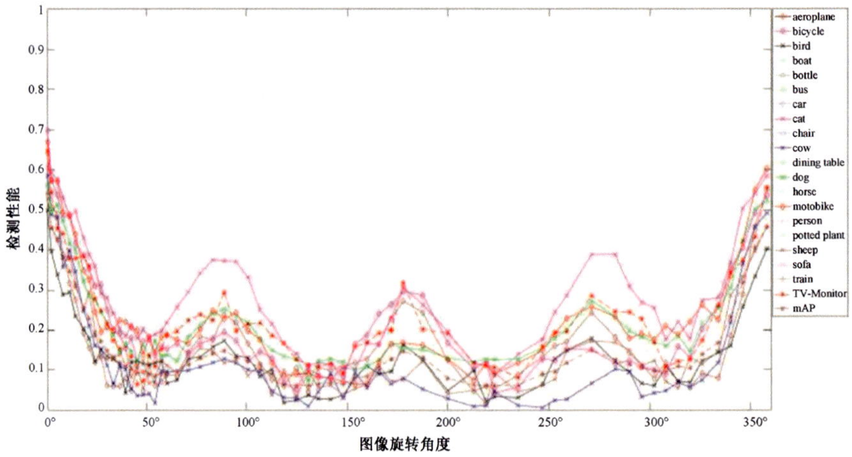

图 5.4　在 PASCALVOC2007 上 RCNN 的检测结果

（a）-45.13°　（b）35.75°　（c）43.13°　（d）-120.35°

（e）-45.68°　（f）-81.39°　（g）-100.27°

（h）-15.17°　（i）-78.08°　（j）81.15°

图 5.5　利用本章所提方法估计物体方向的结果

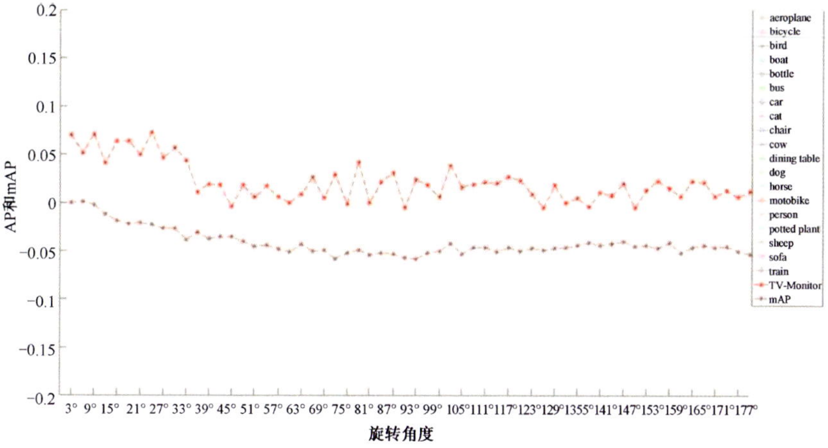

图 5.7　在训练集上应用数据增强

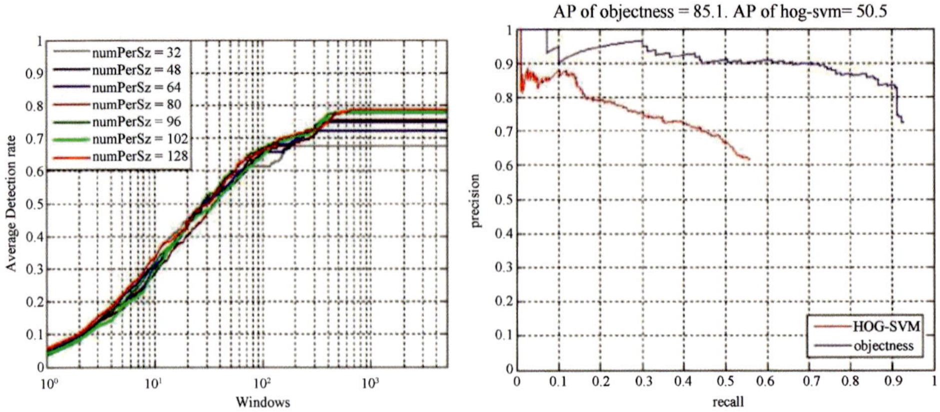

（a）不同的推荐窗口个数下平均检测结果　　（b）检测结果准确率曲线图

图 6.5　不同的推荐窗口个数下平均检测结果和检测结果准确率曲线图

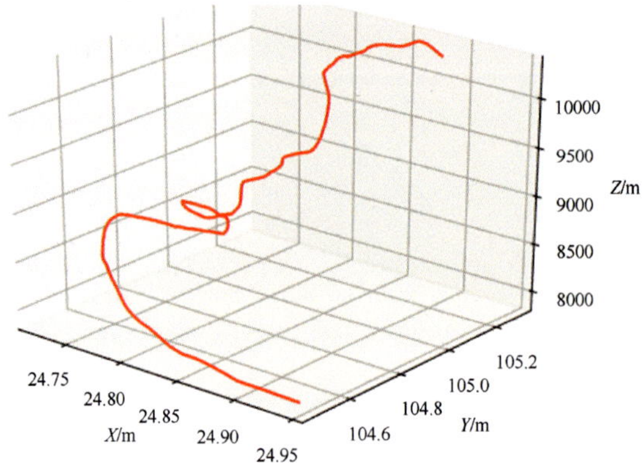

图 9.6　飞行轨迹数据图

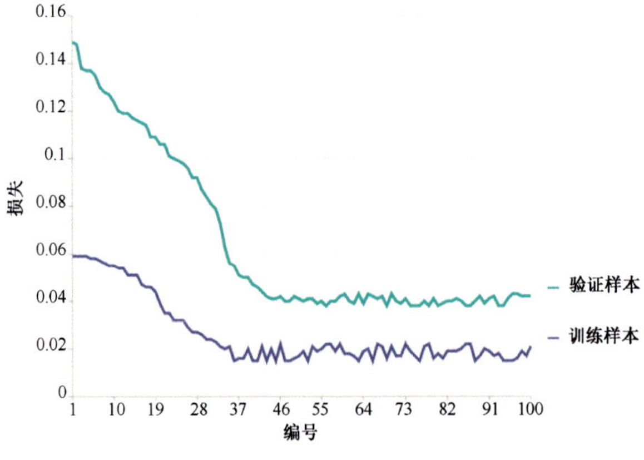

图 9.7　*X* 轴损失变化图

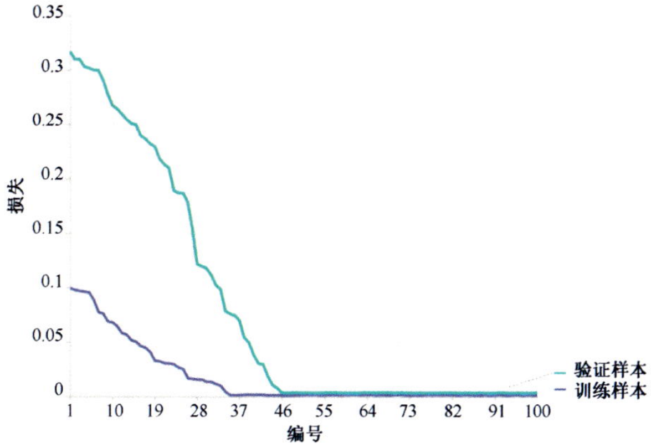

图 9.8　*Y* 轴损失变化图

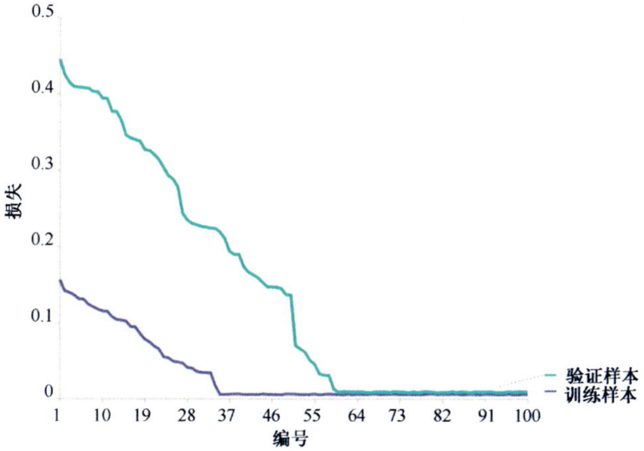

图 9.9　*Z* 轴损失变化图

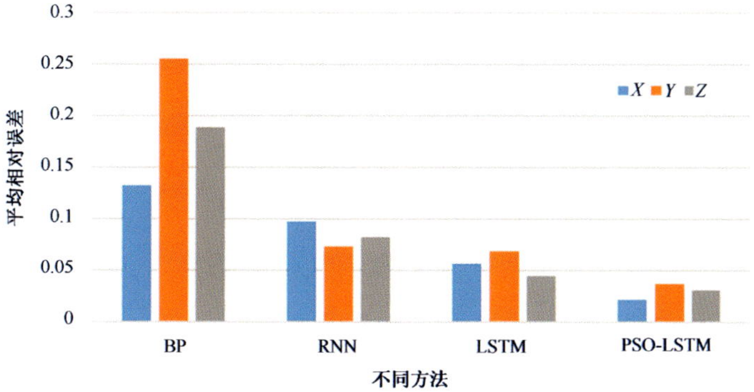

图 9.16　不同方法平均相对误差

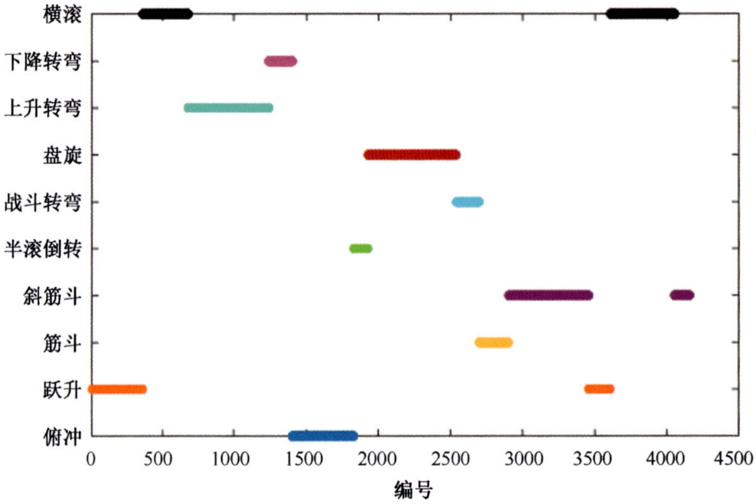

图 10.13　仿真数据样本分布

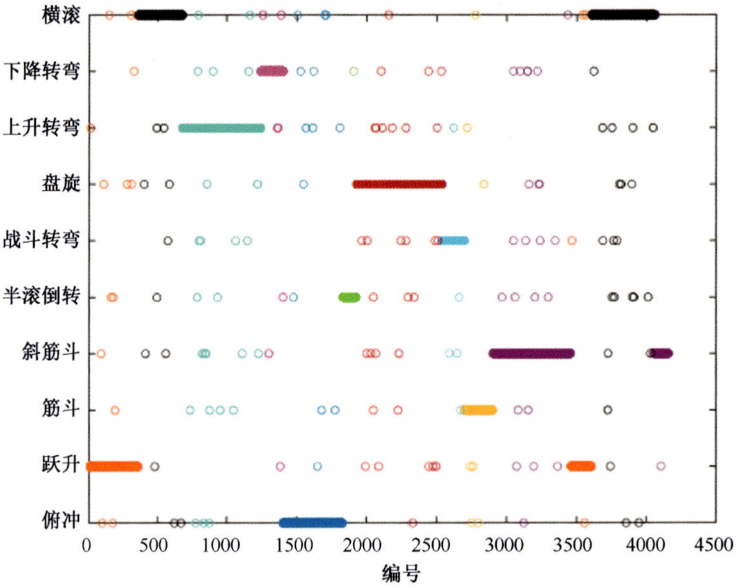

（a）CHCQPSO-LSSVM

图 10.14　不同算法对仿真数据的机动识别结果

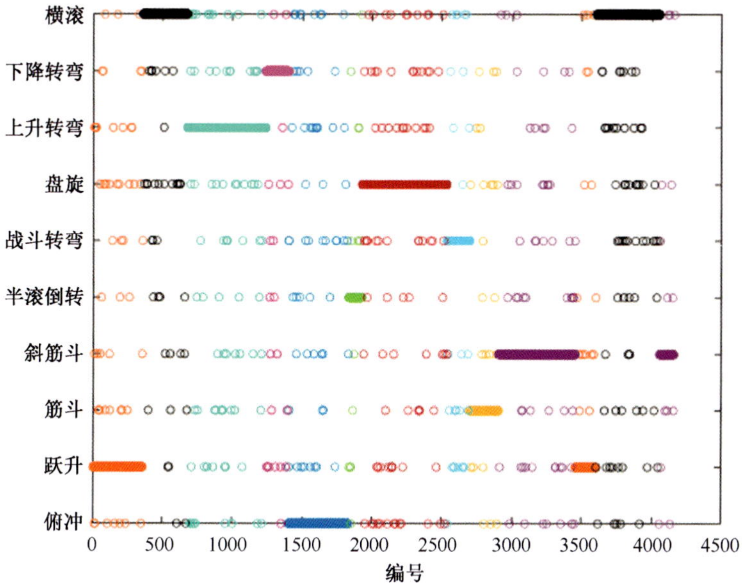

（b）HCQPSO-LSSVM

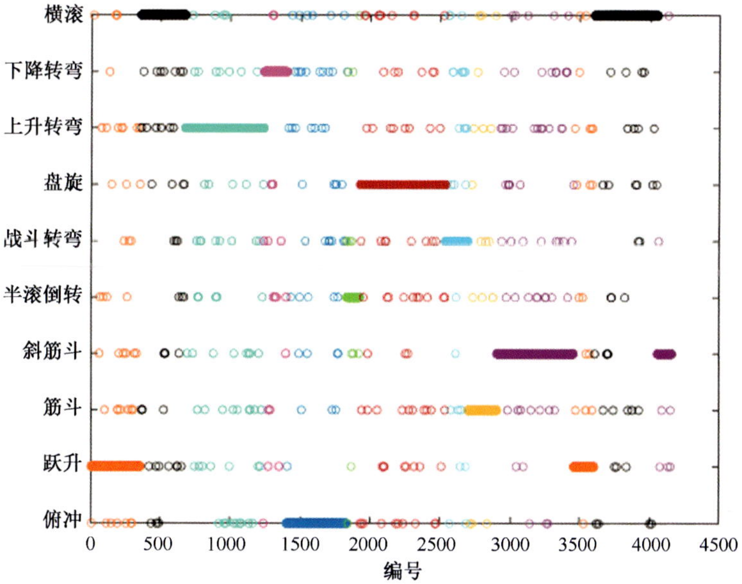

（c）QPSO-LSSVM

图 10.14　不同算法对仿真数据的机动识别结果（续）

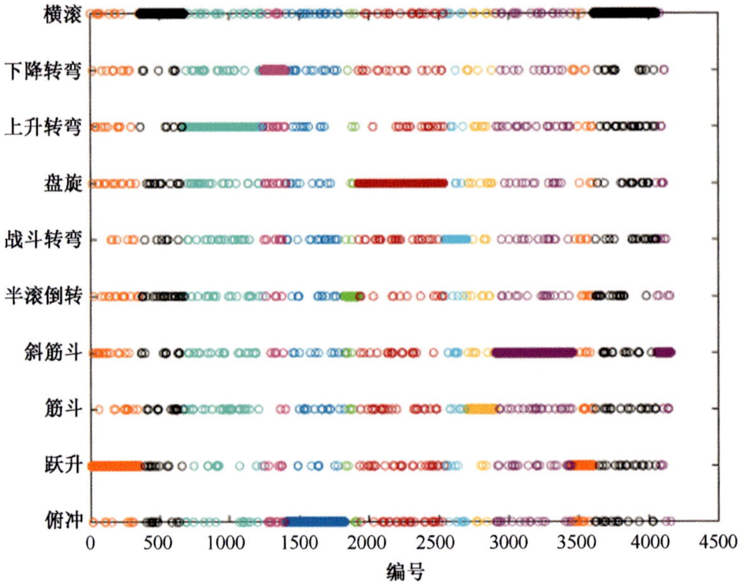

（d）CHCQPSO-SVM

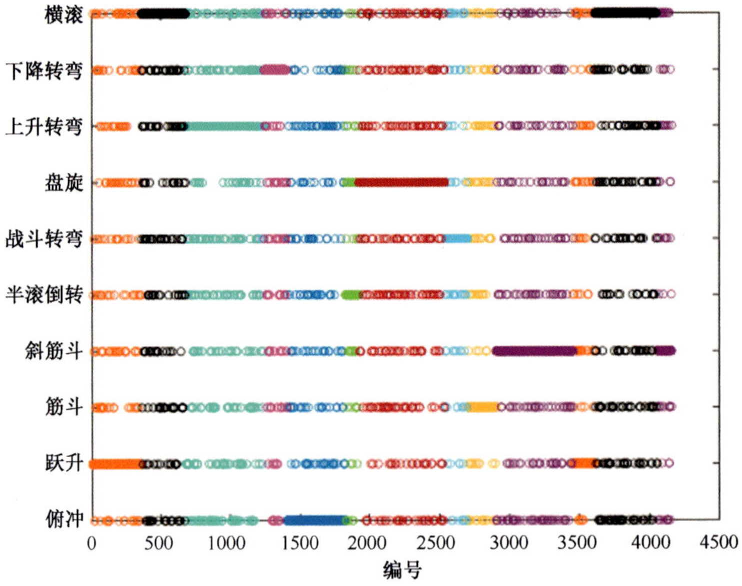

（e）BP 神经网络

图 10.14　不同算法对仿真数据的机动识别结果（续）

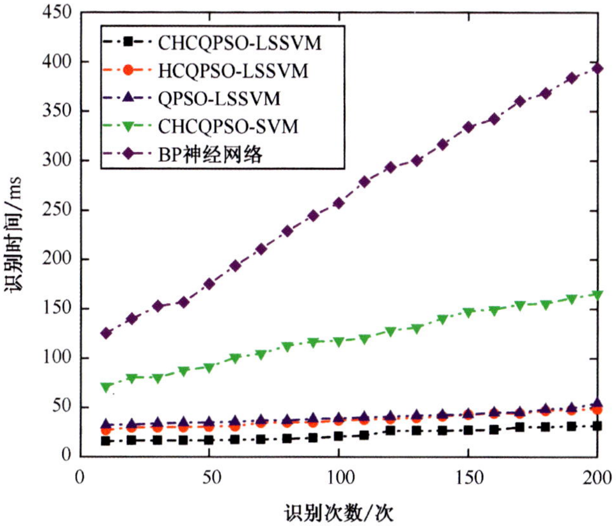

图 10.16　不同算法的识别时间

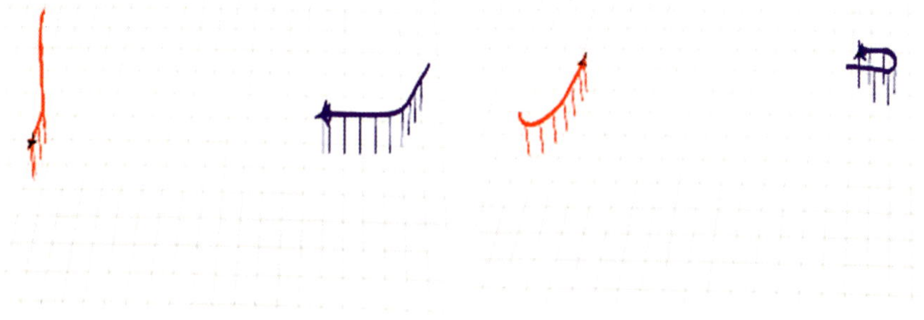

（a）低空突防样本数据　　（b）高空突防样本数据

图 11.11　突防意图数据轨迹图

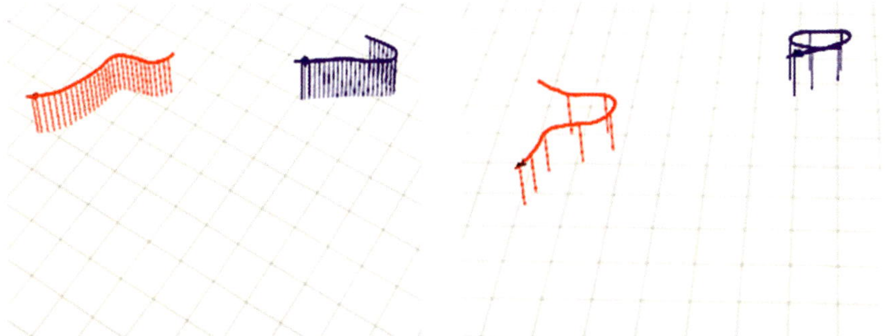

（a）尾后攻击样本数据 1　　（b）尾后攻击样本数据 2

图 11.12　攻击意图数据轨迹图

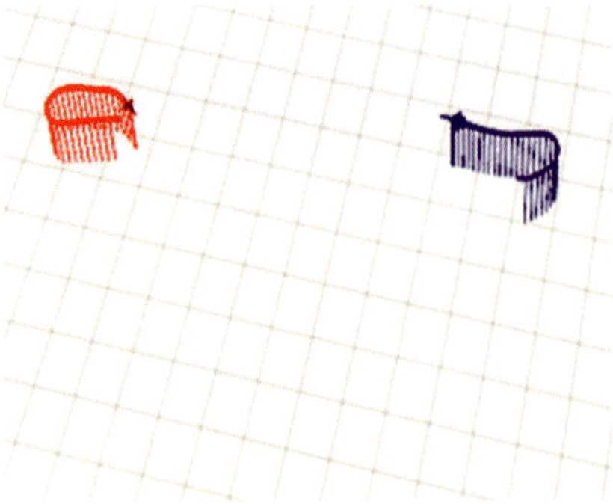

（c）迎头攻击样本数据 1

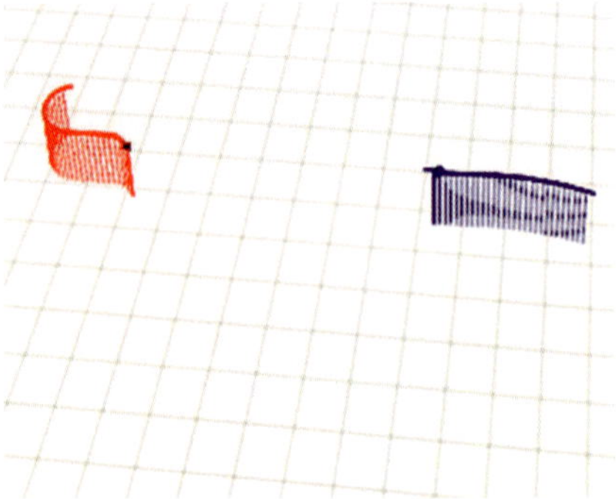

（d）迎头攻击样本数据 2

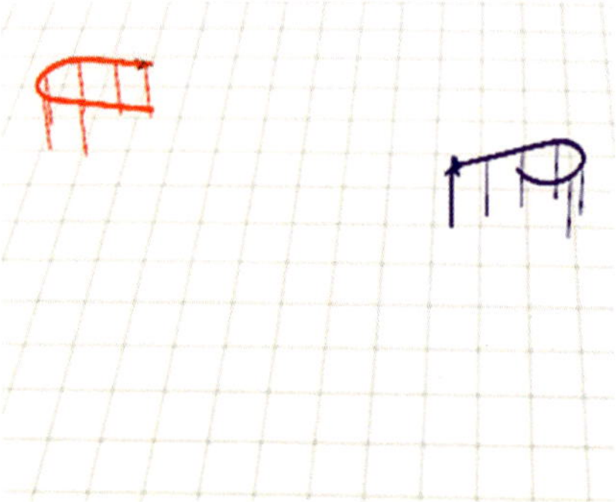

（e）右侧向攻击样本数据

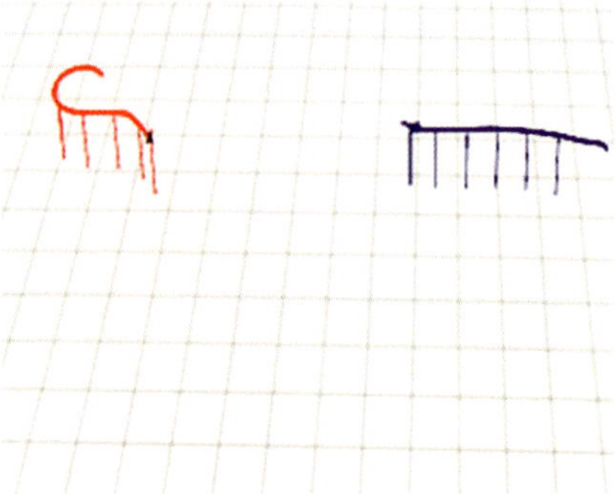

（f）左侧向攻击样本数据

图 11.12　攻击意图数据轨迹图（续）

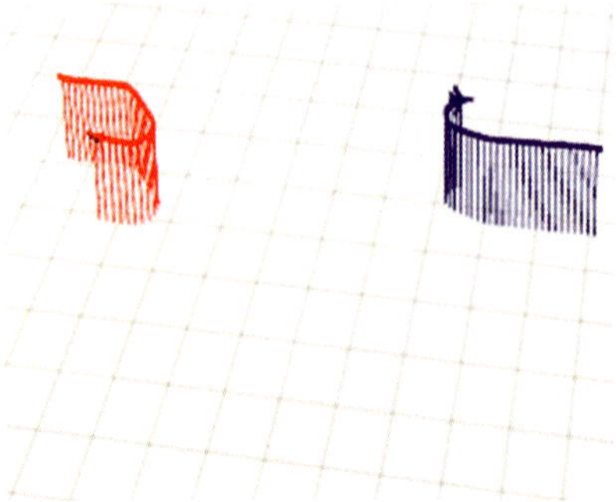

（a）佯攻样本数据 1

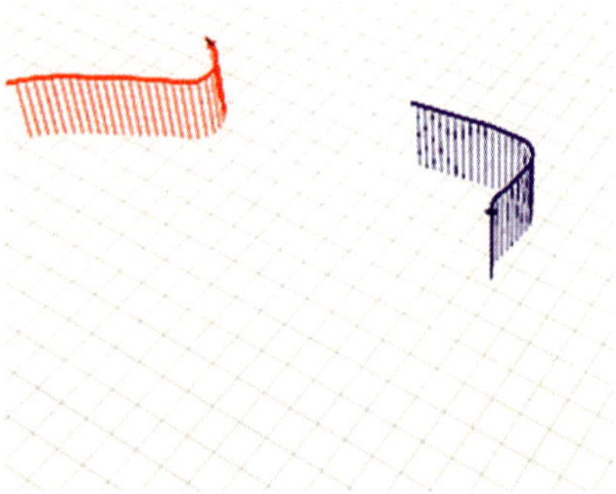

（b）佯攻样本数据 2

图 11.13　佯意图数据轨迹图

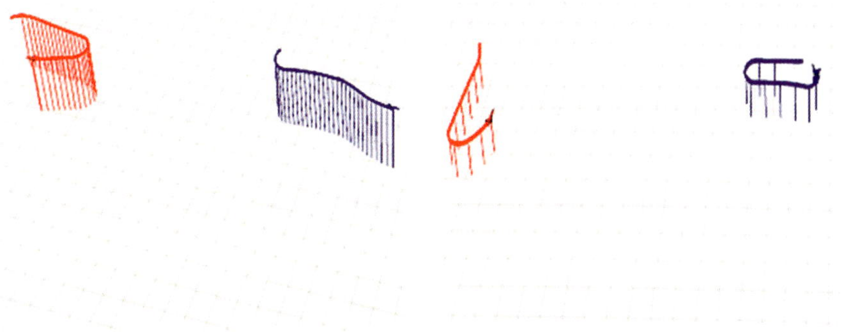

（a）侦察样本数据 1　　（b）侦察样本数据 2

图 11.14　侦察意图数据轨迹图

（a）撤退样本数据 1　　（b）撤退样本数据 2

图 11.15　撤退意图数据轨迹图

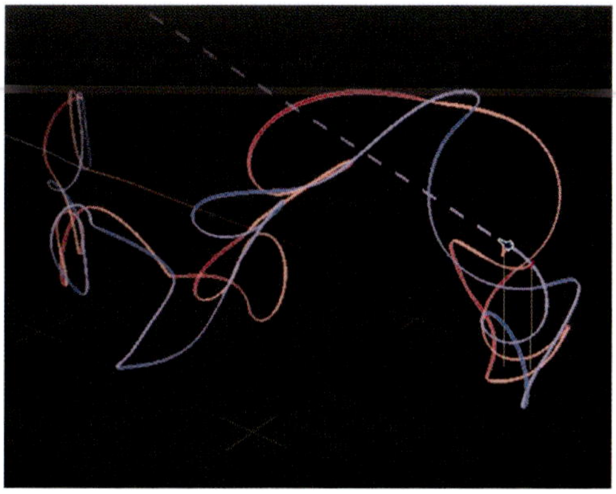

（a）DCS 飞行轨迹

图 11.16　数据飞行轨迹

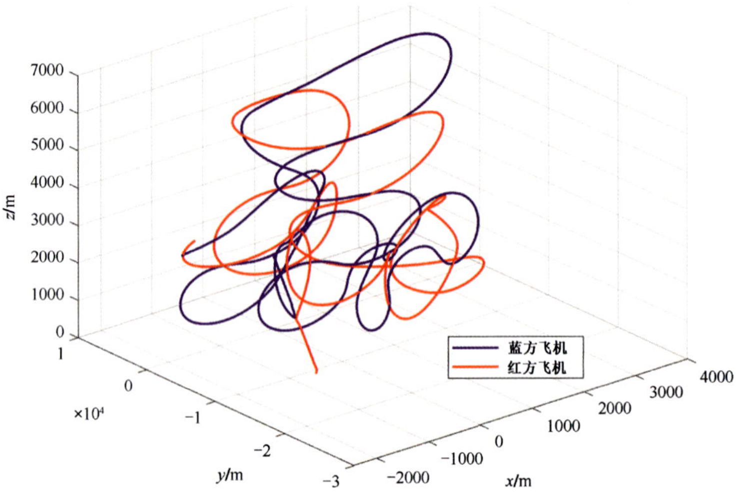

（b）数据飞行轨迹

图 11.16　数据飞行轨迹（续）

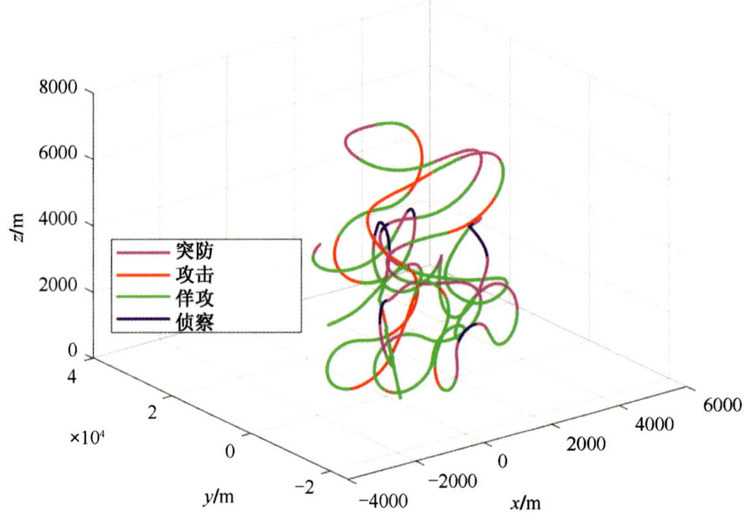

（a）最可能作战意图分布

图 11.17　数据意图分布

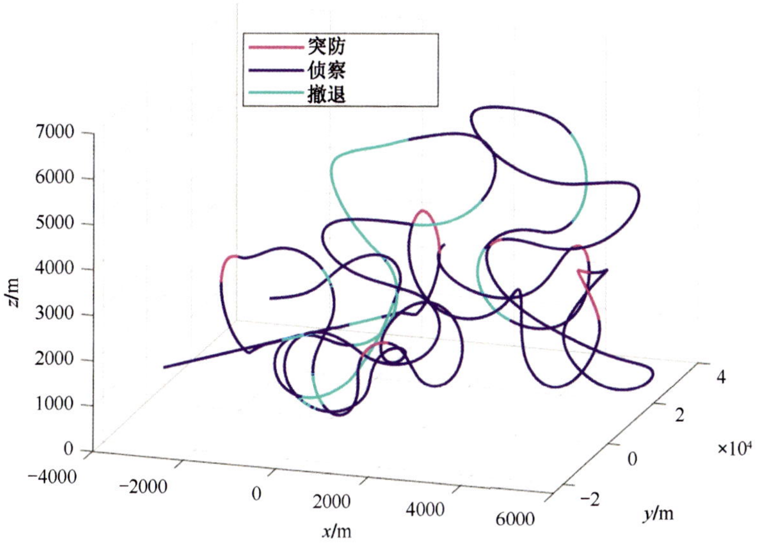

（b）次可能作战意图分布

图 11.17 数据意图分布（续）

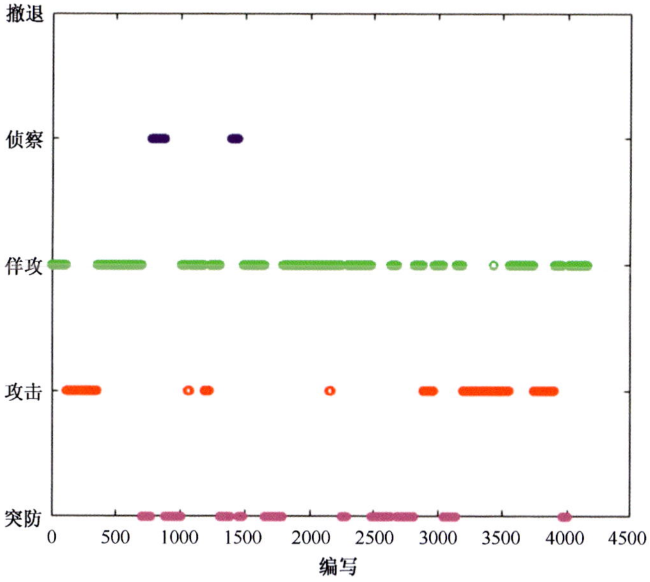

（a）最可能作战意图样本分布

图 11.18 仿真数据样本分布

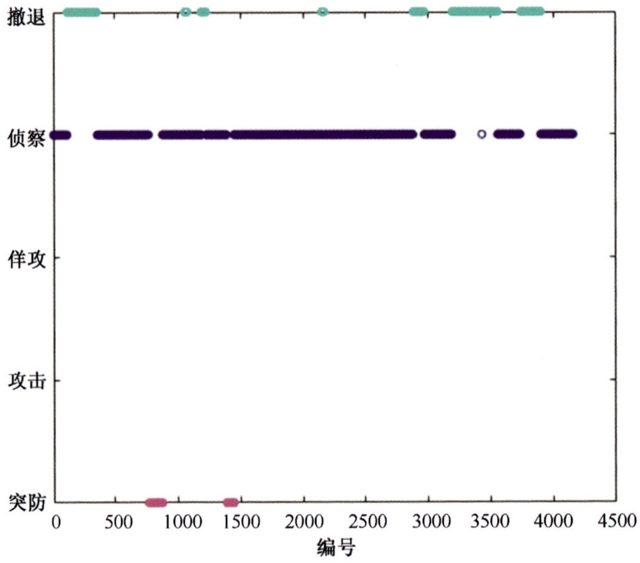

（b）次可能作战意图样本分布

图 11.18 仿真数据样本分布（续）

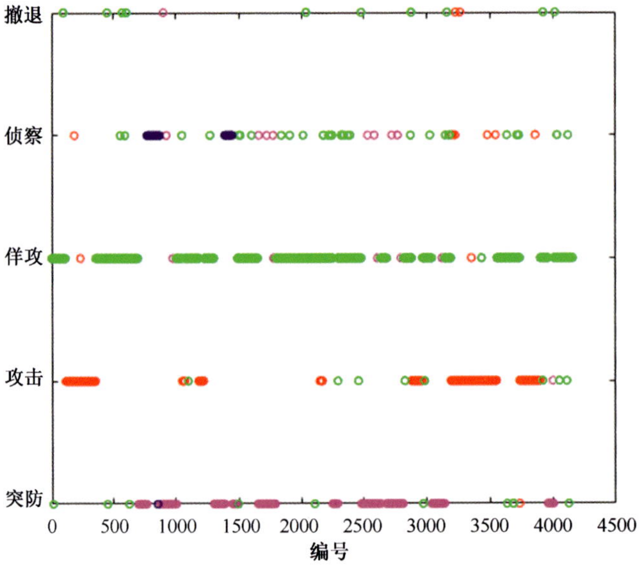

（a）最可能作战意图识别结果

图 11.19 Multi-BiLSTM-Attention 对仿真数据的意图识别结果

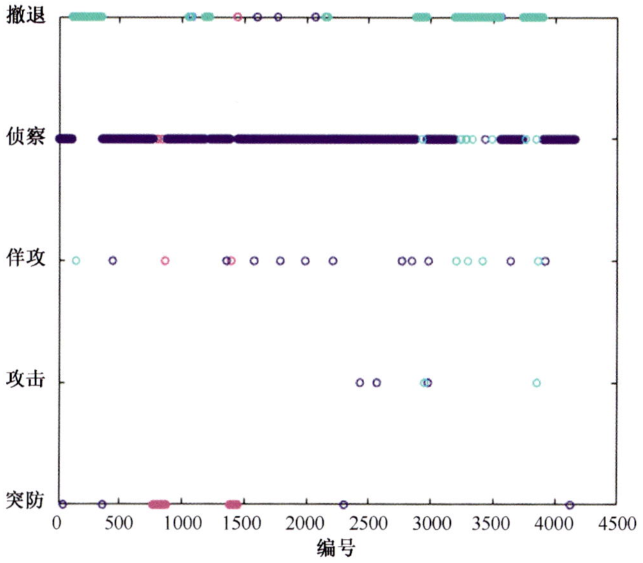

（b）次可能作战意图识别结果

图 11.19　Multi-BiLSTM-Attention 对仿真数据的意图识别结果（续）

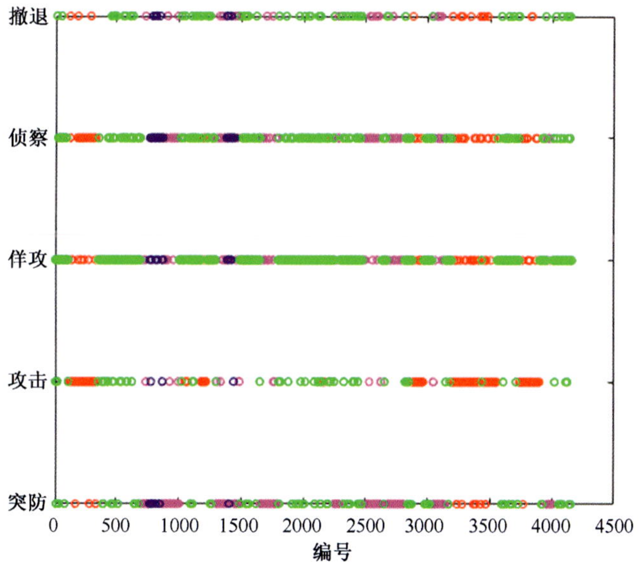

（a）最可能作战意图识别结果

图 11.20　BiLSTM-Attention 对仿真数据的意图识别结果

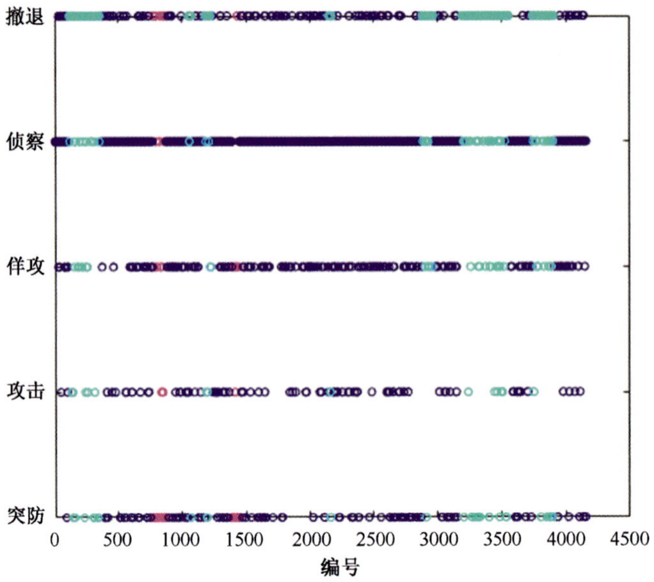

（b）次可能作战意图识别结果

图 11.20　BiLSTM-Attention 对仿真数据的意图识别结果（续）

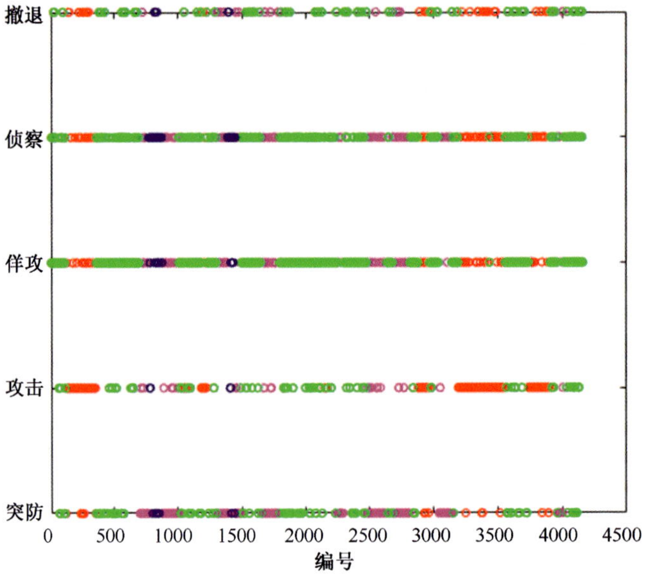

（a）最可能作战意图识别结果

图 11.21　BiLSTM 对仿真数据的意图识别结果

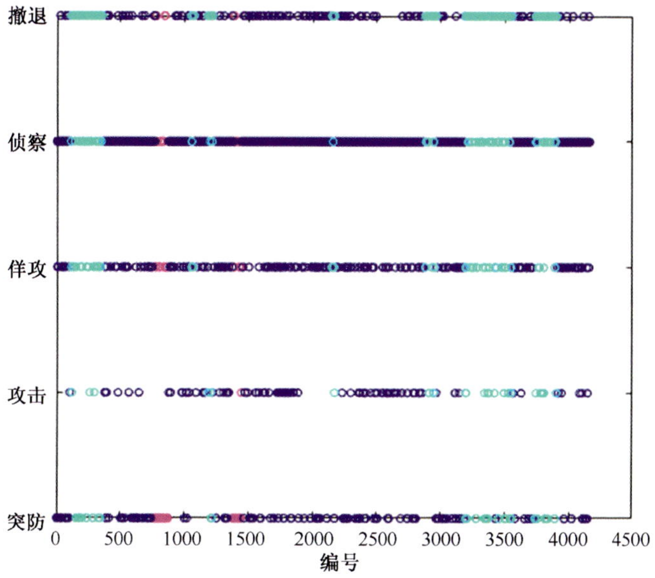

（b）次可能作战意图识别结果

图 11.21 BiLSTM 对仿真数据的意图识别结果（续）

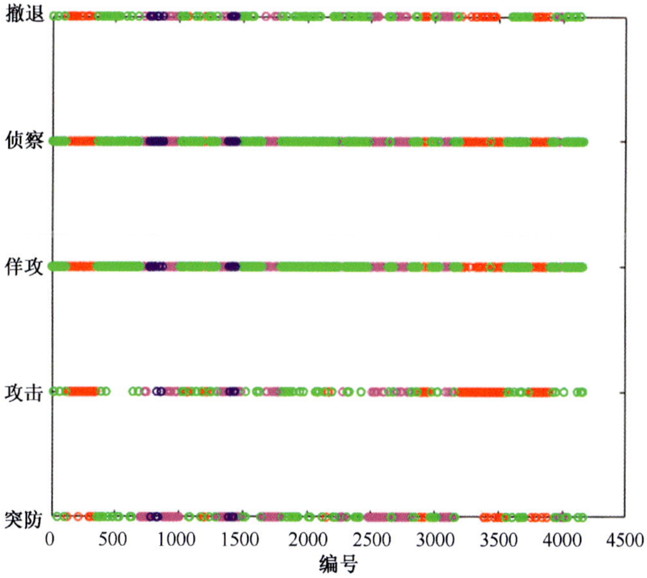

（a）最可能作战意图识别结果

图 11.22 LSTM 对仿真数据的意图识别结果

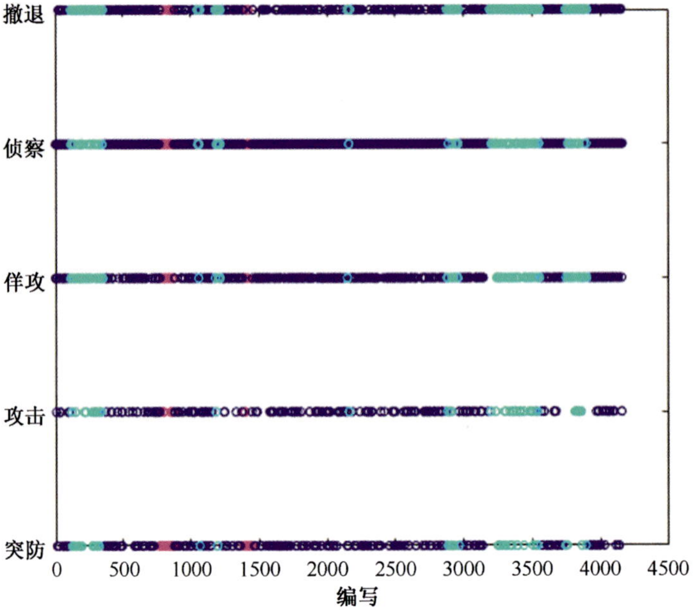

（b）次可能作战意图识别结果

图 11.22　LSTM 对仿真数据的意图识别结果（续）

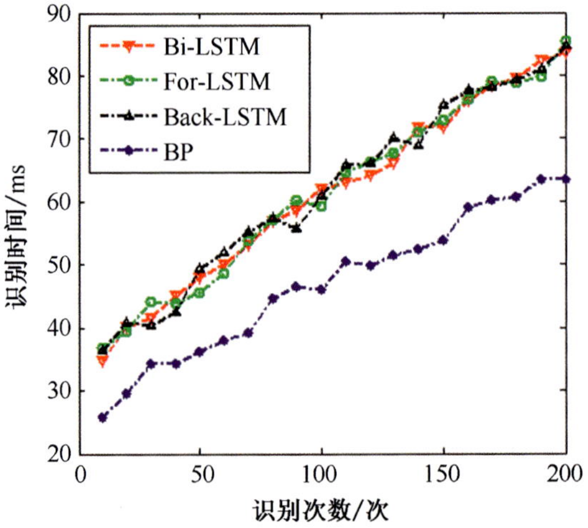

图 11.24　不同算法的识别时间

第一部分

复杂场景下的小目标检测与识别方法研究

第 1 章
绪论

1.1　研究背景及意义

1.1.1　研究意义

深度学习技术极大地促进了人工智能领域的发展，如计算机视觉、自然语言处理和语音识别等。深度学习技术为传统理想环境下对物体检测与识别技术的研究带来了革命性的发展。检测与识别技术正在改变人们的生活，如人脸识别已经广泛应用于人脸支付等领域，车牌识别已经应用于门禁和高速收费站等场景。上述应用场景都属于理想环境下的目标检测和识别场景，该类场景背景相对单一，目标分辨率有保障，还可通过红外补光的手段来保障相对稳定的光照条件。但是在更为普适的开放环境下，此类系统往往会因拍摄角度、目标尺寸、环境变化等的限制，而无法正常工作。因此，复杂场景下小目标的检测与识别是计算机视觉领域的新兴热点方向。

普适的目标检测与识别是复杂场景下的小目标检测与识别问题，该研究存在 3 个层面的挑战。一是环境的复杂性，系统需要在各种非理想的、开放的环境下正常工作，因此，无法做单一背景假设。二是目标特性的复杂性，待检测与识别的目标具有尺寸不确定性、分布拥挤、分辨率低等特点。三是数据的不完备性，首先对于某些特定应用领域的数据获取困难，如军事侦察；其次，即使可以获取大量数据，但由于场景和目标的多样性，枚举所有场景和目标并完成正确标注也是一项艰巨的工作，数据不完备将带来巨大的过拟合隐患。环境的复杂性、目标特性的复杂性、数据的不完备性等因素，容易使小目标检测与识别趋向于提取表形更显著的背景特征，而小目标的本质特征则被淹没于背景特征之中。

复杂场景下的小目标检测与识别研究将大大拓展计算机视觉技术在民用领域的应用，现有大量已部署的检测与识别系统，包括视频监控系统、人脸考勤识别系统和车牌识别系统。这类场景往往背景固定，并且感兴趣区域的尺寸大，具有丰富的细节信息。但是上述检测识别系统很难处理复杂场景下的检测与识别任务，如自动驾驶、视频监控和智能无人机。自动驾驶系统必须具备准确感知远方小尺寸物体的能力，该系统应能及时发现潜在危险目标，尽早采取措施，尽早检测到小尺寸物体，如行人、车辆及交通标示牌等，以有效地降低恶性交通事故发生的风险。交通标示牌识别技术可以帮助车辆更加安全稳定地行驶。大规模视频监控系统应能够准确地检测拥挤场景（如地铁、机场等）下小尺寸的人脸，能并快速、准确地发现感兴趣人员的身份。无人机拍摄的影像存在大量小目标，无人机系统若能检测识别这类目标，将对灾害发生后快速部署救灾力量、高效搜救受灾人员起到至关重要的作用。复杂场景下小目标的检测与识别技术就是为了解决上述应用中最重要的问题：如何在图像中准确找到小尺寸物体和判断它们的类别。图 1.1 展示了复杂场景下小目标检测与识别典型应用的示例，算法成功预测了小尺寸行人、人脸、车辆等的位置和尺寸，并给出了对应的类别和置信度。

（a）自动驾驶中交通标示牌的检测与识别　（b）视频监控中的人脸检测与识别

（c）视频监控中的行人检测和重识别　（d）遥感图像中的飞机检测

图 1.1　复杂场景下小目标检测与识别典型应用的示例

（e）遥感图像中的舰船识别　　　　（f）医学图像中的细胞检测

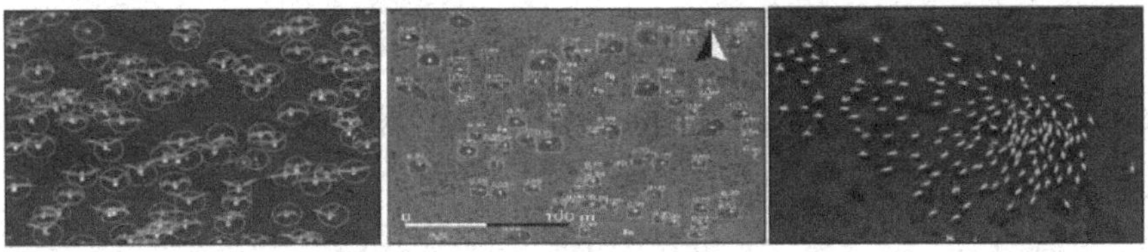

（g）无人机图像中的动物检测　（h）无人机图像中的植被检测　（i）无人机图像中的动物检测

图 1.1　复杂场景下小目标检测与识别典型应用的示例（续）

在军事应用方面，环境的复杂性、目标特性的复杂性及数据的不完备性正是制约计算机视觉技术应用的瓶颈。从卫星态势感知、导弹末端制导，到单兵智能装备，均离不开复杂场景下小目标检测与识别技术。现代战争需要通过卫星对地面进行观测，从而进行战场态势感知。卫星捕获的图像包含复杂的物体，如港口、舰船和云层等；感兴趣的目标也存在多样性：大尺寸的物体，如港口；小尺寸的物体，如舰船、块状的云层。复杂的地面物体特征和多样性的地面物体目标是准确进行战场态势感知的主要挑战。另外，为满足武器系统迅速精确打击敌方目标的要求，就必须在超远距离下捕获敌方目标。远距离目标在光学成像平面上仅占几像素，无形状和结构特征、强度较弱，且在实战环境中经常藏匿于复杂背景中，十分容易受到沙尘、雾霾、雨雪等复杂天候的影响。而且单兵智能装备，如车辆、飞机和作战头盔等的更新升级也离不开小目标检测与识别技术。面对匿踪于复杂背景中的敌方目标，辅助驾驶系统需要提供有效的威胁预警机制，让驾驶员在保持安全的前提下，集中精力完成主要任务。

1.1.2 研究现状

1. 小目标检测与识别

自20世纪60年代起，目标检测与识别领域经历了从指纹识别、考勤打卡等相距较近的检测识别[2, 3]，到无人车和无人机等相距较远的检测识别[4-7]，再到卫星成像的小目标检测识别[8-11]的发展过程。小目标检测与识别的方法分为：图像尺度变换、多尺度特征融合、上下文信息编码和匹配策略[21-23]。

基于图像尺度变换的方法是在多个原始图像尺度上进行操作，从而提升算法对小目标的检测效果的。DetNet[22]网络采用了一种空洞卷积结构，通过保持空间分辨率和扩大感受野，避免了过多的下采样操作，提升了神经网络检测小目标的能力。PGAN[23]生成网络是一个深度残差特征生成模型，引入了低层次细粒度特征，通过感知损失约束来提升物体检测率。基于图像尺度变换的方法的缺点在于其计算量较大，对计算机算力和内存要求较高。基于多尺度特征融合的方法融合了神经网络的深层特征和浅层特征，综合考虑了强位置特征和强语义特征，从而来提升模型效果的小目标检测方法。FPN[21]网络不仅上采样深层特征，使其与浅层特征图大小一致，从而能够进行特征图堆叠，而且对每个卷积模块的最终特征图采用 1×1 卷积核进行降通道操作，可减少特征图的个数，从而显著提升小目标的检测效果。基于多尺度特征融合的方法得到的特征往往很难解释，结果通常不可控。基于匹配策略的方法是通过调整合适的并交比（IoU）来提高算法检测小目标的能力。级联 R-CNN[25]网络有多个 IoU 阈值递增的 header，每级使用上一级微调后的 bbox 作为输入，保证每级的 header 都可以得到足够多质量可以逐级提升的正样本。ALFNet[26]利用不断提升的 IoU 阈值训练多个定位模块，来达到提升定位精度的目的。基于匹配策略的方法通过调整 IoU 阈值，虽然能在一定程度上提升小目标检测能力，但提升程度终究有限。上下文信息在目标检测中起着重要的作用[35-38]。ION[24]结合感兴趣区域的内部信息和外部信息，通过空间递归神经网络将上下文特征结合在一起，提高了小目标检测的准确率。基于上下文信息的方法难点在于如何高效地训练和推理，以准确选取和利用小目标上下文信息来辅助检测。

2. 小目标检测与识别的发展趋势

小目标检测与识别领域主要的发展方向包括信息补偿、多尺度区域推荐[27-29]。

（1）信息补偿。低分辨率极小目标的识别难度非常大，其难点在于原始信号本身携带了很少的信息量，信息补偿是解决该问题的根本途径。在识别或分类之前，信息补偿尝试重建高分辨率感兴趣区域，来补偿图像丢失的信息。文献[109]提出了一种跨域联想的网络，用来恢复图像细节，并增强低分辨率图片的质量。文献[98-110]利用低分辨率图像生成了逼真的高分辨图像，用于图像分类任务。但是，该技术的主要缺点是上述方法是重建出来的超分图像，可能包含严重的失真区域，尤其是当原始图像分辨率很低时。也就是说，低分辨率图像损失了大量信息，使其无法直接从低分辨率图像中提取出足够可识别特征。

（2）多尺度区域推荐。当前，大多数检测器是基于锚点的方法，这类目标检测器存在一些严重的缺陷，这些缺陷限制了检测的准确性。当前的锚点先验主要是手动设计的，很难匹配多尺度对象。尽管已经提出了一些方法来将基于锚点的方法转换为无锚的方法，如基于关键点的方法；但是仍然存在一些局限性，如高计算成本等，不过依然有很大的改进空间。锚点缺失的方法已经成为对象检测中非常热门的话题[30-34]，将来，设计有效的候选区域生成策略可能是非常重要的研究方向。

对象通常倾向于出现在特定的环境中，有时也与其他对象共存。对于每个实例，鸟类通常都会在天空中飞翔，车辆通常在地面上行驶。有效地使用上下文信息可以帮助提高检测性能，特别是对于检测线索不足（小物体，遮挡物等）的物体而言。学习物体与周围环境之间的关系可以提高检测器对场景的理解能力，这对于更好地了解视觉世界至关重要。但是，很少重视如何正确编码上下文信息。

1.1.3 困难挑战

复杂场景小目标检测与识别研究的挑战总结为以下 3 个：

挑战一，环境的复杂性是计算机视觉中实验室理论结果与实际应用效果存在巨大差异的核心原因之一。现有大量已部署的检测与识别系统往往会固定背景，而实际应用中拍摄的背景通常充满复杂变化。这种复杂变化一方面来自相机的自身移动，如卫星、无人机和车辆载具等；另一方面来自成像条件的改变，如雨、雪、雾等恶劣天气。复杂场景下的小目标检测与识别本质上是背景淹没前景，所以导致前背景难分离，如大浪中的小船、浓雾中的小飞机。图 1.2 所示为遥感图像中，浓雾天气下的飞机检测，图 1.2（f）中的圆圈内为漏检的飞机。

挑战二，目标特性的复杂性给物体检测识别带来了巨大的挑战。物体本身尺寸、颜色、形状和纹理等方面的变化都会增加物体的类内差异，从而对物体的识别造成困难。已有的工作都集中在较大尺寸的目标上（大于 64 像素×64 像素），而本书重点研究小尺寸目标（小于 16 像素×16 像素）。另外，深度学习固有的层次结构及锚点结构使处理小目标更加困难。第一，层次结构导致信息流失。区别于常规尺寸的目标，微小尺寸的目标经过多次卷积和池化后，会发生卷积特征减弱甚至消失的问题，导致小目标检测陷入困境。具体来说，微小目标本身在成像特性方面，极端天候导致微小目标所在区域缺乏丰富细节信息，称为第一次信息流失。在神经网络内部，池化和非线性激活结构会加剧信息流失。两个阶段的信息流失使得微小目标识别极其困难。第二，锚点参数设置，如步长和尺寸。首先，目标小尺寸与锚点大步长的矛盾，小目标尺寸通常为 16 像素×16 像素，锚点步长通常为 8 像素或 16 像素，加上池化层对感兴趣区域特征图的降采样，会导致小目标的特征图很容易被忽略；其次，CNNs 感受野、锚点及小目标的尺寸不匹配；再次，如果感兴趣物体的尺寸与锚点的尺寸接近，则会有较多锚点与之匹配，否则，锚点会非常少；最后，与常规物体检测相比，小目标检测会带来更多虚警锚点，导致小目标的误检率提高。

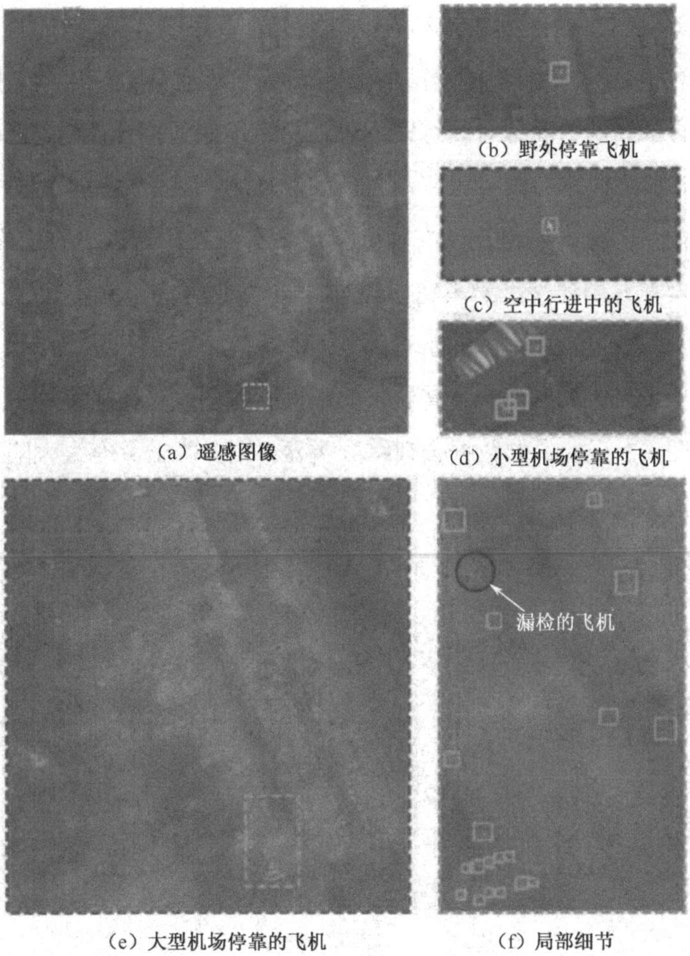

图 1.2 遥感图像中，浓雾天气下的飞机检测

挑战三，数据的不完备性将带来巨大的过拟合隐患。数据的完备性需要考虑目标完备性、场景完备性和枚举完备性 3 个方面。目标完备性是指采集某些属性上变化的目标数据，以物体朝向属性为例，即采集样本在各种朝向时的数据；场景完备性是指采集所有场景下的目标数据，如城市、草原、海面等多种场景；枚举完备性是指枚举所有场景和目标的组合，直接采集所有场景和目标的计算复杂度是一个 $O(M \times N)$，M 表示物体在某种属性下的量化粒度，N 表示场景抽象的个数。

由此看出，构建枚举完备的数据集工作量是成几何增长的。此外，正确标注也是一项艰巨的工作。数据的不完备性有导致深度学习网络陷入过拟合的风险。网络对训练样本表现出了很好的拟合性能，而在实际应用中，训练样本并没有很好地覆盖实际样本在某些属性上的分布，如物体方向，因此，网络无法在实际应用中有效工作。以小脸检测为例，阐述数据在方向属性上的不完备性（简称“数据方向不完备性”）。图 1.3（a）说明街景捕获的人脸方向几乎都是类似垂直于地面的；而图 1.3（b）包含其他场景，如跳舞、体育竞技等，人脸方向表现出了多样性。若仅仅使用图 1.3（a）中的数据去训练分类器，则分类器具有很大陷入过拟合状态的风险。

（a）　　　　（b）

图 1.3　数据方向不完备性示例

1.1.4 科学问题

在计算机视觉的概率解释中，复杂场景下的小目标检测与识别可以被定义为数据和标签的联合概率分布估计问题。将背景区域和目标区域投影至高维空间后，小目标由于信息匮乏，会导致样本分布可分性差；背景特征会类似噪声，穿插在小目标特征的分布中；数据的不完备性会导致模型对训练样本的过拟合。因此，直接进行联合概率分布估计十分困难。

本部分将该科学问题重新定义为样本在源域特征空间和目标域特征空间的概率分布不一致问题（简称“分布不一致”）。解决该问题的基本思路是在源域知识的指导下，修正目标域样本在特征空间的联合概率分布，从而提高样本目标域特征的可分性。一方面，源域的知识分为 3 个方面：①引入上下文信息剔除背景噪声，实现细粒度的前景和背景分类，从而完成高精度的前、背景分离；②设计信息补偿机制，将高、低质量样本联合学习，增强低质量样本的可分性；③设计属性引导的数据增强技术，提升数据完备性，降低模型过拟合风险。另一方面，在源域知识的指导下，在特征空间中修正目标域背景和目标样本的分布以扩充训练样本，从而降低联合概率分布估计难度。

1.2 研究内容和创新点

基于上述存在的挑战，本部分的总体研究内容包括：在复杂背景下小目标的检测与识别中，针对背景复杂引起的前、背景分离难的问题，提出了上下文信息指导的小目标检测方法，达到了复杂背景下小目标精确定位的效果；针对目标特性的复杂性，提出了信息补偿机制的小目标识别方法，达到了复杂背景下小目标准确识别的效果；针对数据不完备性导致的模型对训练样本过拟合问题，提出了样本方向属性指导的数据增强方法，通过提升数据完备性，降低数据过拟合风险；在遥感图像飞机检测的实际应用中，应用本书所提出的小目标检测、识别和数据增强的研究方法，提出了结合数据增强、区域推荐和 PHOG 的飞机快速检测方法。

1.2.1 研究内容

本部分研究以检测、识别和数据增强为方法主线，由点扩展、逐层深入展开研究。图 1.4 描述了总体研究内容和子研究内容之间的逻辑关系，上层的框图表示总体研究内容，中间层框图表示本部分研究的三大挑战和一个需求，下层框图给出了 4 个具体的研究内容。绿色箭头表示研究内容，一为研究内容二筛选了感兴趣区域，最底层的黑色的曲线表示研究内容三用于研究内容一、研究内容二和研究内容四的数据增强。

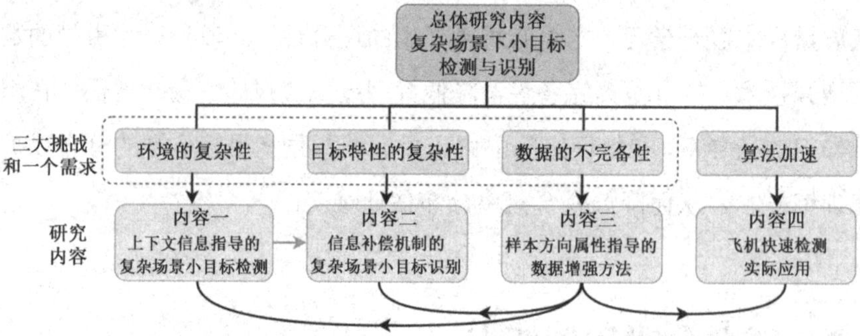

图 1.4 总体研究内容和子研究内容之间的逻辑关系

具体研究内容如下：

（1）上下文信息指导的复杂场景小目标检测。针对背景复杂引起的前背景分离难的问题，本部分研究上下文信息指导的复杂场景下小目标的检测方法，提出了基于相似度矩阵的小目标聚类模型，在保证小目标高召回率的情况下，引入上下文信息剔除候选区域中存在大量背景，从而提高小目标的检测的性能。

（2）信息补偿机制的复杂场景下小目标识别。针对小目标自身携带信息匮乏的问题，本部分提出了基于特征学习生成对抗网络的小目标识别模型。通过学习不同分辨率图像之间的差异，特征生成网络将低分辨率图片的原始特征转化为具有高区分性的特征，从而缩小高分辨率特征和低分辨率特征之间的差异。

（3）样本方向属性指导的数据增强方法。针对数据的不完备性导致的模型对训练样本的过拟合问题，提出了样本方向属性指导的数据增强方法。该方法通过将样本旋转特定角度的方式，使训练样本在方向分布上充分覆盖物理世界中样本的分布，以提升数据方向完备性，最终降低模型在训练过程中过拟合的可能性。

（4）飞机快速检测实际应用。在遥感图像飞机检测的实际应用中，应用本部分所提的小目标检测、识别和数据增强的研究方法，提出了基于区域推荐和 PHOG 的飞机快速检测和识别方法。该方法构建简单高效的目标候选区初级特征描述子，实现高效的候选区域价值评判和候选区域推荐，从而提高小目标检测算法的性能。

针对上述 4 项研究内容，分别设计新颖的模型算法。每个模型算法的研究均包括理论建模、模型学习、模型推理、性质分析和算法实现等一整套完整的解决方案。

1.2.2　特色创新

本部分的核心贡献在于从上下文信息、信息补偿和数据增强 3 个角度，提取源域的知识来修正目标域中的样本分布，从而提升检测和识别系统的能力，如图 1.5 所示。

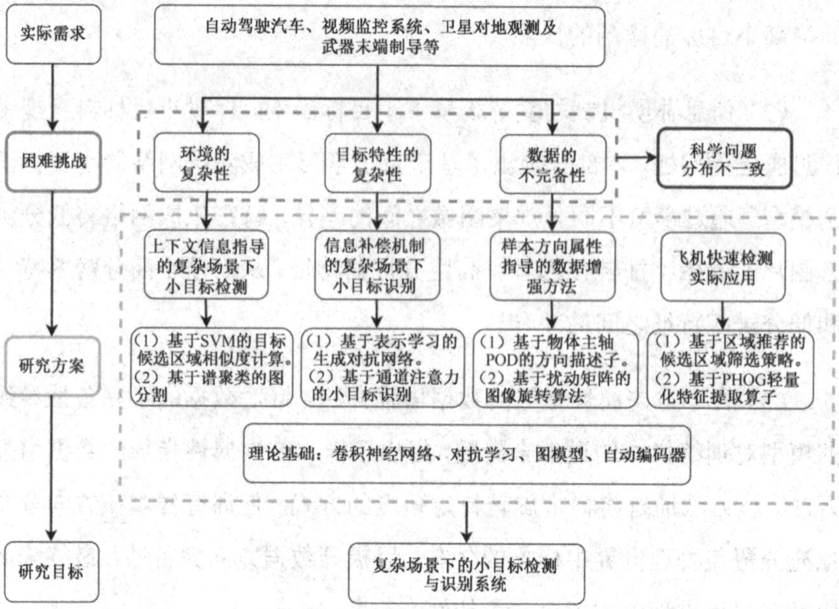

图 1.5　复杂场景下的小目标检测与识别研究的总体技术路线

特色创新总结如下：

（1）提出了上下文信息指导的小目标检测方法，解决了环境的复杂性导致背景区域和小目标难以分离的问题。该方法引入了上下文信息约束，以修正原始背景和小目标可分性差的分布，从而剔除了候选区域中存在的大量复杂背景区域，显著提升了复杂场景下小目标检测的准确率。

（2）提出了一种新型信息补偿机制，解决了神经网络分类器难以提取小目标特征的问题。基于这种补偿机制的识别算法能够学习到高、低质量目标之间的残差信息，并将这种残差信息补偿至小目标特征中，显著提高复杂场景小目标识别的准确率。

（3）提出了一种新颖的通道注意力机制，解决了小目标特征利用率低的问题。基于这种注意力机制的深度学习模型，更加关注信息丰富特征而忽略信息稀疏特征，以增强小目标特征的质量。

（4）提出了样本方向指导的数据增强方法，解决了数据的方向不完备性问题。该方法改变了传统盲增强方法生成低质样本或无效样本的情况，通过提高测试集和训练集在方向分布方面的相似性，以提高数据方向完备性，从而显著增强了小目标检测与识别的准确率。

（5）构建了一个遥感图像低分辨率舰船检测与识别的数据集 WIDER-SHIP，该数据集是专门针对低分辨率的舰船识别任务构建的。已有的舰船数据集有专门针对舰船检测任务（DOTA）[43]，而该类数据集没有舰船子类的标注信息，因此无法进行舰船分类任务；安装在港口的闭路相机所捕获的数据（Seaship）[44]并不是遥感图像；有仅包含高分辨率图像的舰船数据集，如 HRSC[45]。本部分构建的 WIDER-SHIP 填补了遥感图像低分辨率舰船识别领域的研究。

第2章

复杂场景下小目标检测与识别的相关技术

2.1　传统场景下常规目标检测与识别

本章首先梳理了传统场景下常规目标检测与识别的相关技术，该部分相关技术由检测与识别基本模块及其主流框架组成。然后从信息增强、上下文信息两个方面，针对复杂场景下小目标检测与识别研究展开讨论。

2.1.1　检测与识别的基本模块

基于 CNNs 的检测识别算法由区域推荐模块、边框分类和回归模块组成。

1. 区域推荐模块

区域推荐模块在目标检测与识别中发挥着非常重要的作用。该模块将物体存在的潜在区域以一组矩形边界框的形式输出，随后对这组物体潜在区域进行分类或回归。

本节将区域推荐方法分为经典图像处理方法、基于锚点的监督学习方法和基于关键点的方法。

1）经典图像处理方法

经典图像处理方法尝试根据低级视觉线索，在图像中生成物体存在的潜在区域。这些方法归纳为 3 个步骤：①计算候选框得分；②合并原始图像中的超像素；③生成多个前景和背景区域。

基于物体打分思路预测每个候选框可能包含一个物体的概率。Arbelaez 等人根据视觉线索（如颜色对比）、边缘密度和显著性计算候选框的评分。Rahtu 等人引入了更有效的级联学习方法对候选方案的客观性得分进行排名。

超像素合并的思路尝试合并分割所产生的超像素块。选择性搜索[45]是一种基于合并超像素的区域推荐算法，该方法以颜色和区域为线索根据[82]的分割结果进行合并，将边界框放置在合并的区域上。与前面方法的区别是学习合并功能的权重。由于选择性搜索方法的效率高，目前该方法已经广泛应用于检测框架中，并且与其他传统方法相比，具有召回率高的优势。

种子分割算法从多个种子区域开始，对每个种子都会生成前景和背景区域。为了避免建立分层分段所带来的巨额计算量，CPMC[84]产生了一组由不同种子初始化的重叠片段。每个候选区域都被看作一个二分类问题，即前景或背景。Enreds 和 Hoiem 结合了选择性搜索[45]和 CPMC[84]，从超像素分割算法开始，然后合并区域用作种子，来产生更大的区域，类似 CPMC。但是，生产高质量的分割算法非常耗时，不适用于大规模数据集。传统计算机视觉的主要优势是方法原理简单，可以生成具有较高召回率的推荐区域，如在中等规模的数据集上，如 PascalVOC。但是，上述方法主要基于低级视觉提示，如颜色或边缘，这些方法不能与整个检测模块共同优化，因此，无法利用大规模数据集的功能来改善表示学习。

2）基于锚点的监督学习方法

基于锚点的监督学习方法根据预先定义的内容生成推荐的锚点。Ren 等人提出的区域推荐网络（Region Proposal Network，RPN）使用 3×3 卷积核将该网络滑过了整个特征图，以监督学习的方式在深度卷积特征图上生成潜在区域。该方法考虑了锚点尺寸和纵横比，对于特征图的每个位置均设置 k 个锚点。这类不同的锚点尺寸和纵横比，可以匹配图像中不同尺寸的目标。根据真值标签（Ground Truth，GT），将物体位置与最合适的锚点匹配作为监督信号。每个锚点均提取 256 维特征向量，并将其送入两个同级分支分类模块和回归模块。分类模块用于评价物体类别得分，回归模块输出 4 个实数值作为物体所在位置估计。根据 GT，预测每个锚点是目标还是背景。单发多盒检测器（Single Shot Multi-Box Detector，SSD）[42]也采用了类似 RPN 的锚点匹配的思路，SSD 为每个锚定分配了潜在区域的分类概率，并在下个阶段首先评估潜在区域是前景还是背景。尽管基于锚点的监督学习方法取得了令人满意的检测与识别性能，但锚点的参数是通过启发式方式手动设计的，具有多个比例和长宽比，不同的数据集需要不同的锚点设计思路，因此，这些设计可能并不是最佳的选择。Zhang 等人提出了一种基于 SSD 的单次缩放不变面部检测器，该检测器根据不同特征图的有效感受野[88]，设计了不同的锚定规则用来匹配不同的目标。朱等人介绍了一种通过扩大输入图像尺寸并减小锚距来匹配小物体的锚设计方法。Ghodrati 等人开发了 Deep Proposals，该方法预测了有关低分辨率深层特征的目标潜在区域，然后将上述候选区域投影至高分辨率浅层特征图中，并在其中进行进一步完善。Redmon 等人通过学习先验来设计锚先验使用 k 均值聚类的训练数据。后来，张等人引入了单发细化神经网络（ingle-Shot Refinement Neural Network，RefineDet），RefineDet 首先根据原始的手工设计锚点和这类锚点通过学习的偏移量进行细化；然后学习一组新的本地化偏移量，进一步精炼锚点，这种级联的优化框架极大地提高了锚点质量和最终的预测精度。蔡等人提出的 Cascade-RCNN 采用了与 RefineDet 类似的思想改进锚点的级联的方式。

3）基于关键点的方法

基于关键点的方法分为基于角点的方法和基于中心的方法。

Denet 以概率的方式重新提出了目标检测问题，建模了分布角类型的对象（左上、右上、左下、右下），并在对象的每个角上应用朴素贝叶斯分类器以估计边界框的置信度得分。这种基于角点的方法不仅消除了锚定问题，而且还更有效地生成了高质推荐区域。后来基于 Denet 的方法，Law 和 Deng 提出了 CornerNet，该方法直接对角上的分类信息进行建模。CornerNet 建模的左上角信息的右上角和右下角具有新颖的特征嵌入方法和角池层，可正确匹配属于同一对象的关键点，从而获得最新的结果公开基准。

对于基于中心的方法，在每个位置上预测物体中心位置，并物体的高度和宽度直接回归，无须任何锚点先验。朱等人提出了一个无须功能选择锚（FSAF）的框架，插入具有 FPN 结构的一级检测器。与 FSAF 类似，Zhou 等人提出了一个基于单个沙漏网络的基于中心的新框架，其没有 FPN 结构。此外，他们应用了基于中心的方法解决更高层次的问题，如 3D 检测和人体姿势识别，并全部获得了最新技术成果。段等人提出了 CenterNet，该方法结合了基于中心的方法和基于角点的方法的思想，与基准方法相比，CenterNet 取得了显著进步。

总之，区域推荐技术通过减少潜在候选区域的搜索空间，缩短了检测算法的处理时间，对于保证算法的快速性至关重要。

2. 边框分类和回归模块

在基于滑动窗口的物体检测框架中，算法的本质是对图像子区域进行逐一分类。图像分类是计算机视觉的根本任务之一，在图像分类的相关研究中几乎涵盖了所有适用于分类的机器学习算法。由于背景的干扰和小目标区域特征提取困难，直接使用神经网络分类器对复杂场景下的小目标进行分类是不可行的。

对于目标潜在区域，除了可以进行分类操作，还可对区域的范围进行细微的调整。当检测框离物体边框较近时，可以采用边框回归算法对检测框进行微调。在当前的物体检测框架中，边框回归已经成为默认使用的组件文献[18, 23, 63, 64]。在边框回归中，本部分使用回归方法调整检测框的位置，包括大小和长宽比。

$$t_x = (x_t - x_s) / w_s$$

$$t_y = (y_t - y_s) / h_s$$

$$t_w = \log(w_t / w_s)$$

$$t_h = \log(h_t / h_s)$$

式中，(x, y), w, h 分别为检测框方向的中心、宽度和长度；x_t, x_s 分别对应目标框和初始框；(t_x, t_y, t_w, t_h)是作为回归目标的四维向量。在训练阶段，算法以检测框内子图像为输入，以(t_x, t_y, t_w, t_h)为回归目标训练回归器，如回归树、支持向量回归、神经网络等。在测试阶段，回归器根据输入图像内容，取得输出；输出经过反参数化，对检测框进行微调。

目标检测结果有两种形式，分别为对象检测（矩形框）和实例分割（像素级）。对象检测已得到一定的研究，是传统的检测设置，目标是通过矩形边界框定位对象。在对象检测算法中，仅需矩形框注，在评估过程中，需要预测边界框与标准之间的交并比（Intersection over Union，IoU），计算 GT 预测区域的覆盖程度。不同于对象检测结果，实例分割是一种新型的结果输出形式，检测结果输出的并不是粗糙的矩形，实例分割需要对边界框中每个像素进行精确分类。由于像素级的预测更加精确，因此，实例分割对空间未对准更加敏感，对空间信息的处理有更高的要求。实例分割的评估指标除了在掩码预测上执行 IoU 计算，其他功能几乎与 bbox 级检测相同。

2.1.2　检测和识别的框架

基于 CNNs 的物体检测器分为双阶段检测器和单阶段检测器两大

类。双阶段检测器首先生成一组稀疏分布的目标潜在区域，然后通过深度 CNNs 对目标潜在区域的特征向量进行编码，最后进行对象类别预测。单阶段检测器没有单独的候选区域生成阶段，它们通常会考虑将整幅图像作为潜在对象，并尝试将每个区域分类为背景或目标类型。双阶段检测器在许多公共数据集上可达到最前沿的检测性能，然而它们通常不具备较高的处理速度。虽然，单阶段检测器面向实时目标检测器的应用，但与双阶段检测器相比，其性能相对较差。

1. 双阶段检测器

双阶段检测器将检测任务分为区域推荐和候选区域预测两个阶段。在区域推荐阶段，检测器试图寻找图像中所有可能包含物体的区域。在候选区域预测阶段，使用类别标签信息作为模型监督信息，训练基于 CNN 的深度学习模型并对候选区域进行分类，该区域可以是背景，也可以是预定义的类标之一。接下来，回顾一些极具影响力的两级检测器。

Girshick 等人提出了 RCNN，该检测器是开创性的双阶段目标检测器。2014 年，Felzenszwalb 等人提出了基于传统检测框架的 SegDPM 检测器。当时，在 VOCImageNet 数据集上，state-of-the-art 方法的 mAP 为 40.4%，而 RCNN 显著地提高了检测结果，其 mAP 为 53.7%。RCNN 的检测过程分为候选区域生成、特征提取和候选区域分类 3 个部分。对于每幅图像，RCNN 首先会生成一组稀疏候选区域（约 2000 个区域），用于剔除容易被识别成背景的区域。然后，裁剪每个推荐区域并将其调节为固定大小，之后编码为固定维度的（如 4096 维）特征向量。紧接着，将该特征向量送入 SVM，进行特征分类。最后，使用提取的特征作为输入来回归边界框，以便推荐区域的边界框紧紧地绑住物体。与传统手工的特征描述符相比，深度神经网络生成分层特征并捕获不同层中的不同比例信息后再分类。基于迁移学习理论，RCNN 在 ImageNet 上，预先训练卷积网络的权重，再重新初始化一个完全连接的层用于最终的检测任务，微调预训练模型。实验结果显示，将 Imagenet 数据集的知识迁移至新的任务，可显著提高检测识别性能。

受空间金字塔匹配思想[46]的启发，文献[47]提出了 SPP 网络，它能够提高 RCNN 网络的处理速度并提高特征的区分能力。SPPNet 采用区域推荐网络产生候选目标，并将这些候选区域输入到 CNN 模型中，使用深度卷积神经网络计算图像的特征图，并提取固定长度的特征向量。SPPNet 将特征图划分为 $N \times N$ 的网格，用于获取 N 个值（允许获取不同位置的信息），并在网格的每个特征元素上执行合并操作，从而给出固定长度的特征向量。给每个 $N \times N$ 的特征向量连接网格中的全连层，以给出该区域的特征表示，提取的特征被反馈到 SVM 分类器和边界框回归器中。与 RCNN 相比，SPP 层可以处理各种纵横比例的图像，但不调整它们的大小。因此，该网络不会受信息丢失和几何失真的影响。

尽管在检测器的学习策略方面取得了不小的进展，但区域推荐阶段仍然依赖于传统方法，如 SelectiveSearch[45]或 EdgeBox[48]，这类方法统一基于低级视觉，无法以数据驱动的方式进行学习。为了解决该问题，文献[34]提出了 Faster RCNN 的检测网络，该网络设计了新型区域推荐网络——Region Proposal Networ（RPN），RPN 可以通过下列方式学习有监督的学习方法。RPN 是一个完全卷积的网络，它可以输入任意大小的图像，并在特征图的每个位置上生成一组候选区域。该网络使用 $N \times N$ 的滑动窗口在特征图上滑动，并为每个位置生成特征向量。然后，将特征向量馈入两个同级输出分支，即对象分类层（根据对象分类层是否对提案进行分类确定其是否为对象）和边界框回归图层，再将上述结果输入到实际对象的最后一层，进行分类和边界框的回归。RPN 可以插入至 FastRCNN 中，整个框架可以将大量训练数据按照端到端的方式对整个检测网络进行训练。RPN 支持以数据驱动的方式生成候选区域，还能提升深层骨干网络的区分能力。提速后的 RCNN 能够在 GPU 上达到 5FPS

的预测速度，并在许多公开基准数据集上，获得了最前沿的检测和识别结果，如 PascalVOC2007、PascalVOC2012 和 MSCOCO。当前，有大量基于 Faster RCNN 的变体检测器用于不同的计算机视觉任务[39, 49-51]。

快速的 RCNN 特征算子计算输入图像的特征图，并在特征图上计算推荐区域的特征，在不同区域之间采用共享计算的方式进行特征提取。然而，这种计算共享在区域分类阶段没有共享，每个特征向量依然需要经过一个全连接层区分开。由于每幅图像可能有成百上千的候选区域，因此，计算量可能非常大。深度网络会减少候选区域的空间信息，所以简单地去除全连接层会导致检测性能急剧下降。戴等人提出了基于区域的全卷积共享计算网络（RFCN），用于区域推荐过程。RFCN 生成了位置敏感打分图，该打分图将不同类别的相对位置信息进行编码，使用位置敏感的 ROI 合并层（PSROI 池化），通过编码目标区域的每个相对位置来提取空间感知区域特征。

在 DCNN 特征表示中，深层特征在语义上很强，但是在空间信息上表示能力较弱，而浅层特征在语义上较弱但空间信息上较强。Lin 等人基于该属性提出了将深层特征与浅层特征相结合的特征金字塔网络（FPN）特征图，用于检测不同比例的目标。本部分的想法是利用深层的语义信息增强浅层特征的表达能力。FPN 在检测多尺度物体方面取得了重大进展，并已广泛用于许多其他领域，如视频检测[53-54]和人体姿势识别[55-56]等。

大多数实例分割算法均是物体检测算法的改进变形。早期方法[57-59]通常生成的细分类的候选区域，然后通过 RCNN 快速进行细粒度分类。后来，戴等人提出了一种称为 MNC 的多阶段学习算法，该算法将整个检测框架分为多个阶段，并预测边界框的候选区域，随后由区域分类器对其进行分类。上述早期工作以多种方式执行 bbox 和 mask 预测。为了提高算法整个过程的灵活程度，He 等人提出了 MaskRCNN，可预测物体的边界框和并行细分模板。基于 MaskRCNN，Huang 等人提出了一个具有高质量区域得分的感知框架，名为 Mask Scoring RCNN，预测模板的质量并校准模板之间对于未对准置信度的分数。

2. 单阶段检测器

双阶段检测算法由区域推荐和候选区域预测两个阶段组成。与双阶段检测算法不同，单阶段检测算法没有用于区域推荐的单独阶段。双阶段检测算法通常将图像上的所有位置视为可能出现的候选区域，并尝试将每个推荐的区域分类为背景或目标对象。

早期较为成功的基于深度学习的单阶段检测算法由 Sermanet 等人提出。分类网络输出网格在输入的每个区域上进行预测，从而指示对象是否存在。识别目标之后，通过学习回归器优化物体边界框的位置。为了检测多尺度目标，将输入图像调整为多个尺度后再送入网络进行检测。

后来，Redmon 等人开发了一种称为 YOLO 的实时检测器。YOLO 将目标检测任务视为回归问题，在图像空间上将整个图像划分为固定数量的网格单元，如使用 7×7 网格，每个单元存在一个或多个潜在目标。在最原始的算法实现中，每个单元格被认为包含最多两个对象。对于每个单元格，做出的预测包括以下信息：该位置是否包含物体，边框的坐标和大小（宽度和高度），以及对象的类别。整个框架是一个单一的网络，它省略了候选区域的推荐过程，该步骤优化了端到端的方式。基于精心设计的轻量级架构，YOLO 可以做到预测速度 45 帧/秒，使用更简化的特征提取网络速度达到 155 帧/秒。但是，YOLO 还面临一些挑战：①它只能检测到在给定位置的两个物体，很难检测小物体和拥挤的物体[40]；②仅最后一个使用特征图进行预测，不适用于以多种比例和纵横比预测对象。

2.2 复杂场景下小目标检测与识别

2.2.1 信息增强

基于深度卷积网络的典型对象检测算法，如 FastRCNN[38]和 FasterRCNN[34]，仅使用单个图层的特征图来检测对象，但是试图在大范围场景中，检测并识别物体非常具有挑战性。深度卷积网络学习不同层中的分层功能，上述功能捕获不同的规模信息。具体来说，具有丰富空间信息的浅层要素具有更高的分辨率和更小的接收场，因此适用于检测小物体，而深层中语义丰富的功能则对照明，翻译更可靠并且具有较大的接收场（但分辨率较粗），更适合检测大型物体。检测时，小物体需要高分辨率的表示，并且上述对象的表示甚至在深层功能，这使小物体检测变得困难。一些技术，如膨胀/无穷卷积[97, 52]提出了避免下采样的建议，甚至在更深的层中也使用了高分辨率信息。与此同时，在浅层中，检测大型物体也不是最优的，因为没有足够大的接收场，处理功能规模问题已成为内部的基本研究问题。有 4 个主要范式解决多尺度特征学习问题：图像金字塔、融合金字塔、预测金字塔和特征金字塔。

1. 图像金字塔

图像金字塔是指调整输入图像的大小，将其分成许多不同的比例并训练多个检测器，每个检测器负责检测特定的范围[98-101]。在测试期间，要将图像大小调整到不同的比例，然后将多个检测器和检测结果合并，这在计算上可能非常昂贵。刘等人首先学习了一种轻量级规模的感知网络来调整图像大小，以便所有对象都具有相似的规模；其次学习单一类别的检测器。辛格等人进行了小物体检测的综合实验。他们在工作中提出了一个新颖的框架图像——金字塔的尺度归一化[98]，训练了多个与比例有关的探测器，每个探测器负责一定规模的物体。

2. 融合金字塔

融合金字塔构造一个在多层中通过组合要素来生成单个要素的图，并根据新构建的模型做出最终的预测地图[50-51, 102-105]。通过融合空间丰富的浅层特征和语义丰富的深层特征构造的新特征包含丰富的信息，可以检测不同比例的物体。上述组合通常是通过使用跳过连接[1]实现的。由于不同层的特征规范具有高差异。贝尔等人提出了内外网络，通过对感兴趣区域池化的方法[38]从不同的图层裁剪区域特征，并将这类多尺度区域特征结合起来进行最终预测。孔等人提议的 HyperNet[50]采用了与 IoN 类似的思想，他们通过集成中间层和浅层特征来精心设计高分辨率超特征图，以生成提议并检测对象；使用反卷积层对深层特征图进行上采样，并使用批处理归一化层对工作中的输入 Blob 进行归一化；构造的超特征图还可以隐式编码来自不同层的上下文信息。王等人通过细粒度的分类算法，集成了高阶表示而不是利用对象建议的简单一阶表示，提出了一个新颖框架多尺度位置感知内核表示[103]，捕获了提案的高阶统计特征并有效地生成了更具区分性的特征表示。组合特征表示更多描述性的，并提供语义和空间信息用于分类和本地化。

3. 预测金字塔

刘等人的 SSD[42]结合了粗及来自多个图层的精细特征。在 SSD 中，预测是从多层进行的，每层负责一定规模的物体。后来，许多相关研究[106-108]受到该原理的启发，检测多尺度物体。杨等人还利用适当的特征图来生成一定比例的对象建议，这些建议特征图被输入到多个与比例有关的分类器中来预测对象。多尺度深度 CNNs[106]在多个特征图上应用了反卷积层以提高其分辨率，后来，这些精致的特征图用来进行预测。刘等人提出了一个接收场分组网[108]，以通过接收场块的方式增强健壮性和接收场。RFB 模块采用了与初始模块[75]类似的思想，该模块捕获了通过多个分支从多个尺度和接受领域不同的卷积核，最后将它们合并在一起。

4. 特征金字塔

结合综合优势特征和预测金字塔，林等人提出的特征金字塔网络[39]集成了不同的自上而下的方式，通过横向连接来缩放特征，建立一组比例不变特征图，并建立多个在这些特征金字塔上学习的与比例相关的分类器。具体来说，深度语义丰富的功能用于增强浅层空间丰富的特征。上述自上而下和横向特征通过逐元素求和或级联，用小的卷积减小尺寸。特征推荐网络的许多变体后来被开发出来[109-111]，并对特征金字塔块进行了修改。Kong 等人和 Zhang 等人建立了带有侧向连接的比例尺不变特征图。与特征推荐网络不同，该网络生成了大量候选区域推荐，随后产生了区域。类别分类器省略了提案生成，因此，比原始特征推荐网络更有效。任等人和 Jeong 等人开发了一种新颖的结构，逐步并有选择性地编码不同层特征之间的上下文信息。受超分辨率任务启发[121-122]，Zhou 等人使用一种新颖的变换块开发了高分辨率特征图，该变换块明确探索了跨多个尺度的尺度间一致性。

2.2.2 上下文信息发展现状

上下文信息对小目标的检测与识别至关重要，许多方法[2, 9, 25, 33, 35]使用额外的层从多个层构建上下文特性，使用上下文的另一个简单方法是在 RoI 集中时也考虑附近的区域。Hu 等人通过提取周围区域和 RoI 来检测人脸；文献[4, 7, 18]研究了目标之间的关系信息，以增强检测模型；文献[3, 13, 36, 37]建议使用卷积和非卷积层的混合来更好地分割小目标，因为非卷积层覆盖了更大的接收域，而不会丢失分辨率。由于这一特性，文献[3]使用了卷积层来匹配高分辨率和低分辨率特征之间的相对接收域。PyramidBox 人脸检测器[4]（A Context-assisted Single Shot Face Detector）加上头、肩膀等上下文信息，这相当于目标变大了，上下文信息加上检测也就更容易了。

上述技术依然处于简单的模块堆叠状态，基本没有考虑技术之间的内在联系，导致解决方法存在大量冗余计算，如上下文信息表征能力弱，双阶段架构缺少特征共享等。另外，已有的技术要么仅针对常规目标检测识别问题，要么仅针对小目标问题。而本部分针对复杂背景下小目标的检测与识别问题，分别从上下文信息、信息补偿和数据增强展开研究，设计了能够端到端的整体训练架构。第 3 章介绍基于上下文信息的复杂场景下小目标检测方法。

第3章

上下文信息指导的复杂场景下小目标检测

本章从第一层复杂性、环境复杂性的角度出发，研究上下文信息的复杂场景下小目标检测，以解决目标精确定位的问题。复杂场景下的小目标检测，旨在在复杂背景中寻找分辨率非常有限的小目标。一方面，环境的复杂性给背景区域和前景目标的分离造成了极大的困难；另一方面，微小目标本身携带的信息量匮乏，如果仅根据边界框内包含的信息来检测，则会导致检测准确率快速下降。本章试图利用目标候选区域的上下文信息，提升背景区域和前景区域的区分性，以提升对微小目标的检测性能。为此，本章提出上下文信息指导的小目标检测框架。该方法首先使用高召回率的检测器进行小目标候选区域的粗筛选，然后提出一个基于判别式学习和图割技术的目标检测框架，使用该框架构建候选区域来描述上下文信息，实现对目标候选区域的精细筛选。在广泛使用的 4 个标准数据集中，验证了所提出的方法超过了前沿的小目标检测算法。

3.1　小目标特征淹没

复杂场景下小目标检测具有强烈的应用需求，如大场景的视频监控系统、对地观测卫星、医学图像处理等。近年来，人们已经提出了很多高效的目标检测模型[24, 46-53]，已有方法在理想场景下已经取得了飞速发展，但这类场景往往背景单一，感兴趣的目标尺寸较大；而复杂场景中的小脸检测尚不能令人满意，DLGC 小脸检测结果和 HR[24] 小脸检测结果如图3.1 所示。遥感图像的目标检测仍然是一个未解决的问题[43, 54-57]，主要原因在于环境的复杂性导致背景区域和前景目标的分离；再加上小目标本身的信息量匮乏，仅能根据边界框内包含的信息来检测，会导致检测准确率非常低。本章专注于复杂场景下对小目标的检测，目的是估计自然场景和遥感图像目标的位置和尺寸。

图 3.1 DLGC 小脸检测结果和 HR[24]小脸检测结果

最近，CNNs 在物体检测方面产生了革命性的推动力[58,59]，基于 CNNs 的检测器试图从感兴趣的区域中学习到深层次的特征，并根据所学到的特征进行分类。但是，CNNs 往往无法有效地检测到复杂场景下较小的像素块（16 像素×16 像素），主要原因是其背景和前景具有较高的相似性，小目标本身携带的信息量十分匮乏，与背景外观十分相似，这导致前景和背景分离困难。例如，很难将面孔（目标）与手（背景）分离，或将船只（目标）与波浪（背景）分离。另外，CNNs 检测器往往采用粗粒度卷积步长，其步长较大，模型很容易遗漏小目标，或者将更多的背景信息融入到小目标特征的提取过程中。更严重的是，池化层具有下采样作用，在经过几次池化后，小目标特征图的有效特征便消失了。因此，基于 CNNs 的目标检测算法很难准确地检测出复杂场景下的小目标。

目前，拥挤场景下小目标检测的思路可总结为以下 3 类。

（1）直接使用深度学习网络提取尺度不变特征[60]。但是，当目标尺寸变得太小时，小目标的外观质量会降低，检测器性能会大幅下降。

（2）尝试在物体边界框的内部生成额外的信息，以提高特征的区分性。文献[24]已经证明对图像金字塔的低层插值，非常有利于检测小目标。然而盲目地增加图像的尺寸，往往会使算法计算复杂度大大提升。

（3）尝试将物体的邻域信息整合到物体检测的框架中[61]。

是否还有其他方面的信息可以提升小目标检测的性能呢？答案是上下文信息似乎可以提升小目标检测的性能。但问题又来了，如何有效地对物体的上下文信息进行编码呢？

现有的检测方法通常在其分类打分上使用一个简单的阈值来确定最终的前景和背景。如图 3.2 中第一阶段所示，选择一个对于任何场景都最优的阈值是十分困难的。本章使用语义信息对目标候选区域进行聚类，将其聚类为感兴趣的对象组或背景组。该方法通过上下文信息将包含相近外观的候选区域聚类到同一组，而背景则远离这样的组。

为此，本章提出了一种基于判别学习和图割（Discriminative Learningand Graph-Cut，DLGC）的框架，用来进一步分类由其他目标检测器产生的候选区域，如图 3.2 所示。DLGC 先使用一个高召回率的分类器，旨在召回图片中所有候选目标所在的区域，但不可避免地会引入许多虚假目标。该方法的重点是重新筛选低置信度的感兴趣目标区域，同时剔除虚假背景。为此，本章提出了一种判别式学习的算法，用来学习相似度矩阵，以评估候选区域的相似度。建立图模型来表示候选区域的相似度矩阵，利用图割技术将图模型分为：同一组是相似的候选区域、不同组是彼此不同的候选区域。然后，每个组内的候选区域通过投票算法来确定是否为目标类或背景类。

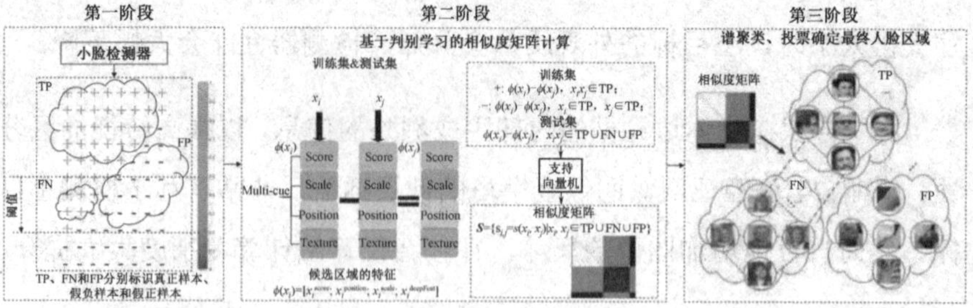

图 3.2 本文提出基于 DLGC 的小脸检测框架

本章的主要贡献如下：

（1）为了提高检测性能，本章利用目标的上下文信息提出了一种上下文信息指导的小目标检测方法。

（2）为了描述上下文信息，本章构造了成对的约束，并将其引入小目标检测器中，以提高其检测精度。

（3）为了实现成对约束，本章将回归候选者之间的相似性问题转化为分类两个候选区域是否为一对的二分类问题。

3.2 小目标检测算法的原理分析

本节从复杂场景下的小目标检测、上下文信息、判别式学习 3 个方面分析小目标检测方法的原理。

3.2.1 复杂场景下的小目标检测

小脸检测吸引了越来越多相关领域研究者的关注。文献[53]介绍了人脸检测领域的开创性工作，该方法采用哈尔特征和 AdaBoost 框架设计了级联的弱分类器，以实现快速、健壮的人脸检测。现有的研究工作提出了很多改进思路来改善该算法的性能。文献[62-63]是性能十分出色的人脸检测算法。这类方法采用人工设计的特征并单独优化每个组件，从而得到了次优的人脸检测结果。最近，基于 CNNs 的人脸检测器极大地弥补了人类视觉与人脸检测器之间的差距[64-66]。

专门面向遥感图像处理的物体检测算法研究正在吸引越来越多的关注[43, 54-57]。文献[43]将自然场景目标检测算法泛化到遥感图像领域，创建了数据集 DOTA。截至目前，数据集 DOTA 是遥感图像领域中标注规模最大的数据集，该数据集评测了很多目标检测与识别方法。文献[56]提出了一个统一的深度学习检测方法，该方法结合区域推荐网络与上下文特征融合网络来处理对象旋转变化和外观模糊的挑战。文献[57]设计了一个基于卷积神经网络的旋转不变性 Fisher 判别方法，以处理对象旋转和类间相似性的问题。与上述工作不同，本节专注于复杂场景中的小目标检测。遥感图像目标检测旨在检测大量小目标，如小脸、飞机、轮船、大型或小型车辆等。它与通用尺寸的目标检测完全不同，因为用于检测 3 像素的目标检测算法与用于检测 300 像素的目标检测算法是完全不同的。文献[23]提出了一个感知生成对抗网络，通过超分辨生成技术来增强小目标的信号，以提高模型对小目标的检测性能。文献[61]提出了与本研究最相关的研究工作，该研究工作提出了基于密度图估计与分割的计数检测。当图像中含有很多小目标时，可以有效估计它的密度图。众所周知，仅从小目标区域内部提取特征，不足以检测到小目标，主要原因是这类方法忽略了局部的语义信息。本节已经观察到密集场景中的人脸在尺度、纹理和位置属性方面存在局部连贯性的情况。如图 3.2 所示，彼此靠近的人脸边界框在长宽比例和纹理上具有相似性，上下文信息有助于小脸检测器更好地剔除虚假目标。

3.2.2　上下文信息

上下文信息是拥挤场景中微小目标检测的关键信息[24, 68-71]。CMS-

RCNN[68]将上下文信息加入 FasterR-CNN 对象检测器[72]，并验证了上下文信息是检测小目标的关键。Bell 等人提出了 Inside-Outside 网络，对感兴趣区域的外部进行建模，并在小目标检测方面提出了改进方案。最近，Hu 等人设计了一个中心凹描述符，同时捕获上下文和高分辨率图像特征，以便有效地对上下文信息进行编码。该描述符在 Wider Face 数据集上达到了最前沿的检测准确率。Chen 等人通过级联深度学习的特征，集成上下文信息，以提高小目标检测性能。但是，当小目标挤在一起时，物体的邻域可能包含小目标的部分。Tang 等人设计了基于上下文信息的锚点方法，从人脸周围的上下文信息训练监督人脸检测器。

3.2.3 判别式学习

判别式学习以一个图像对作为输入，通过计算图片特征之间的距离来计算语义相似度[73-77]。1993 年，Bromley 等人首先使用判别学习计算一对图像之间的相似性，以进行签名验证。Cao 等人设计了支持向量机的判别模型，以预测匹配和不匹配的图像，并用于大规模图像匹配。Lee 等人使用三重态训练网络，使网络判别样本可以进行地点识别。Yi 等人将一张图片划分为 3 个水平部分，并训练 3 个部件 CNNs 以提取有效的判别特征。类似地，文献[76]将 CNNs 与某些门函数进行集成，旨在自适应地关注输入图像对的相似部分。本节研究的对象与上述文章研究的对象明显不同，本节所关注的目标尺寸非常小，因此很难分成多个部分。为了引入局部的互相关关系，本节引入了区分模块来表示互相关性，并使用图割算法对候选者进行分组，同一组中的候选区域之间相似度高，不同组的候选区域之间相似度较低。

3.3　上下文信息指导的复杂场景下小目标检测方法

本节的目标是将局部互相关的信息集成至小目标检测框架中。为了表示这种局部互相关的关系，本节定义了一个对约束，这个对约束分为等价约束和非等价约束。其中，等价约束指样本对属于同一个类别，样本之间比较相似；而非等价约束指样本属于不同类别，样本之间差异较大。为了更好地估计候选区域样本对的相似程度，本节使用最大边界超平面来分类不同类别的样本，学习不同特征之间的权重。本节提出了上下文信息指导的小脸检测框架，下文将该框架从小脸检测扩展至遥感图像的小目标检测。在判别学习阶段，我们将由相同边框颜色组成的样本对作为正样本来训练判别学习模型。该框架主要由 3 个部分组成：①使用线性支持向量机估计由所有样本组成的邻接矩阵的相似度；②构造一个图模型并使用图割的方法将候选区域分成多个组；③使用候选区域投票的方法确定感兴趣物体的组。

3.3.1　基于 SVM 的目标候选区域相似度计算

$X=\{x_1, x_2,\cdots, x_N\}$表示 N 个候选区域的集合，该集合由人脸区域和非人脸区域组成。为了引入候选区域对的约束，本节首先构建相似矩阵$\boldsymbol{S}=s\left(x_i, x_j\right), x_i, x_j \in X, i, j=1, 2, \cdots, N$。其中，$s\left(x_i, x_j\right)$表示$x_i$和$x_j$的相似性，$s\left(x_i, x_j\right)=1$表示$x_i$和$x_j$十分相似；$s\left(x_i, x_j\right)=0$表示$x_i$和$x_j$完全不同。

对于两个候选区域x_i和x_j之间的相似性，直接采用回归的方式很难度量，因为标记它们之间的相似度很困难，因此本节将回归两个候选区域相似度的问题转化为判断两个候选区域是否为一对的二分类问题。如果两个候选区域是一对，则它们都是人脸类；如果两个候选区域不是一对，则它们要么都是背景，要么是人脸或背景。本节采用线性 SVM 来计算两个候选区域 x_i 和 x_j 之间的相似性、依赖关系，候选区域的位置、尺度，分类器得分及候选区域的深度特征，把上述特征首尾相接进行组合以构成新的特征向量。分类器得分和候选区域的深度特征来自第一阶段的人脸检测器。在训练阶段，将候选区域按照分类器得分降序排列。本节假设 X_{Top} 表示由排序后的候选区域得分前端 10%候选区域组成的集合，假设该集合均为人脸区域；X_{Bottom} 表示由排序后的候选区域得分后端 10%候选区域组成的集合，假设该集合均为非人脸区域。如图 3.3 所示，在 DLGC 的第二阶段，本节构建训练集 $\{(x_{1,1},y_{1,1}),(x_{1,2},y_{1,2}),\cdots,(x_{n,n},y_{n,n})\}$，$x_{i,j}=\phi(x_i)-\phi(x_j)$，$y_{i,j}=\{0,1\}$。如果 $x_i,x_j\in X_{\text{Top}}$，则 $y_{i,j}=1$；如果 $x_i\in X_{\text{Top}},x_j\in X_{\text{Bottom}}$，则 $y_{i,j}=0$。测试时，构建测试样本 $x_{i,j}=\phi(x_i)-\phi(x_j)$，将其送入 SVM 分类器，然后将 SVM 的输出作为样本 x_i 和 x_j 之间的相似度 $s(x_i,x_j)$，从而构建相似矩阵 $\boldsymbol{S}$。

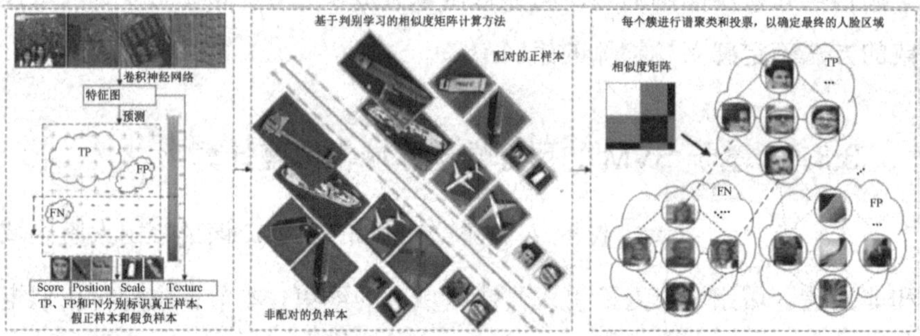

图 3.3 面向遥感图像小目标检测 DLGC 的算法框架

3.3.2 基于谱聚类的图模型分割

给定 $X=\{x_1, x_2,\cdots, x_N\}$ 的候选区域集合和相似度矩阵 $\boldsymbol{S}$，本节的目标是按照 $\boldsymbol{S}$ 将 X 分成不同的组。其中，若两个候选区域来自相同的组，则它们的外观相似度较高；若两个候选区域来自不相同的组，则它们的外观相似度较低。该工作构建了一个图模型 $G=(V, E)$ 表示 X，其中，每个节点 $v_i \in V$ 表示候选区域 x_i； $e_{ij} \in E$ 表示候选区域 x_i 和 x_j 的相似度 $s=\left(x_i, x_j\right)$。基于图理论，本节需要找到一个图模型分割策略，使得不同子图之间边的连接权重非常低，这意味着来自不同组的人脸候选区域差异较大。子图内部边的连接权重非常高，这意味着来自不同组的人脸候选区域较为相似，其形式化为

$$\operatorname{cut}\left(A_1,\cdots,A_k\right)=\frac{1}{2}\sum_{i=1}^{k}W\left(A_i,\bar{A}_i\right) \tag{3.1}$$

式中，$A_i \subset V, A_i \cap A_j=\varnothing$，$A_1 \cup A_2 \cup \cdots \cup A_k=V$，$W(A_i,\bar{A}_i)=\sum_{m\in A_i,n\in\bar{A}_i} w_{mn}$，$w_{mn}=\exp\left(\frac{-S_{mn}}{2\delta^2}\right)$用于增强局部邻域的关系。

但是，仅按照上述策略进行优化，会出现将一个单独的节点与剩余节点分割的极端情况。原因在于图割之后的子图节点个数差别很大，如一个子图仅有一个节点，而另外一个子图则包含剩余的全部节点。为了避免这种图割不平衡的情况，本节引入了子图规模因子$|A|$。该因子统计子图 A 中的节点个数，从而保障分割后的子图集合$\{A_1, A_2,\cdots, A_k\}$大小合理。本节将式（3.1）变换成如下形式

$$\operatorname{cut}\left(A_1,A_2,\cdots,A_k\right)=\frac{1}{2}\sum_{i=1}^{k}\frac{W\left(A_i,\bar{A}_i\right)}{\left|A_i\right|} \tag{3.2}$$

根据文献[78]有

$$\arg\min \operatorname{cut}\left(A_1,A_2,\cdots,A_k\right)=\arg\min_{\boldsymbol{H}} \operatorname{Tr}\left(\boldsymbol{H}^{\mathrm{T}}\boldsymbol{L}\boldsymbol{H}\right) \tag{3.3}$$

式中，$\boldsymbol{L}$ 是拉普拉斯矩阵，$\boldsymbol{H}^{\mathrm{T}}\boldsymbol{H}=\boldsymbol{I}$，并且指示器 $\boldsymbol{H}=\{h_1, h_2,\cdots, h_k\}$。

$$h_{i,j}=\begin{cases}\dfrac{1}{\sqrt{A_j}}, & v_i \in A_j \\ 0, & v_i \notin A_j\end{cases} \tag{3.4}$$

式中，$i=1, 2,\cdots, k$，$j=1, 2,\cdots, k$。式（3.3）是一个标准的迹最小化优化问题。因此，本节将目标检测候选区域聚类成$\{A_1, A_2,\cdots, A_k\}$。最终，每个组的候选区域通过投票的方式决定是人脸区域还是非人脸区域。

3.4 实验结果与分析

本节首先给出了实验基本条件和骨干网络。然后，在 4 个数据集上评价 DLGC，包含 WiderFace[79]、AFW[80]、PascalFace[81]和 DOTA[43]。并与几个基准模型进行比较，实验结果验证了 DLGC 的有效性。

算法实现部分基于公开发布的代码 Finding Tiny Face[24]，该代码采用 Matconv-net[82]深度学习框架；另外一部分基于公开代码 FasterR-CNN[83-84]，该代码采用 MxNet[85]深度学习框架。为了提取候选区域的特征，本节将原始目标检测所获得的人脸候选区域送入原始框架中的特征提取网络，从而获得感兴趣区域的特征——ResNet-101 网络的 Res4b22x 特征。

3.4.1 子模块有效性验证实验

本节首先分析 DLGC 每个模块的有效性，并且在 WiderFace 数据集上进行实验分析。

1. 判别学习模块的有效性

该部分验证了判别学习方法在估计候选区域对相似性方面的有效性。本节使用线性库（LIBLINEAR，L-LIB），同时采用正则化逻辑斯蒂 L2 范数（L2-Regularized Logistic）进行模型的参数回归，使用参数

c=0.0625 来实现判别学习。使用本节构建的数据集训练基于 SVM 的二分类。具体来说，训练集有 10500 对，样本来自拥挤场景中的 50 张人脸图片。测试集合与训练集合的构成方法相似，由 5250 个图像对构成。本节使用准确率来评价训练完毕的 SVM 的分类性能。在测试集上，该分类器可以达到 78.24%的准确率（见表 3.1），因此可以验证本节所述判别学习模块能够有效地估计两个候选区域之间的相似度。表 3.1 显示，通过设置不同的置信度来构造不同的候选区域对，组成训练样本，记录 WiderFace 验证集上的 AP 值。与之前的分析一致，当置信度设置为 10%时，识别性能最好。于是，本章在实验中选择了 10%的置信度。

表 3.1　基于 SVM 的分类准确率

训练样本数/个	准确率
1000	63.14%
2000	69.70%
2500	71.65%
5000	75.66%
10500	78.24%
20000	78.60%

另外，本章也使用神经网络来估计候选区域对之间的相似度。本章神经网络训练一共 2000 轮，学习率设置为10^{-2}，第一层节点数为 8202 个，隐藏层节点数为 100～2000 个，测试结果如表 3.2 所示。与神经网络（Neural Network，NN）算法相比，基于 SVM 的判别学习方法能将准确率提升 10.9%。

表 3.2　随着隐藏层层数的增长，神经网络分类器的分类性能变化

隐藏层数量/个	准确率
100	65.16%
500	66.41%
1000	64.98%
2000	67.34%

2. 图模型分割模块的有效性

为了验证谱聚类方法的有效性，本节讨论了在不同聚类个数的情况下，人脸候选区域的聚类结果，本节从数据集中选择了拥挤场景中的50张人脸图片。为了减少相似矩阵中的噪声，使用标准答案（Ground Truth，GT）重新生成候选区域所对应的人脸区域或背景区域。如图 3.4 所示，人脸区域（绿色矩形框所示）和背景区域（红色矩形框所示）被聚类为不同的组。所有的背景区域似乎应该被聚类成为一组，但是背景的多样性导致背景区域之间也是不一样的。因此，它们应该被聚类成多个组。本节设置聚类个数为4，并将一幅图像的候选区域的聚类结果放在一行。结果显示，本文的谱聚类算法把候选区域划为多个组，相同组的候选区域相似，不同组的候选区域不相似。注意，有部分人脸被错分到背景区域多的组，因为成像分辨率低和背景复杂导致它们之间更加相似。

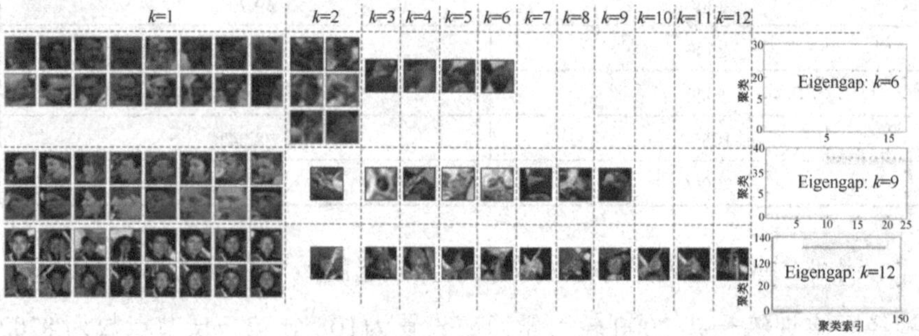

图 3.4　给定不同候选区域之间的相似度矩阵，谱聚类可视化结果

聚类个数的选择是一个关键问题。本节使用基于本征差异 Eigengap 启发式搜索策略确定聚类个数 k 的取值。根据摄动理论，特征值有 k 个重复的 0，第 k 个特征值与第 $k+1$ 个特征值之间有差异。如图 3.4 中第一行所示，前 6 个特征值逼近于 0，第 6 个特征值与第 7 个特征值之间存在较大差异。根据摄动理论，这个差异表明数据集包含 6 个聚类中心，该方法也应用在其他两幅图像中，结果如图 3.4 所示。

3.4.2　WiderFace 数据集小脸检测的实验结果

由于 WiderFace 数据集中存在大量小尺寸人脸及人脸之间的遮挡，因此，该数据集非常具有挑战性。该数据集包含 32203 张图片，其中训练集占 40%、验证集占 10%、测试集占 50%。根据检测的难度，可将测试集和验证集分为简单、适中、困难的子集。训练集和测试集的图片可以通过官网访问，但是测试集的标注信息还没有发布，所以需要将检测结果发送给该数据集的官方服务器进行评价，从而获得 PR（Precision Recall）曲线。

将本节所提出的算法 DLGC 与 HR[24]、Faceness、ScaleFace[86]、CMS-RCNN[68]及 MultitaskCascade CNN[87]进行对比。图 3.5（a）是测试集上的 PR 曲线，并且在测试集上的简单子集上提升了 0.2%。图 3.5（b）和图 3.6 是验证集上的 PR 曲线，本节方法的准确率在简单、适中和困难的子集上分别比 HR 方法的准确率高 0.5%、0.2%和 0.3%。

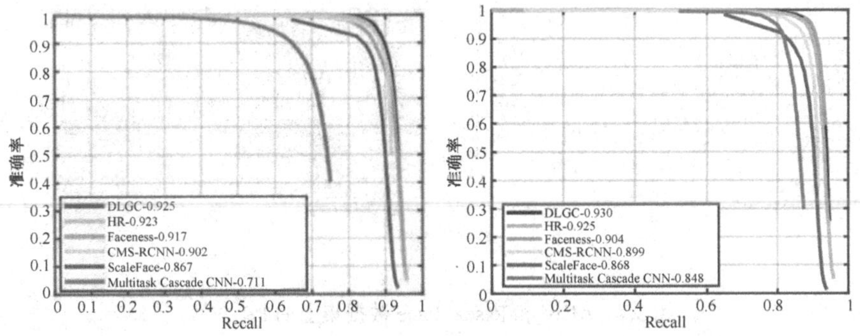

（a）测试集　　　　（b）验证集

图 3.5　WiderFace 测试集简单子集和验证集简单子集的 PR 曲线

3.4.3　AFW 和 PascalFace 数据集人脸检测的实验结果

AFW 数据集有 205 张图片，标记了 473 个人脸。将本节评价模型与 HR[24]、DPM[88]、Headhunter、Structured models[89]、Shen[39]、TSM[80]和商用的人脸检测器进行比较，如 Face.com、Face++和 Picasa。如图 3.7

(a)所示，本节 DLGC 方法的 PR 曲线优于其他人脸检测器的 PR 曲线。PascalFace 数据集总共有 851 张图片，共标记了 1335 个人脸，上述人脸取自 Pascal Person 数据集子集。图 3.8 为 DLGC 方法在 WiderFace 数据集上进行人脸检测的结果。

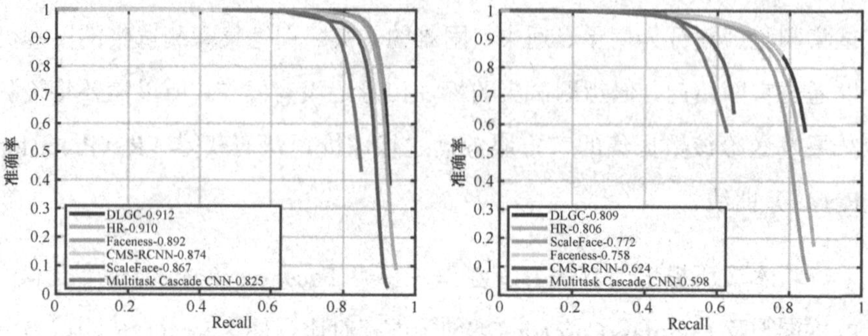

(a) (b)

图 3.6 验证集适中子集和困难子集的 PR 曲线

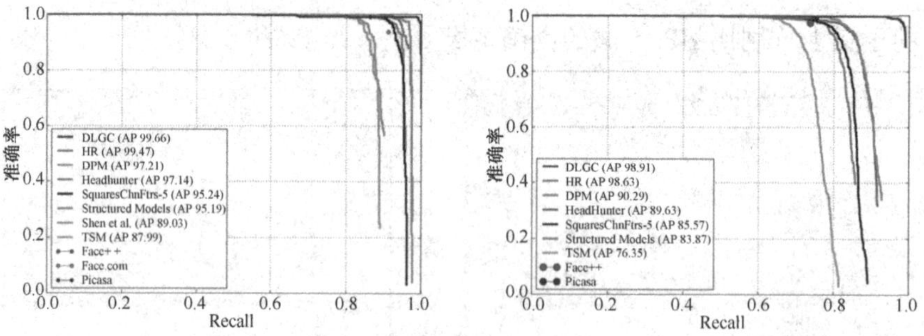

(a) (b)

图 3.7 AFW 和 Pascal Face 数据集上的 PR 曲线

本节主要探索人脸检测，因此忽略了原始数据集中不包含人脸的部分，这种操作类似 DPM。作者也用 HR、DPModel[88]、Headhunter、SquaresChannelFeatures[89]、StructuredModels[81]、Shen[39]、TSModel[80]及一些商用检测器评价了本节的方法。如图 3.7（b）所示，本节方法的 PR 曲线比其他模型的 PR 曲线性能都要优越。

图 3.8　DLGC 方法在 WiderFace 数据集上进行人脸检测的结果

3.4.4　DOTA 数据集遥感图像小目标检测的实验结果

DOTA[43]包含 2806 张航空类图片，图片的尺寸从 800 像素×800 像素到 10000 像素×10000 像素，并且包含 188282 个目标，各目标在尺寸、方向和形状上差异都很大。考虑本研究的重点是小目标检测，所以实验仅关注该数据集中的飞机、船、大卡车、小轿车这 4 类小尺寸物体。作者将 DLGC 方法与 Faster R-CNN[90]、R-FCN2[83]、YOLOv23[91]、SSD4[60]等方法在小目标检测性能方面进行了比较。表 3.3 记录了 DOTA 验证集上 DLGC 方法与 Faster R-CNN 方法的 mAP 和 AP，用于验证 DLGC 方法的有效性，表中给出了每个类别的均值平均准确率（mean Average Precision，mAP）和平均准确率（Average Precision，AP）评价。DLGC方法超越基准结果 2.75%。表 3.4 给出了 DOTA 测试集上感兴趣目标分类的 mAP 和 AP。DLGC 方法超越基准结果 2.61%。飞机和小轿车在 AP 方面（超过 2%）的提升要多于船和大卡车的（小于 2%），这是因为在拥挤场景中，类正方形的物体（飞机和小轿车）与长条形的物体（大卡车和船）有较高的重叠区域。如图 3.9 所示，基准模型很难检测到小尺寸的目标，但是本书的方法几乎召回了所有的小尺寸的目标（蓝色框所示）并且剔除了虚警目标（红色框所示）。

表 3.3　DOTA 验证集上 DLGC 方法与 Faster R-CNN 方法的 mAP 和 AP

方法	mAP	AP			
		飞机	小轿车	大卡车	船
DLGC	64.37%	92.58%	47.49%	66.51%	50.88%
Faster R-CNN	61.93%	90.21%	43.91%	64.72%	48.91%

表 3.4　DOTA 测试集上感兴趣目标分类的 mAP 和 AP

方法	mAP	AP			
		飞机	小轿车	大卡车	船
DLGC	61.73%	83.59%	57.89%	54.31%	51.14%
Faster R-CNN	59.12%	80.32%	53.66%	52.49%	50.04%
R-FCN	56.27%	81.01%	49.77%	45.04%	49.29%
YOLO-V2	50.01%	76.9%	38.73%	32.02%	52.37%
SSD	29.89%	57.85%	0.05%	36.93%	24.74%

本章研究旨在提升小目标检测的性能，提出了基于上下文信息指导的小目标检测算法，探索目标候选区域之间的语义相似性，创建对约束来描述这种语义相似性。本章在 4 个数据集上进行实验，实验结果表明，本章提出的方法可以有效提升检测器的性能，并且超过最前沿的小目标检测算法。本章验证了判别学习可以有效地估计候选区域之间的相似度，并且可视化的图割结果能够用于候选区域分组。本章提出的框架具有通

用性，有潜力应用于其他类别的小目标检测器中。

图 3.9　DLGC 遥感图像的目标检测

第4章

信息补偿机制的复杂场景下小目标识别

第 3 章解决了环境复杂带来的小目标精确定位困难的问题。本章从目标特性复杂的角度出发，研究信息补偿机制在复杂场景下的小目标识别方法，解决小目标准确识别困难的问题。目标特性存在多样性，如多尺度、多分辨率、纹理、颜色等。在开放环境下，小尺寸物体携带的信息往往有限。小尺寸目标还伴随图像分辨率低的问题。小尺寸物体和低分辨图像的共同作用，将使复杂场景下小目标识别任务变得更加具有挑战性。现有识别系统都是要求特定近似理想环境，针对大尺寸目标和高分辨率（High Resolution，HR）图像而设计的识别技术。基于图像增强的小目标识别方法首先试图将原始的低质量图像增强为高质量的图像，以提升小目标区域的信息量，然后进行下一步识别任务，但该类方法的性能提升有限，尤其是在图像分辨率非常低的情况下。本章尝试将高清样本作为先验知识，设计信息补偿机制，引导低质量样本向高质量样本转化。首先，本章提出了一个基于特征学习的生成对抗网络（Representation Learning-Generative Adversarial Network，RL-GAN），用来生成一种超级图像特征，该特征专门针对低分辨率（Low Resolution，LR）图像小目标识别进行优化。其次，本章提出了特征注意力，该方法引入通道注意力机制来引导深度学习网络将注意力集中在更加有效的特征上。将特征注意力模块引入对抗学习框架，从 HR 图像中学习到的图像特征，能更有效地引导 LR 特征生成的过程。瞄准卫星图像中低分辨率目标识别的艰巨任务，本章评估了所提方法在低分辨率图像分类时的性能，并与多个现有方法进行了性能比较。在公开的数据集和本章新创建的 WIDER-SHIP 数据集中，证明了基于特征注意力的 RL-GAN 模型的有效性，进一步提升了 LR 识别的准确率。

4.1　问题引出

在许多计算机视觉的应用中，远距离的物体引起了极大的关注，如地视观测[43]，以无人机为载台的视频监控系统[95]，以及隐私保护的视频分析[96]。深度学习技术，如 ResNet[92]、DenseNet[93]和 SeNet[94]等，极大地促进了目标识别的发展，研究人员利用深度学习技术对感兴趣区域进行抽象的表示并进行分类。这类模型在具有足够多图像细节的区域上效果很好，但是在处理分辨率极低的图象时却表现欠佳。

LR 物体识别就是在 LR 图像中识别小尺寸物体，该任务通常被认为是一项非常具有挑战性的任务，因为感兴趣物体所携带的信息太少了，视觉算法无法识别它们。正如文献[97]中指出的，该文献第一次定义了超 LR 人脸识别问题，独立识别至少需要在 32 像素×32 像素分辨率的人脸区域进行。可见，HR 物体识别可以达到较高的精度；而 LR 物体识别的性能较差，解决方案仍然很欠缺。

一种非常直观的解决方案是对 LR 图像进行超分辨率复原，然后简单地使用为 HR 或正常分辨率的物体设计的识别算法[98-99]。物体识别和图像超分辨率之间存在根本的区别，图像超分辨率重建旨在生成具有更好视觉质量的图像来让人们观看；而物体识别的目标是让识别算法保证较高的识别精度。尽管从直觉上说，对分辨率较高的图像进行识别通常会产生较高的精度；然而生成的超分辨率图像包含失真信息或严重失真区域，这会直接导致分类结果不佳。此外，独立工作的两个关键步骤，即超分辨率重建和分类，需要单独优化，对于整个识别系统来说，很难获得全局最优的解决方案。

另外一种主流的解决方案是使用候选区域中的语义相似度，将相同类别的候选区域聚类为一组，在组内采用投票的方式确定是否为人脸，以提高网络的识别性能[100-101]。但是，该类方法无法解决待识别对象分布稀疏的问题。

最近，基于特征变换的方法[102-104]试图将 LR 图像及其对应的 HR

图像投影到公共特征子空间中，使它们之间的距离最小化，该思路引起了研究界的极大兴趣。受此启发，为了直接在 LR 图像上获得 HR 的识别精度，本章提出了基于特征学习的生成对抗网络（RL-GAN）。在相关论文中，从 HR 图像中学习到的特征，用来引导 LR 特征的转化，从而提升 LR 图像特征表示的判别能力。这种增强在本质上是通过超分辨率重建 LR 图像的特征，使之与 HR 图像的特征相似，这样，增强后的特征更具区分性，更易进行分类或识别。

此外，本章研究了特征注意力机制在 CNNs 骨干网络的设计。本章认为在特征注意机制的作用下，从 HR 图像中学到的特征表示可以指导 LR 特征，从而更有效地学习。如图 4.1 所示，HR 感兴趣区域（High Resolution Region of Interest，HR RoI）和 LR 感兴趣区域（Low Resolution Region of Interest，LR RoI）在分类器的高层卷积层中表现出不同的特征。本章提出的 RL-GAN 方法试图从 LR RoI 生成更像 HR RoI 的特征，从而提升 LR 物体的识别效率。基于特征学习的引导，直接在训练阶段控制了优化过程，并极大地提高了整个生成过程的性能。通过学习到的滤波器与局部感受野对输入图像进行卷积操作，以获得特征图。但是，通过该方式得到的特征图，仅仅利用了区域内部的局部信息，并没有利用全局信息。作用于 LR 图像时，这种局部感受野更加缺乏判别能力，相比高层特征，该问题在低层特征上表现得尤为明显。这是因为低层的感受野较小，导致网络无法捕获到足够且更有意义的信息。本章将自适应通道注意模块引入对抗学习框架中，RL-GAN 模型尝试将全局信息编码到 CNNs 骨架模型中，以实现更强大的特征表示。本章的模块将全局信息编码成不同的特征图缩放因子，从而有选择地强调部分通道的特征。

本章提出了新的应用——遥感影像中的 LR 舰船分类，本章提出的 RL-GAN 也可用于 LR 舰船分类。广泛的实验验证了本章所提的特征注意力 RL-GAN，它能够更清晰地看到远处的感兴趣目标。

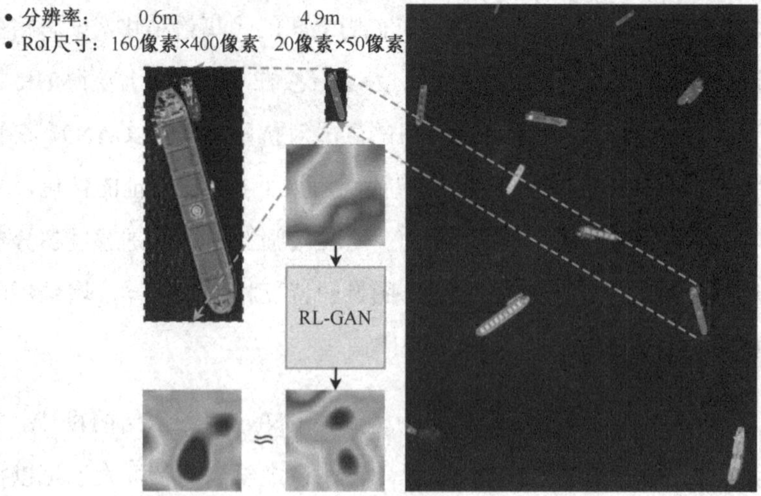

图 4.1 HR RoI 和 LR RoI 在分类器的高层卷积层中表现出不同的特征

此外，现有的 LR 船舶数据集大多是为了检测而构建的，如 DOTA[43]，DOTA 数据集不包含舰船类别的标签。另一类船舶数据集由安装在港口的 CCTV 相机捕获，如 SeaShip[44]、HRSC[45]。本章为 LR 舰船分类创建了一个新的数据集——WIDER-SHIP。另外，本章还在其他基准数据集上验证了 RL-GAN，以说明本章方法也可以应用于其他类型的物体。

本章的主要贡献如下：

（1）本章引入了自适应通道注意力模块，以选择性地增强特征的通道。该模块使本章的网络能够更加关注蕴含更多信息的通道，从而增强判别学习的能力。

（2）本章将输入特征图和对应的比例因子可视化，以此验证特征注意力模块的有效性。

（3）本章创建了一个新的数据集——WIDER-SHIP，该数据集提供卫星图像中多种分辨率的船只，不仅可以用于评估 LR 图像分类，还可以用于识别 LR 对象。

4.2　信息补偿机制下的小目标识别算法原理分析

现有的 LR 目标识别方法主要针对人脸或人体行为进行识别。大量阅读小目标相关文献后，作者将该领域的研究思路归纳为图像增强与特征转换。

4.2.1　低分辨率行为识别与人脸识别

前面已经提出了几种用于 LR 面部识别的方法。文献[105]把 LR 图像和 HR 图像的特征同时转换为新的特征空间，从而使 LR 图像的变换特征近似 HR 图像的相应变换特征。同样，也使用了多维缩放，学习整个脸部的通用变换矩阵，同时改变了 LR 和 HR 的面部特征训练图像，使它们之间的距离接近，并且在相同的成像下捕获了两种不同条件下的图像。文献[106]尝试通过使用判别学习，来识别 LR 的人脸图像。文献[102]提出了蒸馏知识的模型，该模型由 HR 图像的教师网络和 LR 图像的学生网络组成，该模型有选择地提取包含信息较多的特征图，以改善 LR 图像的特征。

在保护隐私的人体行为识别方面，文献[107]提出了全耦合双流时空架构，以提取时空特征，然后将其聚合为健壮的特征，用于人体行为识别。文献[96, 108]提出了一种基于双流 multi-Siamese 的 CNNs，将多分辨率的图像嵌入相同的特征空间中，用于人体行为识别。

4.2.2　基于超分辨率重建的低分辨率物体识别方法

在识别或者分类之前，基于图像重建的方法尝试重建 HR 图像的感兴趣区域。这类模型中的每种方法，都提出了基于关系的超分辨率重建技术，并且学习了 HR 图像空间与 LR 图像空间之间的关系。文献[109]提出了一种跨域图像超分网络，用来恢复图像细节，并增强 LR 图片的质量。在文献[98-110]中，由 LR 图像生成了逼真的用于分类任务的 HR 图像。该技术的主要缺点是上述方法是重建出来的超分辨率图像，可能包含严重的失真区域，尤其是在原始图像分辨率十分低的情况下。也就是说，LR 图像中严重的信息损失，使基于 CNNs 的分类器无法从 LR 图像中提取可识别特征。此外，这类方法通常会导致大量的计算和内存消耗，且未针对识别进行优化。

4.2.3 基于特征变换的低分辨率物体识别方法

一种更加直接的思路是将 LR 特征与相应的 HR 特征同时映射到公共子空间中，最小化两个特征图之间的距离。文献[111]提出了通过多尺度共享特征的判别学习，来解决 LR 的行人重识别问题。文献[112]首次尝试使用深度学习，来解决极低分辨率图像的识别问题。文献[113]提出了一种深度耦合的 ResNet，该方法通过在支干网络中不同分辨率下的人脸图像，提取判别式。文献[114]提出了一种通过耦合学习稀疏图像变换的算法，来学习 HR 和 LR 空间图像对的稀疏图像变换。文献[115]建议多任务深度模型、学习人脸超分辨率和使用生成对抗网络进行面部关键部位定位可同时进行。

基于特征转换方法的核心思想是缩小 HR 特征和 LR 特征之间的差距。因此，需要学习什么特征和如何使用上述特征是影响 LR 图像分类器性能的主要因素。换句话说，理想的特征应该由 HR 生成器产生，由判别器和 LR 图像分类过程引导。本章提出的方法遵循了这一核心思想。

4.3　基于表示学习生成对抗网络的小目标识别算法

4.3.1　问题定义和方法概述

1. 问题定义

本节首先给出 LR 物体识别问题的形式化定义，然后详细描述本节提出的基于残差学习的生成器和判别器。

$R=\{(x_{\mathrm{hr}},x_{\mathrm{lr}},y)\mid x_{\mathrm{hr}}\in I_{\mathrm{hr}},x_{\mathrm{lr}}\in I_{\mathrm{lr}},y\in C\}$ 表示训练数据。其中，$I_{\mathrm{hr}}=\{x_{\mathrm{hr}}^{1},\cdots,x_{\mathrm{hr}}^{N}\}$ 是训练集，由 N 张高清图像组成；$I_{\mathrm{lr}}=\{x_{\mathrm{lr}}^{1},\cdots,x_{\mathrm{lr}}^{N}\}$ 是与 I_{hr} 对应的 LR 版本的训练集。

$S=\{(x_{\mathrm{lr}}',y')\mid x_{\mathrm{lr}}'\in I_{\mathrm{lr}}',y'\in C\}$ 表示测试集。其中，$I_{\mathrm{lr}}'=\{x_{\mathrm{lr}}^{1},\cdots,x_{\mathrm{lr}}^{M}\}$ 由 M 张 LR 测试图像组成。训练集 R 包含 HR 图像 I_{hr} 和 LR 图像 I_{lr}，测试集 S 仅包含 LR 图像 I_{lr}'。本节的重点是如何在训练集 R 上学习映射函数 $\phi(\cdot)$，并预测 S 的标签 $\hat{y}'$。

$F_i(x)$ 是第 i 个块中，特征提取网络最后一层卷积层的特征表示，其中，$x\in\{I_{\mathrm{hr}}\cup I_{\mathrm{lr}}\}$，$i\in\{1,2,\cdots,Q\}$ 且 $i\in\mathbf{Z}$；$\phi_C(\cdot)$ 是 $\phi(\cdot)$ 的分类模块。

问题： 给定 R 和 S，LR 物体识别的任务是训练一个分类器 $\hat{y}=\phi\left(x_{\mathrm{hr}},x_{\mathrm{lr}}\right)$，我们使用以下损失函数度量预测标签 $\hat{y}$ 和真实标签 y 的不同。

$$\hat{\theta}_{\phi}=\underset{\theta_{\phi}}{\arg\min}\frac{1}{N}\sum_{i=1}^{N}L\left(\hat{y},y\right) \tag{4.1}$$

式中，θ_{ϕ} 是 ϕ 的参数；L 是交叉熵损失函数。

定义 4.1：基于残差学习的生成器　给定 $F_i\left(x\right)$，生成器的任务是采用残差学习在表征空间中生成丢失的特征。从本质上说，生成器是映射函数$G\left(F_i\left(x_{\mathrm{lr}}\right)\right)$，参数集合为$\theta_g$，目标是学习残差函数。

$$G\left(F_i\left(x_{\mathrm{lr}}\right)\right) \approx F_Q\left(x_{\mathrm{hr}}\right) - F_Q\left(x_{\mathrm{lr}}\right) \tag{4.2}$$

式中，$F_Q\left(x_{\mathrm{hr}}\right)$和$F_Q\left(x_{\mathrm{lr}}\right)$是 HR 图像和 LR 图像在第 Q 个网络块中最后一层卷积层所生成的特征图。

因此，$E_i\left(x\right), x \in I_{\mathrm{lr}}$是生成器增强后的特征，可以表示如下：

$$E_i\left(x\right) = G\left(F_i\left(x\right)\right) + F_Q\left(x\right) \tag{4.3}$$

定义 4.2：基于对抗学习的判别器 采取对抗学习的训练策略，判别器为$D(x,\theta_d)$，$x \in \{F_Q(x_{\mathrm{hr}}), E_i(x_{\mathrm{lr}})\}$，模型参数为$\theta_d$，学习判别 HR 图像的特征$\theta_d$和增强之后对应的 LR 图像的特征$E_i(x_{\mathrm{lr}})$。

2. 方法概述

本节首先介绍 RL-GAN 架构。其次，描述生成器和判别器的细节构造，其中，生成器用于将 LR 的特征生成增强特征，而判别器用于区分由生成器增强后的特征或原始 HR 的特征。再次，具体描述此过程中通道注意力模型如何充分利用全局信息，引导网络关注信息丰富的特征通道，忽略信息稀疏的特征通道。最后给出 LR 图像分类预测阶段的整个过程。

受 DCGAN[72]的启发，本节通过 GAN 进行特征学习，然后重复使用上阶段 GAN 的部分模块进行特征增强，从而提高分类性能。

如图 4.2 所示，蓝色虚线所包含的模块是标准的 CNNs 分类器，用于进行图像分类。

（1）首先，残差特征生成器将来自低层的特征作为输入，学习特征空间中 LR 图像和 HR 图像之间的残差特征。其次，将残差特征和 LR

特征进行元素求和操作（Element-Wise Sum），从而得到增强后的特征。

（2）特征判别器将 LR 增强的特征（假样本）和 HR 的特征（真样本）作为输入，判别是否输入原始的 HR 特征。

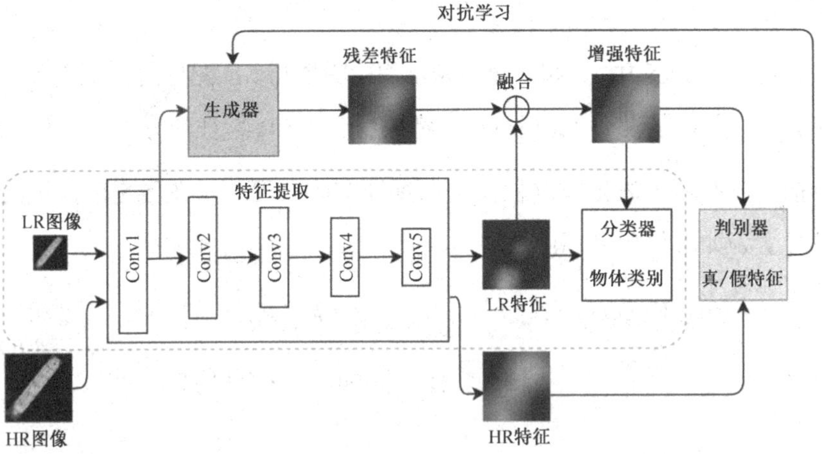

图 4.2　RL-GAN 框架细节

RL-GAN 由特征判别网络（Discriminatorm，D）和特征生成网络（Generator，G）组成。找到 LR 图像域和 HR 图像域之间的隐含关系，G 的目标是将 LR 图像的原始特征映射为具有高区分性的特征，以缩小 LR 图像特征和 HR 图像特征的差异。D 用来估计输入的特征来自真实数据或生成的假数据的可能性。最大化真实 HR 特征来自真实 HR 图像概率，而生成的 HR 特征不来自真实 HR 图像的概率，它实际上为更新 G 提供了指导。此外，本章还设计了一种残差学习生成器，实验证明该生成器非常有效。

标准 GAN 中的生成器和鉴别器进行最大最小对抗游戏的方法可以用公式表示为

$$\min_G \max_D V(D,G) = E_{x\sim P_{\text{data}}(x)}\left[\log D(x)\right] + E_{z\sim P_z(z)}\left[\log\left(1-D\left(G(z)\right)\right)\right] \tag{4.4}$$

$$G\left(F_Q\left(x_{\mathrm{lr}}\right)\right) \approx F_Q\left(x_{\mathrm{hr}}\right) \tag{4.5}$$

式中，G 学习一个映射，将数据 z 从噪声分布 $P_z(z)$ 映射到实际数据分布 $P_{\mathrm{data}}(x)$，D 估计输入的特征来自数据分布 $P_{\mathrm{data}}(x)$ 而不是由 G 生成的概率。

在 RL-GAN 中，x 和 z 分别表示 HR 图像和 LR 图像的特征 $F_Q\left(x_{\mathrm{hr}}\right)$ 和 $F_Q\left(x_{\mathrm{lr}}\right)$。本节设计了一个 G，G 将数据 z 从 LR 特征的分布映射到 HR 特征的分布。上述生成过程发生在特征空间，而不是图像空间。因此，目标变为如下优化目标函数：

$$\begin{aligned}\min_G \max_D V(D,G) = {} & E_{F_Q(x_{\mathrm{hr}})\sim P_{\mathrm{data}}(F_Q(x_{\mathrm{hr}}))}\left[\log D\left(F_Q\left(x_{\mathrm{hr}}\right)\right)\right] + \\ & E_{F_Q(x_{\mathrm{lr}})\sim P_G(F_Q(x_{\mathrm{lr}}))}\left[\log\left(1 - D\left(G\left(F_Q\left(x_{\mathrm{lr}}\right)\right)\right)\right)\right]\end{aligned} \tag{4.6}$$

残差学习的假设参照文献[62]，相比原始的潜在映射，残差映射更容易优化。受此启发本章提出了基于残差学习的生成器，目的是拟合残差映射，而不是让 G 直接学习式（4.5）中的原始映射。另外，与高层特征相比，低层特征含有更多原始图像的细粒度信息。将式（4.3）代入式（4.6），本章优化目标函数可以进一步表达为

$$\begin{aligned}\min_G \max_D V(D,G) = {} & E_{F_Q(x_{\mathrm{hr}})\sim P_{\mathrm{data}}(F_Q(x_{\mathrm{hr}}))}\left[\log D\left(F_Q\left(x_{\mathrm{hr}}\right)\right)\right] + \\ & E_{F_Q(x_{(\mathrm{lr})})\sim P_G(F_Q(x_{\mathrm{lr}}))}\left[\log\left(1 - D\left(\underbrace{G\left(F_i\left(x_{\mathrm{lr}}\right)\right) + F_Q\left(x_{\mathrm{lr}}\right)}_{\text{Residual Learning}}\right)\right)\right]\end{aligned} \tag{4.7}$$

3. 基于残差学习的生成器

上述生成器 $G(F_i\left(x_{\mathrm{lr}}\right),\theta_g)$ 的目的是恢复特征空间 x_{lr} 中丢失的细节。本节采用对抗损失、分类损失、MSE 损失 3 种损失函数优化生成对抗过程。

（1）对抗损失 L_{advers} 定义如下：

$$L_{\text{advers}} = \log\left(1 - D\left(G\left(F_i\left(x_{\text{lr}}\right)\right) + F_Q\left(x_{\text{lr}}\right)\right)\right) \tag{4.8}$$

生成器 G 试图通过残差学习增强原始 LR 图像特征以迷惑 D。L_{advers} 鼓励 G 把 LR 图像的 x_{lr} 转化成其对应 HR 图像的特征图，从而与对应的 x_{hr} 更加接近。

（2）分类损失 L_{class} 是为了保证生成的特征 $E_i\left(x_{\text{lr}}\right)$ 用于训练一个图像分类器，该分类器定义如下：

$$L_{\text{class}} = \frac{1}{N}\sum_{i=1}^{N} L\left(\phi_C\left(E_i\left(x_{\text{lr}}\right)\right), y\right) \tag{4.9}$$

（3）MSE 损失在 G 上添加一个像素级别的约束，在 G 的引导下，使生成的特征能够更好、更高效地收敛 HR 特征。MSE 损失函数定义如下：

$$L_{\text{MSE}} = \frac{1}{WH}\sum_{j=1}^{W}\sum_{k=1}^{H}\left[F_{Q,j,k}\left(x_{\text{hr}}\right) - E_{i,j,k}\left(x_{\text{lr}}\right)\right]^2 \tag{4.10}$$

式中，W 和 H 是 x_{hr} 的宽和高。该训练过程总体的损失函数如下：

$$\theta_g = \underset{\theta_g}{\operatorname{argmin}}\left(\alpha \times L_{\text{advers}} + \beta \times L_{\text{class}} + \gamma \times L_{\text{MSE}}\right) \tag{4.11}$$

式中，α, β 和 γ 是不同损失函数所对应的权重，关于如何设置权重的取值，请参考实验中实现部分的内容。

图 4.3 展示了基于残差学习的生成器 G 的架构。首先，采用 9×9 的卷积层滤波器处理 $F_i\left(x_{\text{lr}}\right)$。然后，将其输出，送入 1×1 的卷积滤波器中，$F_Q\left(x_{\text{lr}}\right)$ 的维度和 $F_i\left(x_{\text{hr}}\right)$ 的维度相同。为了提取更多的全局信息，本节采用大尺寸滤波器 $F_i\left(x_{\text{lr}}\right)$。生成器 G 的核心包含几个级联的残差模块。其中，生成器 G 中的每个残差模块由 512 个 3×3 的卷积核组成，BN（Batch-Normalization）层和 PReLU 层作为激活层。本节使用自适应平

均池化层（Adaptive Average Pooling Layer，AAPL）重新调整，使特征 $F_Q(x_{\text{lr}})$ 的维度与特征 $F_i(x_{\text{hr}})$ 的维度保持一致，在残差特征和特征 $F_Q(x_{\text{lr}})$ 上，进行 Element-Wise Sum 操作，并进行 LR 图像分类。本节使用的特征来自特征提取器的低层，可以保留图像丰富的细节信息，方便 $F_Q(x_{\text{lr}})$ 和 $F_Q(x_{\text{hr}})$ 特征空间的特征学习。

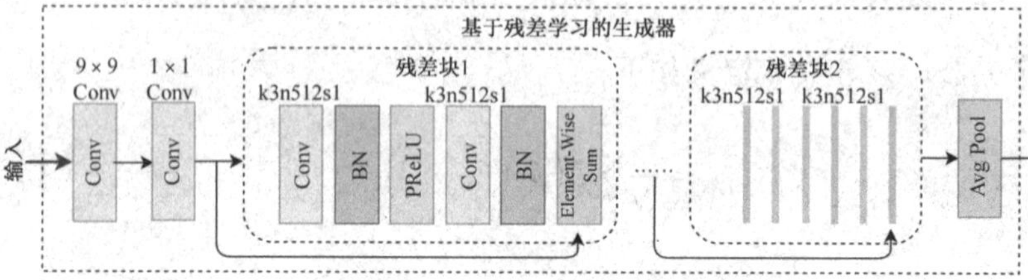

图 4.3　基于残差学习的生成器 G 的架构

4. 基于对抗学习的判别器

判别器为 $D(x,\theta_d)$，其中，$x\in\{F_Q(x_{\text{hr}}),E_i(x_{\text{lr}})\}$，目的在于区分 $E_i(x_{\text{lr}})$ 和 $F_Q(x_{\text{hr}})$，从而引导生成器 G 生成更加真实的特征。通过以下 loss 函数优化参数 θ_d：

$$L_d=-\left[\log\left(D\left(F_Q\left(x_{\text{hr}}\right)\right)\right)+\log\left(1-D\left(E_i\left(x_{\text{lr}}\right)\right)\right)\right] \tag{4.12}$$

图 4.4 给出了基于对抗学习的判别器 D 的架构，该架构包含 7 层卷积层，其中，每个卷积层为通道个数依次升高的 3×3 卷积核。受文献[14]启发，D 架构在整个网络中使用 Leaky ReLU 作为激活函数；采用步长为 2 的卷积层，以减少特征图的尺寸，每次减少的尺寸为原始尺寸的 1/2。冗余的 2048 维的特征向量连接两个全连接层，最终使用 sigmoid 函数获得对特征的分类概率。

4.3.2　全局特征注意力机制

本节将全局特征注意力机制引入 RL-GAN 模型，图 4.5 中蓝色虚线中的内容是标准的 CNN 结构，用来识别目标的类别。

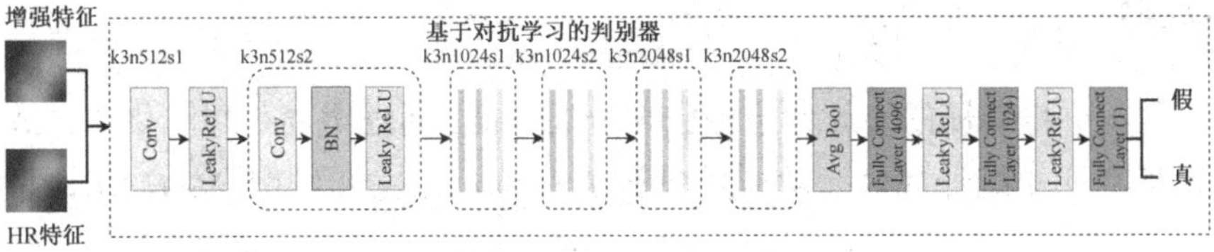

图 4.4　基于对抗学习的判别器 D 的架构

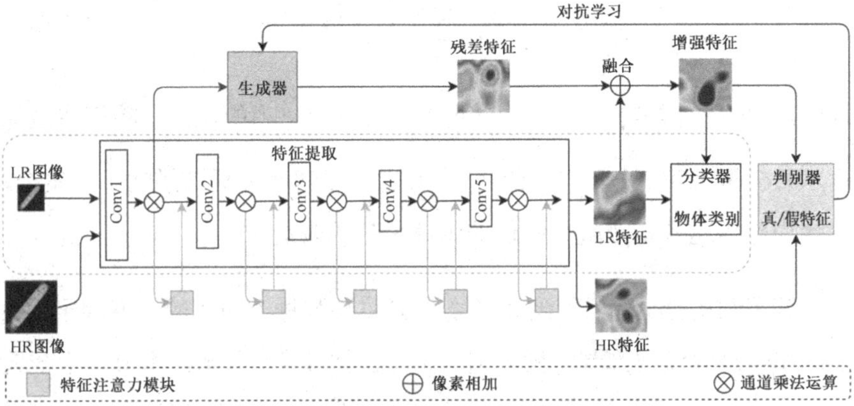

图 4.5　基于特征注意力的 RL-GAN 框架细节

（1）首先，残差特征生成器将来自低层的特征作为输入，学习特征空间中 LR 图像和 HR 图像之间的残差特征。然后，将残差特征和 LR 特征进行 Element-Wise Sum 操作，从而得到增强后的特征。

（2）特征判别器将 LR 增强的特征（假样本）和 HR 特征（真样本）作为输入，以判别真伪。

（3）特征注意力模块根据全局特征，有选择地强调和抑制不同通道的特征。

最近，通道注意力机制引起了学术界的重点关注，已经引入到多种视觉应用中[64]。注意力是指将计算资源部署在输入信息量较为丰富的部分，而忽视输入信息量较为稀疏的部分。受该想法的启发，本节引入了一种机制，利用全局特征来自适应地强调信息丰富特征通道、抑制信息稀疏特征通道，以此提高骨干网络的特征表达能力。图 4.6 是该模型的架构。

本节将特征的统计信息抽象为全局特征，通过全局平均池化的方式，计算特征的统计属性。给定特征图 $F_i\left(x_{\mathrm{lr}}\right)$，在空间维度 $W \times H$ 统计量 $z \in \mathbf{R}_c$，其中，z 的第 c 维 z_c 通过计算方式如下：

$$z_c = \frac{1}{H \times W}\sum_{k=1}^{H}\sum_{j=1}^{W} F_{k,j,i}^{c}\left(x\right) \tag{4.13}$$

式中，$F_{k,j,i}^{c}\left(x\right)$ 是特征图第 c 个通道第 k 行第 j 列的元素，特征图是深度学习模型中第 i 个卷积块的特征图。它可以解释为局部描述子的集合，上述局部描述子是对整个图像的统计信息的表达。

为了利用全局特征，通道注意力模块预测每个通道的尺度因子，从而选择性地强调或抑制不同通道的特征。如图 4.6 所示，本节使用全连接层，并采用 sigmoid 函数作为激活函数，其输出是通道缩放因子 $\lambda = \delta\left(Wz\right)$，其中，$W$ 表示层权重；δ 表示 sigmoid 函数。模块输出由输入特征 $F_i\left(x\right)$ 和尺度因子 λ 之间的通道乘法 $\tilde{F}_i\left(x\right) = F_i\left(x\right) \times \lambda$ 给出。自适应通道注意力机制的灵感来自文献[94]。

4.3.3 全局特征注意力机制 RL-GAN 的 LR 图像分类

图 4.2 说明了使用本章提出的特征注意力 RL-GAN 模型进行 LR 图像分类的流程。首先，将 LR 图像 x_{lr} 送入特征提取器，生成 $F_Q\left(x_{\mathrm{lr}}\right)$ 和 $F_i\left(x_{\mathrm{lr}}\right)$。根据全局特征，特征注意力模块有选择地强调或抑制不同通道的特征。其次，将 $F_i\left(x_{\mathrm{lr}}\right)$ 作为 G 的输入，G 输出的残差则可表示为 $G\left(F_i\left(x_{\mathrm{lr}}\right)\right)$。再次，通过 $G\left(F_i\left(x_{\mathrm{lr}}\right)\right)$ 和 $F_Q\left(x_{\mathrm{lr}}\right)$ 进行 Element-Wise Sum 操作，得到增强的 $E_i(x)$ 特征。最后，在 $E_i(x)$ 应用分类器 $\phi_c(\cdot)$，作为最终预测标记为 $\hat{y}$。

$$\hat{y}=\phi_c\left(F_Q\left(x_{\mathrm{lr}}\right)+G\left(F_i\left(x_{\mathrm{lr}}\right)\right)\right) \tag{4.14}$$

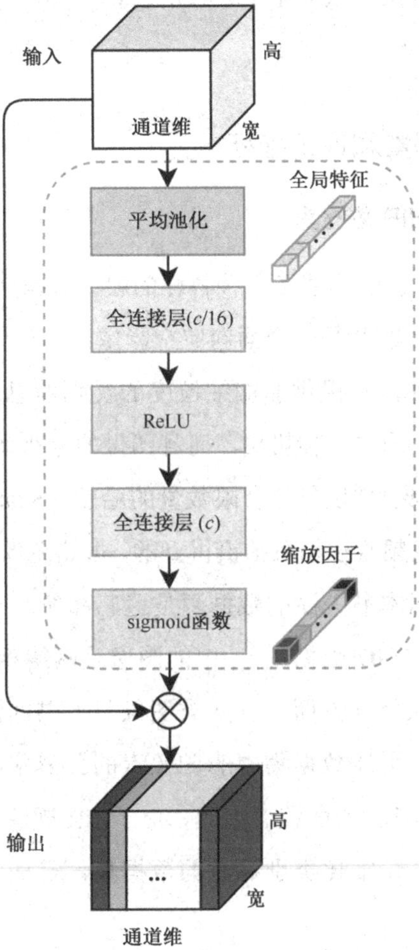

图 4.6　自适应通道注意力机制模型架构

4.4　实验结果与分析

为了验证基于特征注意力的 RL-GAN 能够有效预测 LR 图像中舰船的类型，本节使用了含高分辨率舰船识别数据集（High Resolution Ship

Collection，HRSC）和作者创建的数据集——WIDER-SHIP。为了进一步验证本章提出的方法可以应用于一般的物体分类，作者还在 CIFAR-10 上进行了对比实验[116]。

4.4.1 数据集和评价指标

1. WIDER-SHIP 数据集

目前，工业界已经构建了各种各样的船舶数据库[43-45, 118]。如表 4.1 所示，DOTA 数据集[43]是一个面向航空影像的大规模目标检测数据集。但是，该数据集并没有提供船舶细粒度的类别信息，如游轮或货船。HRSC 数据集[45]中有 16 种船舶，而且图像的分辨率很高，约为 1m。NWPU VHR 数据集[118]仅包含有限数量的船舶。SeaShip 数据集[44]中的图像是港口中的视频监控相机拍摄得到的，虽然图像中有大量细粒度类别的标注信息，但本书关注的数据源是遥感图像。类似地，CIFAR-10 数据集[116]和 VOC2007 数据集[117]中的图像是网络相机拍摄的。如果最终应用在卫星图像处理方面，则此类图像与本书的测试目标场景存在领域差异。此外，上述数据集中船舶像素的分辨率相对较高，每像素最多覆盖一个 3m×3m 的面积。因此，对于 LR 舰船分类，创建一个具有合理船舶数量和精细化类别标注的数据集，已成为本书研究的主要障碍。

表 4.1 已有船舶数据集的统计属性对比

船舶数据集	分辨率	类别	数据源类型
CIFAR-10	—	1	网络相机
VOC2007	—	1	网络相机
SeaShip	—	6	视频监控相机
NWPU VHR	2m	1	遥感卫星
HRSC	1.1m	16	遥感卫星
DOTA	2.5m	1	遥感卫星
WIDER-SHIP	0.6～4.9m	3	遥感卫星

本章为LR舰船识别任务创建了一个船舶数据集——WIDER-SHIP，以突出显示图像像素分辨率的较大动态范围，在此数据集中，图像的分辨率为 0.6～4.9m，用于船舶分类。WIDER-SHIP 是一个专门面向低分辨率舰船识别任务的遥感图像数据集，其中包含大量船舶数量和细粒度类别标注信息。

本章收集了 590 张图像，使用旋转边界框完整标注了 3077 艘船。其中，包含散货船、集装箱船和油船 3 种最受关注的船舶类别，定义了 0.60m、1.19m、2.39m 和 4.78m 4 个级别的像素分辨率。数据集中的部分样本如图 4.7 所示。图 4.8 显示了统计的 3 种船舶类别在图像分辨率和船舶方向的分布。

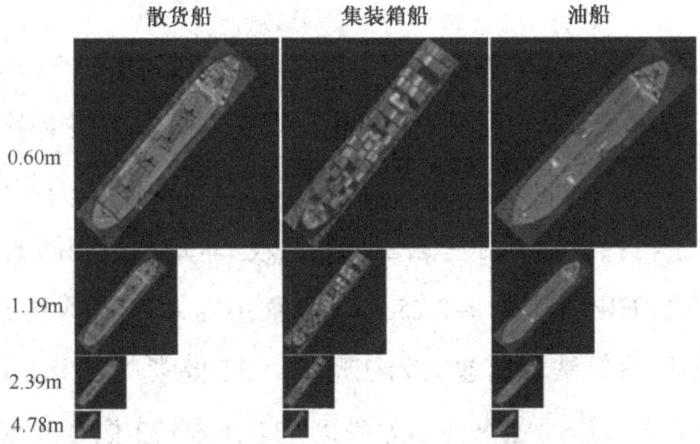

图 4.7　WIDER-SHIP 数据集中的部分样本

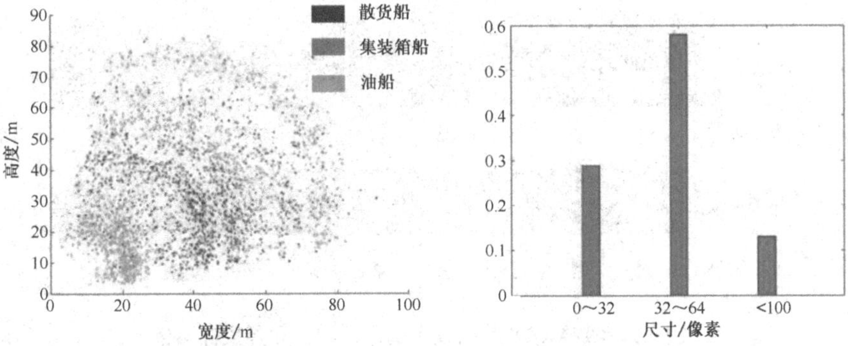

（a）样本的宽度和高度的分布　　　（b）样本尺寸的直方图

图 4.8　WIDER-SHIP 数据集中部分样本的统计信息

在每个分辨率下，随机选择 80%和 20%作为训练和测试数据集。此外，为了公平比较，本章采用与 PASCALVOC 相同的评估指标。

2. 标准数据集

HRSC 数据集包含 1061 张图像，它标注了 4 个类别的 2976 艘船只，所有数据均来自 Google Earth。HRSC 图像的分辨率可达 1.19m，属于高清图像，并不是 LR 图像。为生成训练和测试 LR 图像，本章首先以 s={1, 0.5, 0.25, 0.125}的缩放因子对 HR 图像进行下采样，并将它们归一化至 $p\times p$ 维，其中，$p\in\{128, 64, 32\}$。其次采用最近邻插值算法将下采样的图像放大至原始分辨率，从而确保为模型的池化层提供足够的尺寸支持。

CIFAR-10 数据集由 60000 张 32 像素×32 像素的 RGB 图像组成，包含 10 个类别，每个类别具有 6000 张图像。每个类别中采用 5000 张图像用于训练，剩余的 1000 张图像用于测试。文献[112]专门研究 LR 物体识别，为了与该工作进行更加公平的比较，本章采用相同的实验设置。首先，将原始 HR 图像按 s=0.25 的比例缩小为 8 像素×8 像素。然后，通过最近邻插值算法将其放大为 32 像素×32 像素，成为 LR 图像。如图 4.9 所示，奇数行的图像为 HR 图像（32 像素×32 像素），偶数行的图像为 LR 图像（8 像素×8 像素）。

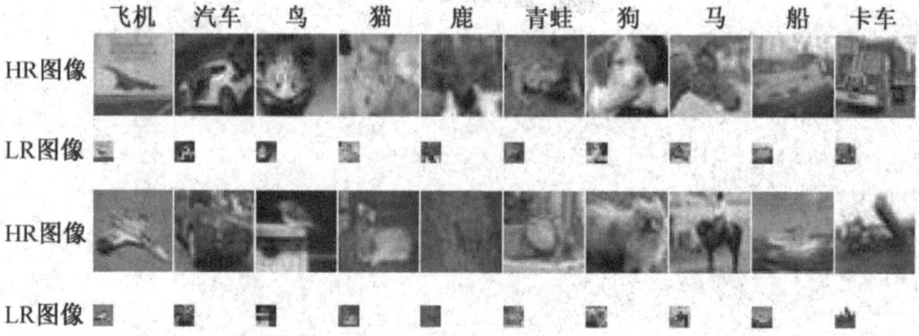

图 4.9　CIFAR-10 数据集中的原始图像和降采样图像

3. 实现

训练过程分为两个阶段。首先，使用损失函数式(4.1)训练 ResNet34，学习率初始化为 1×10^{-4}。其次，在 ImageNet 上，利用预训练的 ResNet34 进行 HR 图像和 LR 图像特征的提取和分类。Mini-batch 的大小设置为 16，并且每个 Mini-batch 由 16 个 HR 图像和 16 个 LR 图像组成。本章的特征注意力 RL-GAN 模型使用损失函数式（4.11）进行训练，权重设置为 $\alpha=1$、$\beta=1$ 和 $\gamma=0.5$。在训练过程中，为了更容易拟合 HR 图像的特征分布，我们先固定了训练好的 ResNet34，再优化特征注意力 RL-GAN 模型。

本章使用 $\beta_1=0.9$ 和 $\beta_2=0.999$ 的 Adam 算法进行 ResNet 模型优化，交替更新生成器和鉴别器，直到模型最终收敛。Adam 算法基于 PyTorch 框架实现本章所提的模型，并在 16GB RAM 的 NVIDIA QUADRO P5000 GPU 上训练。

4.4.2 WIDER-SHIP 遥感图像舰船识别的实验结果

表 4.2 记录了不同方法对舰船分类结果的统计，展示了使用特征注意力 RL-GAN 模型前后，在 WIDER-SHIP 数据集上对不同方法进行性能比较。从表中可以看出，本章提出的特征注意力 RL-GAN 模型，在 1.19m、2.39m 和 4.78m 的分辨率下，分类效果比在相同分辨率图像上的 ResNet 模型高约 10%的准确率(90.33%、89.67%和 70.67%对比 83.33%、75.33%和 57.67%)，甚至比 0.6m HR 图像的性能还要好。这证明了本章提出的特征注意力 RL-GAN 模型可以对 LR 图像进行准确分类。

表 4.2 WIDER-SHIP：结合特征注意力 RL-GAN 模型前后分类准确率的比较

方 法	0.6m	1.19m	2.39m	4.78m
ResNet	91.00%	83.33%	75.33%	57.67%
Skip Connection + ResNet	—	87.53%	76.67%	65.52%

续表

方　法	0.6m	1.19m	2.39m	4.78m
Nearest Train + ResNet	—	82.67%	77.33%	67.67%
Nearest	—	81.67%	66.33%	57.00%
ESRGAN	—	88.33%	63.33%	43.33%
RL-GAN	—	89.52%	87.53%	68.33%
特征注意力 GAN	—	90.33%	89.67%	70.67%

另外，将本章与基于 SR 的方法进行比较。使用经典 NN 插值方法和 ESRGAN[110]可以超分辨率重建 LR 图像，从而生成用于识别的 HR 图像。首先，本章使用上述方法将原始 LR 图像（分辨率为 1.19m 和 128 像素×128 像素、2.39m 和 64 像素×64 像素、4.78m 和 32 像素×32 像素）转化为 HR 图像（0.6m，256 像素×256 像素）。然后，训练 ResNet34 并测试 LR 图像，再将测试结果作为基准性能。表 4.3 展示了比较结果，使用本章方法提升了 3%～15%。

表 4.3　HRSC：结合特征注意力 RL-GAN 模型分类准确率的比较

方　法	0.60m	1.19m	2.39m	4.78m
ResNet	88.76%	66.82%	56.67%	47.54%
Nearest Neighbor	—	87.54%	79.00%	66.61%
ESRGAN	—	87.68%	76.80%	67.00%
RL-GAN	—	87.75%	85.56%	67.15%
特征注意力 RL-GAN	—	87.99%	87.83%	68.94%

与前文提出的 RL-GAN 模型相比，特征注意力 RL-GAN 模型进一步将 LR 图像识别的性能提高了 0.8%～2.3%。

4.4.3　HRSC 遥感图像舰船识别的实验结果

使用特征注意力 RL-GAN 模型前后，从表 4.3 中可以看出，本章提出的特征注意力 RL-GAN 模型，在 1.19m、2.39m 和 4.78m 的分辨率下，分类效果比在相同分辨率图像上的 ResNet 提升了 20%～30%（87.99%、

87.83%和 68.94%对比 66.82%、56.67%和 47.54%)。另外，LR 图像上的分类结果与 HR 图像(图像分辨率为 0.60m)上的分类结果具有可比性。在 LR 图像上，特征注意力 RL-GAN 模型的性能优于基于 SR 方法的性能。

4.4.4 CIFAR-10 的实验结果

为了验证本章提出的方法，本节实验不仅能应用于遥感图像的舰船识别任务，还适用于更加广泛的物体类型。在 LR 视觉任务中，现存的工作要么针对其他方面的视觉应用，如人脸、行为识别或图像检索等，要么没有提供源码。在标准数据集上，本章提出了基于特征学习的方法，该方法用于物体分类。表 4.4 展示了本章方法与前沿方法的实验结果，包括部分耦合网（Partially Coupled Nets）[112]，以及 3 个前沿分类器，即 DenseNet[93]、MobileNetV2[119]、EfficientNet[120]。在分类错误率方面，本章提出的特征注意力 RL-GAN 模型将分类错误率大大降低，新提出的特征注意力 RL-GAN 模型进一步将错误率降低了 1.3%。

表 4.4 CIFAR-10 测试集分类错误率的比较

方　法	错误率
Partially Coupled Nets	18.77%
DenseNet	22.36%
MobileNetV2	22.28%
EfficientNet	26.12%
RL-GAN	11.89%
特征注意力 RL-GAN	10.59%

4.4.5 模型消融实验

1. 基于残差学习生成器的有效性

为了验证基于残差学习的生成器，以有效提升最终分类性能，将本节方法与其他特征增强方法进行比较，这些方法或者结合低层特征，或者通过简单地增加输入尺寸，来提升图像分辨率。如表 4.2 所示，Skip Connection 表示直接结合第一个模型的输出到 ResNet 最后残差模块的输出而不经过残差块来训练模型，使用自适应平均池化层和 1×1 卷积滤波器来确保与 ResNet 的输出尺寸相同。Nearest Train 代表该模型采用最近邻算法将训练图像插值到 256 像素×256 像素，然后进行训练。

在 2.39m 分辨率下，本章的生成器 G 优于 Nearest Train 大约 9%。这说明，本章方法比仅增加输入图像的尺寸更有效。

2. 生成器输入特征的层数

为了验证从 CNNs 的哪一层作为生成器的输入最有助于分类性能的提升，本节 G 利用了来自低层卷积层的特征，以便充分使用 LR 图像的细节信息。本节使用 Conv1 的特征作为生成器 G 的输入进行学习。

为了验证此设置的有效性，本节分别从 Conv2 和 Conv5 提取特征学习生成器 G。如表 4.5 所示，当使用较高卷积层输出特征时，分类器的性能会持续下降。产生该现象的原因是与较高卷积层的特征相比，较低的卷积层可以捕获 LR 图像的更多细节信息。因此，使用来自 Conv1 的低层特征，可以提供最佳分类性能。

表 4.5 使用不同的特征层，分类准确率的比较

第 i 个卷积层	准确率
Ours_Conv5	69.33%
Ours_Conv4	77.67%
Ours_Conv3	83.50%
Ours_Conv2	87.32%
Ours_Conv1	89.67%

通常，从一般视觉任务到特定视觉任务，随着网络深度的增加，标准 CNNs 的特征变得更具特定性。当跨域差异增加时，特征和分类器的可迁移性均会降低[121]。换句话说，使用低层次的 Conv1 特征，会在所有卷积层中提供最佳性能。

3. 特征注意力选择模型的特征可视化

本章可视化了骨干网络的第二个卷积层特征图及其对应的尺度因子。如图 4.10 所示，输入特征图是一艘船。当尺度因子较小时（如粉色的虚线边框），相应的特征图几乎不包含舰船信息，该类特征将被抑制。相反，当尺度因子接近 1（显示在红色实心边框）时，特征图上会出现舰船信息。因此，特征注意力模型可以依据全局特征准确地估计比例因子，并且有效强调信息丰富的特征，抑制信息量少的特征。图 4.10 展示了特征图在第二层卷积层上的可视化。如图 4.10 中红色实线框所示，输入特征图在舰船区域具有很强的响应（信息丰富的特征图），对应的尺度因子得分也更高，重新经过缩放的特征图依然具有丰富的信息。如图 4.10 中粉色虚线框所示，输入特征图在舰船区域的响应非常微弱（信息量欠缺的特征图），对应的尺度因子得分较低，重新经过缩放的特征图被抑制得更加明显。

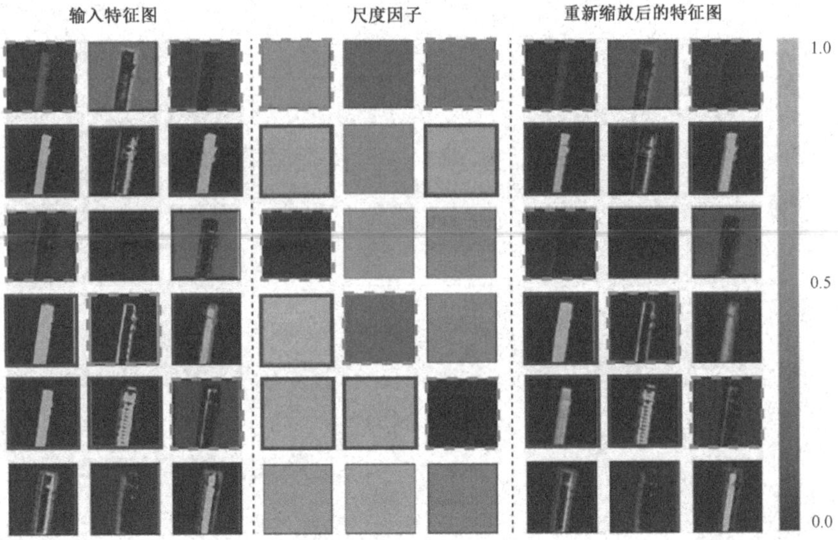

图 4.10　输入特征图、缩放因子及经过特征注意力模型处理后的特征图

本章提出了 RL-GAN 框架，并进行了进一步的改进，更加有效地将

LR 图像的特征转化为一种高质量的超级特征，这种超级特征更加优化且可用于物体识别。通过重复 LR 图像和 HR 图像的映射关系，HR 特征引导 LR 特征，从而增强 LR 特征的区分能力。为了达到这个目的，本章提出了残差学习生成器 G，该生成器通过考虑对抗和分类损失，来缩小两个特征之间的差距。本章还通过实验验证和可视化了通道注意力模型，既可以从 HR 图像中学习特征表示图像，还可以引导网络从中生成更多具有代表性的 LR 图像特征。大量实验证明，本章提出的方法已经达到前沿算法的性能。

第5章

样本方向指导的数据增强

第 3 章和第 4 章分别讨论了小目标检测和小目标识别的问题，已经从任务层面解决了复杂场景下的小目标检测识别问题。本章从“复杂性：数据的不完备性”角度，研究样本方向指导的数据增强方法。基于 CNNs 的小目标识别算法，依赖完备性的训练样本来保证检测识别性能，否则会出现模型的过拟合情况，导致检测和识别性能大大降低。尽管盲增强方法试图通过简单的旋转、平移等方法提升训练样本的完备性来提高检测或识别算法的性能。但是缺乏先验信息指导的盲增强方法，往往会生成低质样本或者无效样本，最终导致算法性能的提升非常有限。本章试图引入样本方向信息来指导数据增强，从而解决数据在物体朝向上的不完备性。首先，该方法提出了基于主轴方向（Principal-axis Orientation Distribution，POD）的描述符，用于计算物体的朝向，以估计整个数据集中物体在方向属性上的分布。其次，该方法提出了数据集方向相似性算子，衡量在物体朝向属性方面，训练集和额外数据集之间的相似度。最后，该方法通过优化数据集相似性代价函数，来获得训练集最佳的旋转角度。为了评估提出的数据增强方法是否可以显著提高目标检测算法的性能，本章在 PASCALVOC2007 上测试目标识别的性能。实验表明，在电视或监视器（TV/Monitor）类别上，使用本章的方法可以将 Faster-RCNN 的平均精度提高 7.5%。

5.1 问题概述

CNNs 已经在许多视觉问题上得到了非常好的应用效果，如物体检测[11, 72, 122-124]、显著性检测[125-129]和对象识别[90, 130-131]等。基于 CNNs 目标检测器的主要优势是强大的特征表达能力，这种优势归功于数百万个神经元节点强大的数据拟合能力。为了使 CNNs 保持良好的性能，不仅需要大规模标注的训练数据，更为重要的是，还要保证数据集的完备性。第 1 章提到了数据集的枚举完备性，所谓枚举完备性是指枚举所有场景和目标的组合。令人遗憾的是，想要构建这种枚举完备性的数据，不仅需要消耗大量时间，还需要标注者具备专业知识[132]。为了减轻深度学习模型对数据枚举完备性的依赖，人们开展了许多关于数据增强技术的研究[133]，主要有基于指导的数据增强方法和基于非指导的数据增强方法两种。基于指导的数据增强方法尝试将外部先验信息（如背景、纹理和噪声）引入模型的训练过程，以构建特征描述符[134-136]。基于非指导的数据增强方法[137]仅仅使用仿射变换或非线性变换（如翻转、裁剪、旋转及噪声添加）对训练样本进行盲增强。与基于指导的数据增强方法相比，基于非指导的数据增强方法不需要构建复杂的数据模型。不过缺乏任何先验信息的基于非指导的数据增强方法，往往会生成低质样本或者无效样本，最终算法性能的提升非常有限。

在物理世界中，由于视点及物体自身朝向的变化，图像中物体方向变化具有随机多样性[138]。本章将该问题定义为训练集和测试集在物体方向分布不一致的问题，简称方向分布不一致。针对该问题，本章提出了一种基于样本方向指导的数据增强方法。问题的假设是提高训练集和测试集在物体方向上分布的相似性时，可以有效提升物体检测或识别的准确率。首先，本章设计了一个物体方向描述符，计算每个物体的 POD，从而估计整个数据集的方向分布。其次，本章设计了一个数据集方向分布相似度函数来量化训练集和测试集之间在方向属性上的相似度。最后，设计目标函数，使训练样本旋转后与测试样本在物体方向上的分布更加相似。

本章的主要贡献如下：

（1）本章提出了一种新颖的数据增强方法，经过扩展的训练集可以取得更好的检测和识别效果，在测试数据中充分涵盖不同方向的物体，以提升 CNNs 在物体检测中的性能。

（2）本章设计了一个基于主轴方向的描述符，以超像素分割块为单位，统计物体的方向。

（3）本章提出了一种基于主轴方向相似性度量的方法，衡量两个数据集方向分布的相似性。

（4）以目标检测为任务，在公开数据集 PascalVOC 上，验证了本章提出的数据增强方法能使物体检测性能得到大大提升。

5.2 基于属性指导的数据增强方法分析

为了扩展原始的训练集，数据增强技术通过生成新的样本，更好地涵盖数据的变化性。根据是否引入外部先验信息，将现有的数据增强方法总结归纳为基于非指导的数据增强方法和基于指导的数据增强方法。

1. 基于非指导的数据增强方法

基于非指导的数据增强方法在扩充数据集的过程中没有引入任何先验信息。Krizhevsky 等人第一个采用仿射变换（翻转、旋转和强度转换）技术扩大训练集规模，以避免由于训练样本有限而造成过度拟合[137]。这种方法凭借其简单、计算量低的特点，得到了研究领域的广泛使用。Vincent 等人在原始图像中添加了高斯噪声，提升了深度学习模型对噪声扰动的健壮性[136, 147-148]。Szegedy 等人提出了一种随机样本裁剪方法，通过调整图像长宽比，增强数据在对象遮挡方面的完备性[136]。文献[149]提出了一种基于密钥的关键点增强方法，该方法提取了一组特征点，将这类特征点彼此连接以形成轮廓。结果表明该方法可以改善训练集中对象轮廓的可变性。总之，这类方法采用各种数据变换技术以合成新样本，从而提高训练集的多样性。该技术在高光谱和视频处理领域同样具有广泛的应用[150-153]。

2. 基于指导的数据增强方法

Seyyedsalehi 等人提出了非线性流形分离神经网络。该方法通过提取各种面部表情来生成新样本并将新样本结合起来，从而扩充人脸数据集，以解决面部表情变化带来的问题[135]。文献[133]为了减少面部表情和照度变化对人脸识别的影响，将先验知识（如发型、眼镜和照明等）引入人脸识别方法中。文献[154]引入多种混杂因素（如发型、衣服等）合成步态视频数据，用以提升步态识别算法的性能。此外，在三维模型容易获得的情况下，Kittler 等人使用三维面部模型来扩展训练集。文献[130]提出了一种特征空间的数据增强方法，该方法首先学习现有样本的特征空间，其次通过组合这类特征，生成一系列所需属性（如不同深度或姿态）的样本。总之，在外部数据特定属性的指导下，该类方法成功地增加了数据集在各类属性上的多样性。

数据增强技术正从基于非指导的数据增强方法向基于指导的数据增强方法发展。该技术的关键是如何生成新的数据集，从而更加合理地覆盖物理世界的随机多样性。现有数据增强工作主要集中在光照、背景和纹理等方面的变化，而本章的研究集中在物体方向的变化。文献[156]考虑各种因素（如光线、纹理、背景等），并生成新的样本以扩充原始数据集。此方法与本章所提方法之间的关键区别在于，本章使用旋转扩展训练集的方式，提高测试集中对象方向的覆盖范围。

5.3　样本方向指导的数据增强方法

训练样本在物体方向属性的不完备性会导致模型过拟合，从而使算法识别性能大大降低。本章定义的问题是训练集和测试集中物体方向分布不一致的问题，解决该问题的关键是有效统计数据集在方向属性上的分布特性。数据集由大量图像构成，而图像又包含多个物体。因此，有效地描述每个物体的方向，就可以有效地统计出数据集的方向分布。

5.3.1 基于物体主轴 POD 的方向描述子

观察基于物体主轴 POD 的方向描述子受到如下启发：物体方向由自身多个同质区域的方向共同决定。本章将物体投影至物体主轴上，用以描述区域的方向。本部分提出了一种基于超像素分割的方法，来估计物体的主轴方向，该方法使用超像素分割算法获得同质区域，且主要由 4 个阶段组成，如图 5.1 所示。

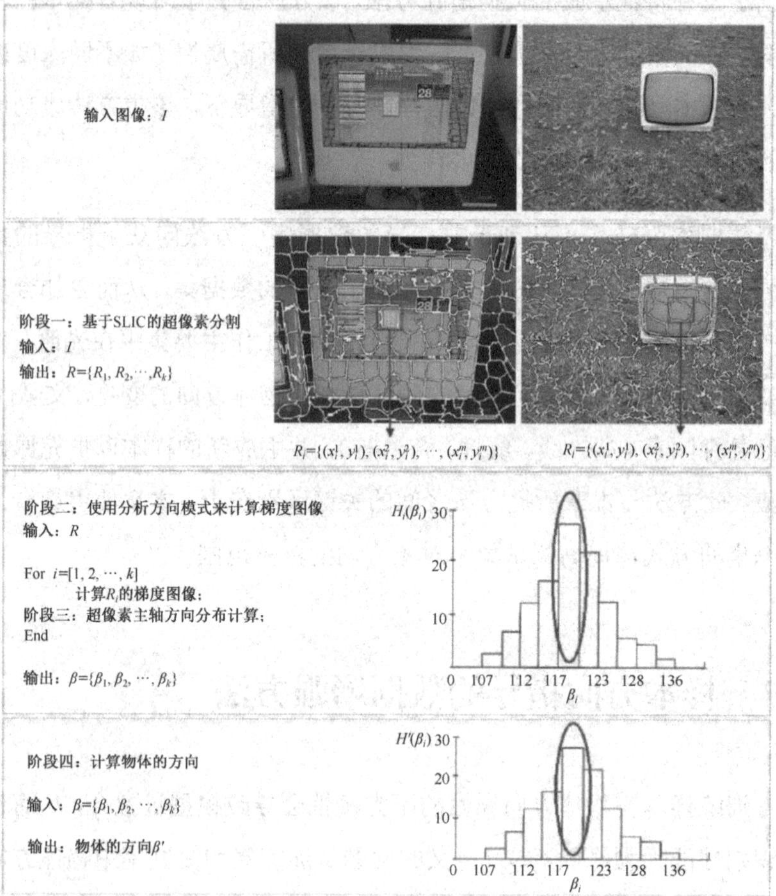

图 5.1 基于超像素分割的物体朝向估计算法

阶段一：使用 SLIC 算法[138]对输入图像做超像素分割。SLIC 算法在图像的彩色空间中将其分割为 k 个超像素块 $R=\{R_1,\cdots,R_k\}$。距离函数定义如下：

$$D_s = d_{\text{lab}} + \frac{m}{s} d_{xy} \tag{5.1}$$

$$D_s = \sqrt{(l_k - l_i)^2 + (a_k - a_i)^2 + (b_k - b_i)^2} + \frac{m}{s}\sqrt{(x_k + x_i)^2 + (y_k + y_i)^2} \tag{5.2}$$

式中，令 $\boldsymbol{C}_k = [l_k, a_k, b_k, x_k, y_k]^{\mathrm{T}}$ 表示超像素聚类的中心；d_{lab} 是 CIE-LAB 颜色空间中的欧几里得距离；d_{xy} 是图像平面上的距离；D_s 是 d_{lab} 与 d_{xy} 的和；m 用来控制超像素的紧凑性；s 是每个超像素的空间采样间隔。

阶段二：本节使用分析方向模式来计算每个超像素 R_i 的梯度图像[164]。本节采用一阶导数的积分代替一阶导数本身，来计算一张图像的梯度图像。当图像是低信噪比时，一阶导数的积分能提供更好的稳定性。在数学上，梯度的方向 $\theta(x,y)$ 和梯度的大小 $g(x,y)$ 分别定义如下：

$$\theta(x,y) = \frac{1}{2}\tan^{-1}\frac{\iint_{\Omega} 2I_x I_y \mathrm{d}x\mathrm{d}y}{\iint_{\Omega}\left(I_x^2 - I_y^2\right)\mathrm{d}x\mathrm{d}y} + \frac{\pi}{2} \tag{5.3}$$

$$g(x,y) = \frac{\left(\iint_{\Omega}\left(I_x^2 - I_y^2\right)\mathrm{d}x\mathrm{d}y\right)^2\left(\iint_{\Omega} 2I_x I_y \mathrm{d}x\mathrm{d}y\right)^2}{\left(\iint_{\Omega}\left(I_x^2 + I_y^2\right)\mathrm{d}x\mathrm{d}y\right)^2} \tag{5.4}$$

式中，I_x 和 I_y 分别是图像 I 在 x 轴和 y 轴的偏导数。$\theta(x,y)$ 和 $g(x,y)$ 分别表示像素点 (x,y) 的邻域在像素点 (x,y) 的方向和强度。当在该方向有一个很强的方向模式时，g 接近于 1；反之，g 接近于 0；通过计算就可以得到原始图像的梯度图像了。

另外，梯度信息普遍存在于图像边缘区域。边缘区域的梯度比平滑区域的梯度更加丰富。为了保障梯度计算的有效性，该方法对图像的梯度信息进行了筛选，大于某阈值的梯度信息才会保存。

阶段三：通过梯度方向和模的直方图，可以计算得到超像素块 R_i 的主轴方向 β_i。其中，$\alpha=\{\text{bin}\times 0,\text{bin}\times 1,\text{bin}\times 2,\cdots,\pi-\text{bin}\}$，$(x,y)\in R_i$ 和 $\text{bin}\in[0^\circ,180^\circ]$ 是像素梯度方向的样本间隔。超像素内部大多数像素的梯度相似，这会导致直方图的峰值。直方图 $H_i(\alpha)$ 表示超像素块 R_i 的主轴方向 β_i，定义如下

$$H_i(\alpha)=\sum_{\theta(x,y)\in\left\{\alpha-\frac{\text{bin}}{2},\alpha+\frac{\text{bin}}{2}\right\}} g(x,y) \tag{5.5}$$

阶段四：物体主轴的方向表示为 β'，可以从 β_i 和超像素块 R_i 的模 $H_i(\beta_i)$ 计算得到

$$H'(\alpha)=\sum_{\beta_i\in\left\{\alpha-\frac{\text{bin}}{2},\alpha+\frac{\text{bin}}{2}\right\}} H_i(\beta_i),\beta'=\text{peak}\left(H'(\alpha)\right) \tag{5.6}$$

式中，$\text{peak}(\cdot)$ 表示 $H'(\alpha)$ 的最大值。

5.3.2 基于中值的数据集相似度量方法

基于主轴方向 POD 的概念，本书定义了数据集之间相似性计算方法，从而量化测试数据集与训练数据集之间在方向分布上的相似性。然而，这种相似度的可靠性和稳定性容易受到异常值的影响，因此，本节设计了一种中值相似性的算法，中值是指被观察对象出现的最高频次。在该算法中，相似性度量过程包含两个阶段，即中值估计和相似性度量。

阶段一，中值估计。由于主轴方向直方图采样间隔的问题，所以很难准确计算中值。本章使用插值方法来估计中值的坐标，即

$$M_0=L+\frac{\varDelta_1}{\varDelta_1+\varDelta_2}\times d \text{ 或 } M_0=U-\frac{\varDelta_2}{\varDelta_1+\varDelta_2}\times d \tag{5.7}$$

式中，M_0 是直方图 x 轴上的中值坐标；L 和 U 分别是中值所在区间的上限和下限；$\varDelta_1$ 是中值和 L 的差；$\varDelta_2$ 是模式值和 U 的差；d 表示间隔宽度。

阶段二，相似性度量。任务是评估训练数据集与测试数据集在方向分布之间的差异。假设方向分布差异满足正态分布，其平均值是中值，在第一阶段计算得到，并且其方差值为 1。

$$S=\frac{1}{\sqrt{2\pi}}\times C\times\sum_{i=1}^{N}|y_i-y_i'|\times \mathrm{e}^{-\frac{1}{2}(x_i-\mu)^2} \tag{5.8}$$

式中，S 用于比较测试数据集与训练数据集之间主轴方向的分布。如果有两个数据集在方向分布上相同，则 S=1；如果两个数据集，在方向分布上完全不相同，则 S=0。y_i 和 x_i 分别是测试集主轴方向分布第 i 个值和间隔；y_i 是训练集主轴方向分布第 i 个值；μ 是 M_0，且 $|\cdot|$ 是 L_1 范数；C 是归一化常数；N 是方向 bin 的数量。用向量的形式，重写式（5.8），从而提高计算效率。假设 $\boldsymbol{A}$ 是对角矩阵，即

$$\boldsymbol{A}=\begin{bmatrix} a_{11} & 0 & \cdots & 0 \\ 0 & a_{22} & \cdots & 0 \\ & & \cdots & \\ 0 & 0 & \cdots & a_{nn} \end{bmatrix} \tag{5.9}$$

$$\begin{bmatrix} \mathrm{e}^{a_{11}} & 0 & \cdots & 0 \\ 0 & \mathrm{e}^{a_{22}} & \cdots & 0 \\ & & \cdots & \\ 0 & 0 & \cdots & \mathrm{e}^{a_{nn}} \end{bmatrix}=\begin{bmatrix} \sum\limits_{k=0}\frac{a_{11}^k}{k!} & 0 & \cdots & 0 \\ 0 & \sum\limits_{k=0}\frac{a_{22}^k}{k!} & \cdots & 0 \\ & & \cdots & \\ 0 & 0 & \cdots & \sum\limits_{k=0}\frac{a_{nn}^k}{k!} \end{bmatrix}$$
$$=\sum_{k=0}\frac{1}{k!}\begin{bmatrix} a_{11}^k & 0 & \cdots & 0 \\ 0 & a_{22}^k & \cdots & 0 \\ & & \cdots & \\ 0 & 0 & \cdots & a_{nn}^k \end{bmatrix}=\sum_{k=0}\frac{1}{k!}\boldsymbol{A}^k=\mathrm{e}^{\boldsymbol{A}} \tag{5.10}$$

因此， $A=-\frac{1}{2}\operatorname{diag}[(X-u)\times(X-u)^{\mathrm{T}}]$

$$S=C\times\left|\mathrm{e}^{A}\times\left(Y-Y'\right)\right| \tag{5.11}$$

式中，$X=[x_1,\cdots,x_n]^{\mathrm{T}}, Y=[y_1,\cdots,y_N]^{\mathrm{T}}, Y'=[y_{1'},\cdots,y_{N'}]^{\mathrm{T}}, u=[\mu,\cdots,\mu]^{\mathrm{T}}$；$|\cdot|$ 表示 L_1 范数；k 为归一化常量；n 的主轴方向直方图区间的个数。

5.3.3 基于扰动矩阵的图像旋转算法

将训练集中的每个图像顺时针旋转 θ 角，形成新的关于主轴分布的统计数据，扰动矩阵用于实现分布的变化[165]。本节通过将数据集旋转 θ 角的方式，改变训练集的主轴方向分布，即

$$P(U)\begin{bmatrix}0 & 0 & 0 & \cdots & 1\\ 1 & 0 & 0 & \cdots & 0\\ 0 & 1 & 0 & \cdots & 0\\ & & & \cdots & \\ 0 & 0 & \cdots & 1 & 0\end{bmatrix} \tag{5.12}$$

本节使用扰动矩阵实现向量的循环移动，最终的优化目标函数如下：

$$\underset{\theta}{\operatorname{argmin}}(-S)=k\times\left|\mathrm{e}^{-\frac{1}{2}\operatorname{diag}[(X-\mu)\times(X-\mu)^{\mathrm{T}}]}\times\left(P^{\theta}\times Y-Y'\right)\right| \tag{5.13}$$

式中，θ 表示将训练集旋转的角度。通过求解该最优化目标函数可知，训练集主轴方向分布与测试集主轴方向分布的相似性最高。

5.4 实验结果与分析

实验部分探索旋转测试图像对 CNNs 在目标检测中性能的影响。然后评价主轴方向分布的相似性度量方法。最终，验证提出的数据增强技

术可以有效提高目标检测算法的性能。

本章使用 PASCALVOC2007 标准数据集，该数据集包含 20 个物体类别，9963 张 RGB 彩色图像和大约 24640 个标注对象。在图像上作用旋转矩阵，旋转操作简单且计算量小，其缺点是可能会引入背景噪声。本章首先调整矩形边界框的大小，将目标区域全部覆盖；然后，调整大小后，正方形的最大内接圆为顺时针方向旋转 0.5°；最后，将正方形调整为原始尺寸。这样，数据库中标注的样本数量会从 9963 个增加到 7173360 个。

5.4.1　测试集图像旋转对学习模型检测性能的影响

本部分实验目的是探索测试集图像发生旋转时，学习模型检测性能的变化。由于 FasterRCNN 和 RCNN 是国际著名目标检测算法，所以本章选择上述模型进行实验。实验步骤如下：步骤一，在 ILSVRC 2012 进行预训练；步骤二，在 PASCALVOC2007 公开的训练集上，微调步骤一中得到的预训练模型，得到微调后的预训练模型 M，初始化测试集旋转角度 θ 为 0°；步骤三，将 PASCALVOC2007 测试集图像中边界框，顺时针旋转 θ 得到新的测试集 PASCALVOC2007-ROT，使用 M 检测 PASCALVOC2007-ROT，得到每个物体的 AP（Average Precision）和 mAP（mean Average Precision）；步骤四，以 0.5°为间隔在 0°～360°区间内逐步增大 θ，重复步骤二至步骤四。

FasterRCNN 实验分析，如图 5.2 所示。第一，21 条曲线按 y=180°呈近似轴对称曲线，因此，重点分析 0°～180°区间。mAP 总体呈类 w 曲线，从 58.3%逐步下降至 22.6%，0°～45°剧烈下降至 20.3%，45°～180°区间较为平稳，在 90°和 180°附近伴随小幅提升，分别为 2.8%（76°的准确率为 15.3%、90°的准确率为 18.1%）、9.5%（145°的准确率为 13.1%、

180°的准确率为22.6%）。第二，在0°～180°区间，电视机/显示器的平均准确率（红色*虚线）在90°和180°附近伴随大幅提升，分别为18.6%（62°的准确率为13.8%，92°的准确率为32.4%）、23.9%（148°的准确率为10.6%、180°的准确率为34.5%），主要原因是当测试集旋转62°或148°时，图像几何主轴分布与训练集中图像几何主轴分布的相似度较低；而当测试集旋转92°或180°时，图像几何主轴分布与训练集中图像几何主轴分布的相似度较高。如图5.3所示，类似的曲线类别还有cat（猫）、cow（牛）、dog（狗）、bird（鸟）、sheep（绵羊）、aeroplane（飞机）、motobike（摩托车）等。第三，在0°～180°区间，人（person）的AP（绛紫色+实线）从0°的准确率63.4%骤然降至90°的准确率11.3%，90°～110°的准确率基本保持不变，110°～180°的准确率缓慢提升至21.3%，类似的曲线类别有马（horse）、公共汽车（bus）及轿车（car）。第四，在0°～180°区间，瓶子（bottle）的AP（黑色o实线）从0°的准确率29.3%骤然降至19°的准确率8.2%，从19°基本保持不变至180°的准确率6.7%，类似的曲线有船（boat）、椅子（chair）、餐桌（dining table）、盆栽（potted plant）、沙发（sofa）。

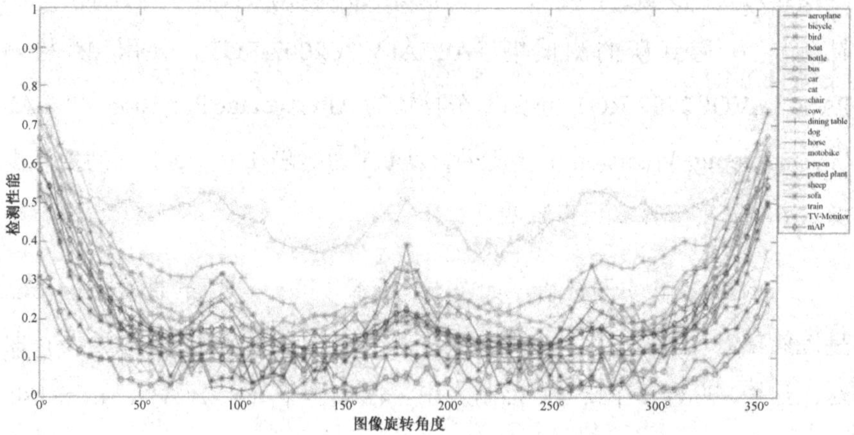

图5.2 在PASCALVOC2007上FasterRCNN的检测结果

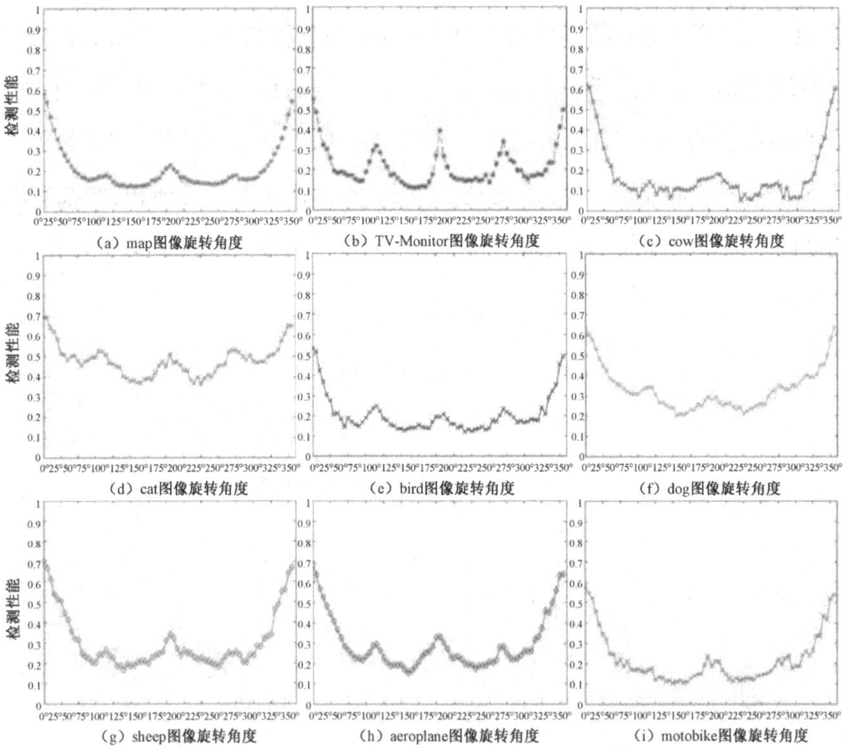

图 5.3 Faster RCNN 在牛、猫和鸟等类别上的 mAP 和 AP 结果

RCNN 实验分析。第一，与 FasterRCNN 检测结果类似，均值平均准确率（mAP）总体呈类 *w* 曲线。第二，在 0°～180°区间，电视机/监视器的平均准确率（红色*虚线）在 90°和 180°附近伴随大幅提升，分别为 18.6%（62°的准确率 13.8%，92°的准确率 32.4%），23.9%（148°的准确率 10.6%、180°的准确率 34.5%），主要原因在于当测试集旋转 62°或 148°时，图片几何主轴分布与训练集中图片几何主轴分布相似度较低；而当测试集旋转 92°或 180°时，其图片几何主轴分布与训练集中图片几何主轴分布相似度较高，类似的曲线类别还有猫（cat）、牛（cow）、狗（dog）、鸟（bird）、绵羊（sheep）、飞机（aeroplane）、摩托车（motobike）、自行车（bicycle）、火车（train）。第三，如图 5.4 所示，在 0°～180°区间，行人的平均准确率（绛紫+实线）从 0°的准确率 63.4%骤然降至 90°的准确

率 11.3%，90°～110°基本保持不变，110°～180°缓慢提升至 21.3%，类似的曲线类别有公共汽车（bus）、轿车（car）。第四，在 0°～180°区间，瓶子（bottle）的 AP（黑 o 实线）从 0°的准确率 29.3%骤然降至 19°的准确率 8.2%，从 19°基本保持不变至 180°的准确率 6.7%，类似的曲线有船（boat）、椅子（chair）、餐桌（dining table）、盆栽（potted plant）、沙发（sofa）。

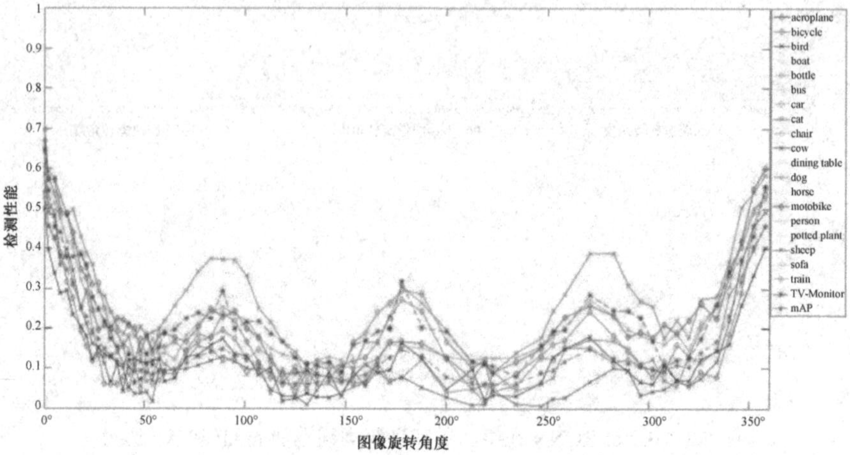

图 5.4 在 PASCALVOC2007 上 RCNN 的检测结果

实验结论：随着测试集图像旋转角度的增大，学习模型的检测性能逐步下降；但在某些特殊角度（如 90°、180°）时，学习模型在电视机/显示器类别上检测性能会有明显提升。

5.4.2 物体方向的估计

现有方法[166-169]只是将图像分类为几个典型的方向，无法准确估算图像中物体的方向。在数据集方面，同样没有标注物体方向的数据集。我们邀请了 15 位图像处理专家为 PASCALVOC2007 数据集中的每个物体标注方向，并测试了本章提出的算法。误差估计是方向和标注方向的夹角，如果误差估计小于 5°，则认为预测正确，准确度为 85.45%。图 5.5

显示了方向预测结果，每张图像的黄色虚线箭头是本章方法预测的结果。本章方法不受背景复杂的影响，仍然可以估算图像关键物体的方向，如图 5.5（b）和（f）所示。

（a）-45.13° （b）35.75° （c）43.13° （d）-120.35°

（e）-45.68° （f）-81.39° （g）-100.27°

（h）-15.17° （i）-78.08° （j）81.15°

图 5.5 利用本章所提方法估计物体方向的结果

5.4.3 主轴方向分布的相似度衡量

本章使用基于超像素的物体主轴方向，分析了训练集和测试集中物体方向的分布。之前的实验表明电视/显示器和图像旋转之间存在强相关，这个实验的目的是验证本章所提方法，是否可以提高两个数据集在主轴方向分布之间的相似度。实验步骤如下：步骤一，在 PASCALVOC2007 数据集上，进行相似性测量，以获取训练集和测试集之间的相似度；步骤二，使用数据增强的方式，扩充训练集；步骤三，本章在扩充后的数据集上进行相似性度量，并在新训练和测试集之间计算相似性。数据扩充前，主轴方向来自训练和测试集的分布抽样如图 5.6（a）和（b）所示。数据扩充后其分布如图 5.6（b）和（c）所示。实验结果表明，相似度从 56.72%提高到了 64.85%。

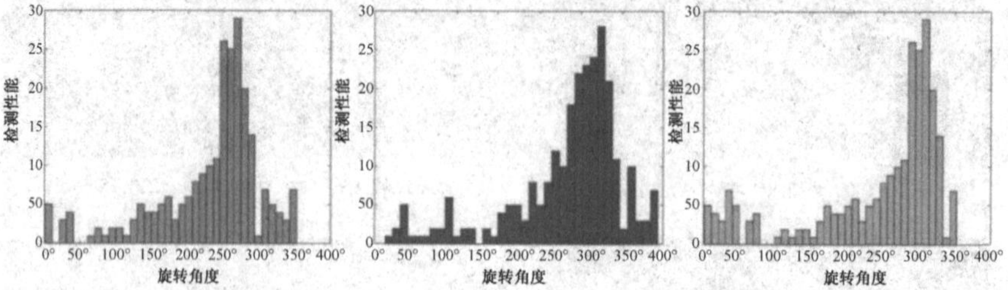

（a）数据增强前训练集的方向分布　（b）测试集方向分布　（c）数据增强后训练集的方向分布

图 5.6　主轴方向分布实验

该实验充分验证了本章提出的数据增强方法可以有效提升 FasterRCNN 的检测性能。训练集中的图像经过水平翻转，可以有效减少旋转角度的取值范围，从之前的 0°～360°减少为 0°～180°。实验步骤如下：步骤一，RCNN 在 ILSVRC2012 上进行预训练，在 PASCALVOC2007 上进行微调，得到 AP 和 mAP；步骤二，顺时针旋转训练图像 θ°；步骤三，新的训练集包含旋转 θ°之后的图像；本章还在新的训练集上预先训练了 FasterRCNN，然后在 PASCALVOC2007 中进行测试，从而获得 AP 和 mAP。步骤四，将 θ 增加 3°，然后重复步骤三和步骤四。实验结果表明，当训练图像旋转 23°时，电视机/显示器的 AP 提升最明显，如图 5.7 所示。此外，没有任何先验知识的盲增强（随机旋转样本）时，会发生 mAP 下降的现象。因为基于盲增强生成的样本有很多无效样本或者低质样本，部分样本在现实世界中根本不会存在，因此误导了分类器的判断。

本章提出了一种简单有效的数据增强方法，通过提升数据集的完备性来降低模型的过拟合风险。首先，本章提出了基于 POD 的描述符，用于计算物体的朝向，以估计整个数据集中物体在方向属性上的分布。其次，该方法提出了数据集方向属性相似性计算方法，衡量在物体朝向属性方面，训练集和额外数据集之间的相似度。本章所有实验均在PASCALVOC2007 数据集上验证。采用样本旋转的方式，对训练集进行扩充。在电视机/显示器中，Faster RCNN 的目标检测精度提高了 7.5%。

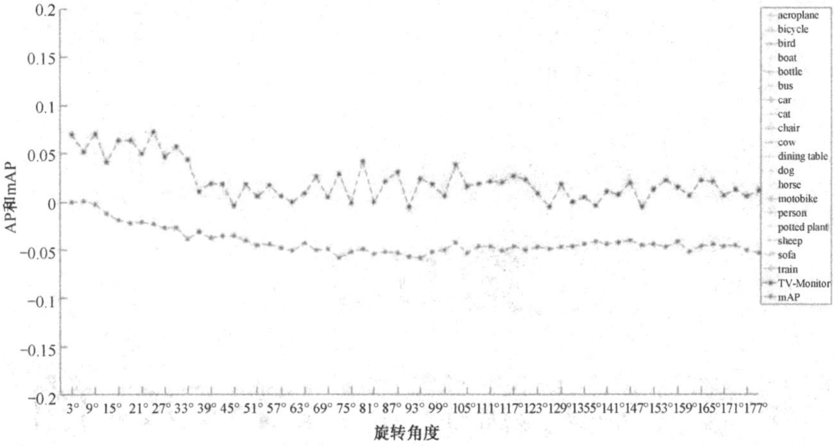

图 5.7　在训练集上应用数据增强

第6章

基于区域推荐和PHOG的飞机快速检测

第 5 章提出了样本方向指导的数据增强模型，试图解决复杂场景中小目标检测和识别数据不完备的问题。本章在飞机检测任务中进一步验证第 3 章和第 5 章设计方法的有效性。虽然 DLGC 已经达到了前沿的小目标检测性能，但是该方法采用多阶段框架结构，难以满足快速检测需求。另外，本章采用基于样本方向指导的数据增强方法，用于提升遥感图像飞机检测数据集的完备性。本章从减少候选区域搜索空间和特征优化两个角度加速了小目标检测算法，提出了基于区域推荐和金字塔方向梯度直方图（Pyramid Histogram of Oriented Gradient，PHOG）遥感图像中飞机快速检测方法。本章提出了基于二值范数梯度（Binarized Normed Gradients，BING）的区域推荐方法，用于生成封闭对象边界区域，以此来减少候选区域的搜索空间，从而加快传统的窗口滑动策略。另外，本章采用更轻量化的特征描述符 PHOG，加速了遥感图像的目标检测。

6.1　问题概述

随着航天相机分辨率的提高，卫星已经可以拍摄出 HR 遥感图像（Remote Sensing Image，RSI）了。HR 遥感图像可以促进遥感应用的发展，如大范围战场势态感知、地质灾害预警和市政规划等。遥感图像具有图像尺寸大、目标尺寸小和背景种类复杂的特点。HR 遥感图像的尺寸巨大（10000 像素×10000 像素），处理遥感图像所需要的巨大运算量导致很难提升检测识别算法的处理速度。

基于传统滑动窗口的目标检测器很难保证遥感图像目标快速检测。该类方法将目标检测识别过程定义为多分类的问题[15-16, 142]。首先，按照预定义的窗口，得到大量待处理的感兴趣目标候选区域。其次，使用分类器对感兴趣区域进行多分类。该算法的计算量取决于滑动窗口的个数和每个窗口处理算法的复杂度。针对窗口滑动策略，本章设计了二值范数梯度（Binarized Normed Gradients，BING）的区域推荐方法，用于生成封闭对象边界区域，来减少候选区域的搜索空间，加速窗口滑动策略。在特征提取方面，考虑深度学习模型本身参数量大会带来计算量的增长，本章采用轻量的特征描述符 PHOG 来有效减少计算量。

本章的贡献总结如下：

（1）设计了基于 BING 的区域推荐方法，有效减少目标候选区域的个数，以减少算法的计算量。

（2）设计了轻量化的特征描述符 PHOG，减少了每个目标候选区域的计算量，以降低整个模型的计算复杂度。

（3）在遥感图像飞机检测任务中，验证了本章所提算法的有效性和快速性。实验表明，与 DLGC 算法相比，本章提出的小目标检测算法可以将速度提升近 20 倍。

6.2 区域推荐和特征提取原理分析

区域推荐技术根据先验知识（颜色、纹理、大小、形状），生成面向图像中任何类别的物体的候选框，然后进行后续处理。区域推荐试图通过减少窗口滑动策略所推荐的目标候选区域个数，降低整个模型的计算量。与传统窗口滑动策略相比，区域推荐技术不仅可以大幅降低模型的计算复杂度，而且具有丰富的窗口尺寸和长宽比[143, 146, 160-161]。该技术通过有效缩小分类器的搜索空间，并使用强分类器保障了最终算法的准确性。程等人提出了二值化范数梯度的特征，达到了 300FPS 快速处理检测图像的性能。

特征提取技术是原始数据向特征空间转化的技术，目前主流的是基于 CNNs 的特征提取方法，但是该类方法参数量众多，所以模型复杂度较高，因此，本章还是重点分析传统的特征提取方法。尺度不变特征变换算子（Scale-Invariant Feature Transform，SIFT）围绕一些关键点的梯度信息进行特征提取的描述符算子，该算法发展至今，已经有了很多变种，如 PCA-SIFT、GLOH、SURF、DAISY 等[158]。梯度方向直方图描述子（Histogram of Oriented Gradient，HOG）提取局部纹理梯度方向的信息，关于 HOG 算子的变种也有很多，如 v-HOG、CoHOG、GIST 等[159]。局部二进制模式（Local Binary Patterns，LBP）表示具有局部纹理的特征描述符。特征提取技术对于后续算法的处理有重大影响，如物体检测和识别。

6.3　基于区域推荐和 PHOG 的遥感图像中飞机快速检测算法

基于区域推荐和 PHOG 的遥感图像中飞机快速检测算法过程如图 6.1 所示。首先，用标注好的数据集训练物体推荐器，通过物体推荐器生成一组候选窗口。其次，每个类别训练一个基于 HOG-SVM 的分类器。最后，物体检测的结果在候选窗口内由相应的分类器进行判断。

图 6.1　基于区域推荐和 PHOG 的遥感图像中飞机快速检测算法过程

6.3.1　基于梯度特征的快速区域推荐算法

受到 BING[146]方法的启发，基于梯度特征的快速区域推荐算法由线性模型的训练和窗口打分机制组成。其中，物体存在概率定义如下：

$$p_l = m_i \times s_l + k_i \tag{6.1}$$

式中，$m_i, k_i \in \mathbf{R}$ 是学习到的系数和偏执项；$s_1 = < w; n_l >$ 且 $l = (i, x, y)$。其中，(w, n_l)、l、i、(x, y)是线性模型，分别是原始图像的渐变图、位置、大小、窗口的位置。

为了通过线性 SVM，获得学习的线性模型参数 w，本文测试了 49 个目标窗口大小$\left(W_0, H_0\right)$，其中，$W_0, H_0 \in \{10 \times 2i \mid 0 \leqslant i \leqslant 6\}$，然后将输入图像调整为 49 个尺寸，最后使用调整大小后的物体和随机采样背景作为负样本和正样本描述该算法。为了通过线性 SVM 学习 m_i、k_i，本章使用 s_l 和 NMS 推荐区域作为训练样本，其过滤条件得分为一维要素，并检查图像的标签，如图 6.2 所示。

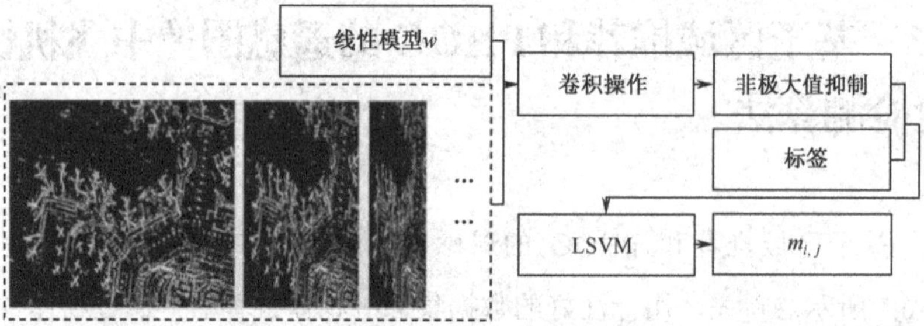

图 6.2　多窗口尺寸权值自适应框架

6.3.2　基于 PHOG 的特征快速提取方法

如图 6.3 所示，遥感图像中的物体有各种各样的朝向，本节将特征映射到笛卡儿坐标系，并执行椭圆傅里叶变换。将 CHOG 映射成笛卡儿坐标系，如式（6.2）和式（6.3）所示。

$$\begin{aligned} x &= r \times \cos\theta = \left[r_0 + \text{CHOG}\left(j \times k, i\right)\right] \times \cos\left(\frac{2 \times \pi}{m} \times j + \frac{2 \times \pi}{m \times b} \times k\right) \\ y &= r \times \sin\theta = \left[r_0 + \text{CHOG}\left(j \times k, i\right)\right] \times \sin\left(\frac{2 \times \pi}{m} \times j + \frac{2 \times \pi}{m \times b} \times k\right) \end{aligned} \tag{6.2}$$

图 6.3　遥感图像中存在大量不同朝向的物体

式中，m、i 和 j 是 m 个扇区，方向为 k 环 i 中单元格 j 的个数；b 是 bin 的数目；r_0 是常数，该数的取值取决于不同的应用。x 和 y 将 r_0 添加到 CHOG 上的投影。本节对椭圆在复杂平面上进行傅里叶变换，然后描述笛卡儿坐标系。函数 ϕ 是线性函数，$\phi(z,z_k)=T$。

$$c(j)=x(j)+i\times y(j) \tag{6.3}$$

式中，$x(j),y(j)$ 是坐标值。通过椭圆傅里叶变换，曲线 $c(j)$ 可以描述如下：

$$\begin{aligned}c(j)=&\frac{a_{x0}}{2}+\sum_{k=1}^{\infty}\left[a_{xk}\cos(kwj)+b_{xk}\sin(kwj)\right]+\\&i\times\left(\frac{a_{y0}}{2}+\sum_{k=1}^{\infty}\left[a_{yk}\cos(kwj)+b_{yk}\sin(kwj)\right]\right)\end{aligned} \tag{6.4}$$

$$\begin{bmatrix}x(j)\\y(j)\end{bmatrix}=\frac{1}{2}\times\begin{bmatrix}a_{x0}\\a_{y0}\end{bmatrix}+\sum_{k=1}^{m}\begin{bmatrix}a_{xk}&b_{xk}\\a_{yk}&b_{yk}\end{bmatrix}\begin{bmatrix}\cos(kwj)\\\sin(kwj)\end{bmatrix} \tag{6.5}$$

如果 p 是旋转角度，则坐标值描述如下：

$$\begin{bmatrix}x(i)\\y(j)\end{bmatrix}=\frac{1}{2}\begin{bmatrix}a_{x0}\\a_{y0}\end{bmatrix}+\begin{bmatrix}\cos(p)&\sin(p)\\-\sin(p)&\cos(p)\end{bmatrix}\sum_{k=1}^{\infty}\begin{bmatrix}a_{xk}&b_{xk}\\a_{yk}&b_{yk}\end{bmatrix}\begin{bmatrix}\cos(kwj)\\\sin(kwj)\end{bmatrix} \tag{6.6}$$

不同的描述子定义如下：

$$\frac{|A_k|}{|A_1|}+\frac{|B_k|}{|B_1|}=\frac{\sqrt{a_{xk}^2+a_{yk}^2}}{\sqrt{a_{x1}^2+a_{y1}^2}}+\frac{\sqrt{b_{xk}^2+b_{yk}^2}}{\sqrt{b_{x1}^2+b_{y1}^2}} \tag{6.7}$$

为了有效检测多尺度物体，本节将 PHOG 结合到椭圆傅里叶变换中，PHOG 由原始图像在多个分辨率上的 HOG 特征组成。每张图像被分割为精细的环状序列，通过反复增加分割粒度，加倍环形轴分割的精细程度。在不同的金字塔分辨率级别，CHOG 向量在每个单元格中计算，图像的特征是所有 CHOG 向量的串联。金字塔在级别 l 中，沿半径有 $2(l-1)$个环面（如果 l=0，则定义 0）。因此，级别 0 由对应的 $\boldsymbol{b}$ 向量表示到直方图的 b 个 bin，级别为 b，并且整个图像的 PHOG 是具有 $1+\boldsymbol{m}$ 维的向量。在本章实现中，级别数限制最大为 l=3，以防模型过度拟合训练数据。

本章的分类器采用线性 SVM，其中 m 是训练图像的个数，z_k 是第 k 个样本图像的特征表示，且样本真实标签 $y_k \in \{-1, 1\}$，分别表示背景和前景。分类器描述如下：

$$y(z) = \sum_{k=1}^{m} a_k y_k \phi(z, z_k) + b \tag{6.8}$$

式中，a_k 和 b 分别是正数和常数；函数 ϕ 是一个线性函数。

6.4 实验结果与分析

在遥感图像飞机目标检测任务中，本章实验说明了基于区域推荐和 PHOG 的遥感图像中飞机快速检测算法的有效性，并分析了该算法的时间复杂度。

为完成遥感图像飞机检测任务，本章构建了自己的飞机检测数据集。其数据来源是谷歌地球，整个数据集由 115 张图像组成，共标注了 1527 架飞机，如图 6.4 所示。

（a）正样本飞机所在区域　　（b）背景区域负样本

图 6.4　遥感图像中，正样本飞机所在区域和背景区域负样本

上述飞机具有不同的方向和尺寸（$\{32\times32,\ 64\times64,\ 128\times128\}$）。其中，随机选择 70 张图像作为训练集，剩余的图片作为测试集。除去目标区域，随机采样剩余的 1000 个区域作为训练过程中的负样本。本实验采用数据增强方法扩充原始的数据集。本章评价了检测性能和窗口个数（DR-WIN）的性能曲线，DR 表示推荐窗口覆盖物体所在的真实区域（Ground Truth，GT）的百分比；WIN 表示由该框架生成的区域的个数。图 6.5（a）是 DR-WIN 曲线，图中 num PerSz=96 是检测算法和计算效率的折中；图 6.5（b）是检测结果准确率曲线。

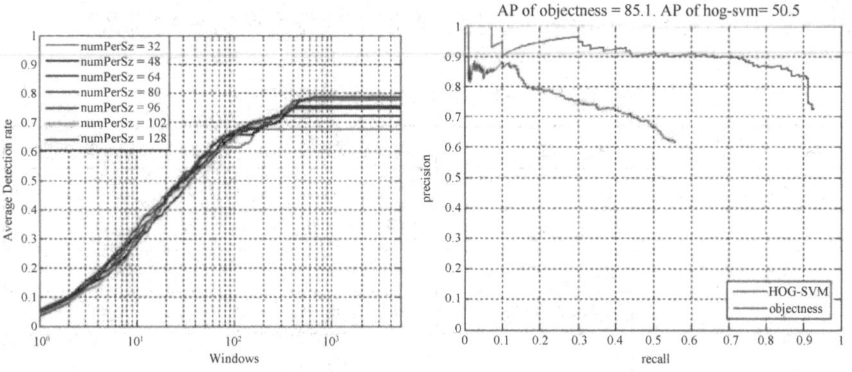

（a）不同的推荐窗口个数下平均检测结果　　（b）检测结果准确率曲线图

图 6.5　不同的推荐窗口个数下平均检测结果和检测结果准确率曲线图

实验对比的是 DLGC 方法和 HOG-SVM 方法。为了进一步验证第

5 章所提的数据增强方法，本章实验采用该数据增强方法扩充原始的数据集。如果检测结果与目标标注的真实位置的欧几里得距离小于指定的阈值，则认为预测为正的正样本（True Positive，TP）。FN（False Negative）是预测为负的正样本，TN（True Negative）是预测为负的负样本，FP（False Positive）是预测为正的负样本，召回率表示为 TP/(TP+FN)，精度表示为 TP/(TP+FP)。

本章使用 PR 曲线来评估检测结果精度，设置 49 个量化的目标窗口大小{(W0, H0)}，其中 W0, H0∈{10×2i, 0≤i≤6}。HOG-SVM 的 patch 尺寸为 32 像素×32 像素。

本章提出的基于区域推荐和 PHOG 的遥感图像中飞机快速检测在时间和精度上的性能实验结果如表 6.1 所示。实验结果表明，本章提出的算法在耗时上更具优势，原因在于，区域推荐计算量和参数量都小于普通卷积，减少了测试阶段的参数量。但是与 DLGC 算法相比，本章提出的算法在平均准确率（mAP）上降低了 0.8%，mAP 由原来的 85.90%降为 85.10%，而测试速度提升了近 20 倍。另外，应用第 5 章提出的基于样本方向指导的数据增强的方法扩充训练样本，mAP 由原来的 85.1%提升至 86.55%，进一步验证了第 5 章所提数据增强方法的有效性。

表 6.1　检测精度和耗时对比实验

编　号	方　法	测试速度/s	mAP/%
1	DLGC	0.1134	85.9
2	HOG-SVM	0.0159	50.50
3	本章方法	0.0058	85.10
4	本章方法+数据增强	0.0058	86.55

本章提出了基于区域推荐和金字塔方向梯度直方图 PHOG 遥感图像中飞机快速检测方法。另外，本章采用更轻量的特征描述符，通过定向直方图的金字塔获得椭圆傅里叶变换的梯度（PHOG），有效降低了模

型的计算量。与窗口滑动策略相比，本章提出的框架大幅缩小了小目标候选区域的范围，提高了检测速度结合 PHOG 的椭圆傅里叶变换方法是检测多尺度物体的有效方法。实验表明，与 DLGC 算法相比，这里提出的小目标检测算法可以将速度提升近 20 倍。

本部分总结

本部分讨论并总结了复杂场景下小目标检测与识别的关键技术；设计了高可靠、高精度的小物体检测与识别算法，从而设计出工业上实用且学术上创新的物体检测识别算法；明确了该研究存在环境复杂、目标特性复杂和数据不完备性这 3 个方面的核心问题。针对上述问题，本部分从上下文信息、信息补偿和数据增强 3 个角度，设计并实现了 3 个主要算法，并将这 3 个算法应用至实际的遥感图像飞机快速检测任务当中。

本部分的重要结论如下：

（1）为了解决因环境复杂所导致的目标区域和背景区域分离难的问题，本部分研究了上下文信息指导的复杂环境下小目标检测方法。首先，从目标候选区域语义相似性的角度出发，通过创建候选区域对约束来探索上下文信息在目标检测中的关键作用。其次，设计了一个基于判别学习和图割的框架，将上下文信息引入目标检测算法。最后，通过广泛的实验，验证本部分模型的有效性，实验表明，该模型能够有效提升现有检测器的性能。

（2）为了解决因目标特性复杂所导致的小目标识别难的问题，本部分研究了信息补偿机制的小目标识别方法。首先，针对深度学习模型固有的多层次结构所带来的信息流失问题，提出了基于特征学习的生成对抗网络的小目标识别模型，通过学习 HR 图像和 LR 图像之间的残差信息，达到将 LR 图像的低质量特征转化为具有高区分性特征生成网络的目标。其次，针对通道特征利用效率低的问题，引入了自适应的通道注意力机制，该机制可以选择性地增强信息量丰富的特征通道，抑制信息量稀疏的特征通道，从而增强生成特征的判别能力。最后，收集了一个遥感图像数据集 WIDER-SHIP，目前该数据集是一个专门面向 LR 图像识别的数据集，其中包含大量船舶类型和细粒度类型标注信息，能有效完成 LR 物体的识别任务。

（3）为了解决因数据不完备性所导致的模型对训练样本过度拟合的问题，提出了样本方向属性指导的数据增强方法。该方法通过将样本旋转特定角度的方式，使训练样本在方向分布上能更加充分覆盖物理世界中样本的分布，以提升原始数据集在方向上的完备性，以减少模型在训练过程中过度拟合的风险。该数据增强方法的有效性在目标检测与识别任务中均得到了验证。

复杂场景下小物体检测和识别任务是计算机视觉领域最基础和最困难的问题之一，尽管经历了几十年的发展，但是该研究距离人所能达到的水平依然存在巨大差距。限于作者的精力及水平，本部分依然存在以下不足与待改进之处。

（1）信息补偿机制的小目标识别方法仍有优化和改进的空间。虽然该方法使识别系统在精度上有很大提升，但是重建后的 LR 特征与 HR 特征依然有一定差距，尤其是在高频域的特征差异较大。如何设计新的优化策略，以减小经过重建的 LR 特征和原始 HR 特征之间的差异，是值得继续探索的方向。

（2）现实中，成对训练样本获取难，阻碍了该方法的推广。信息补偿机制需要有成对的 HR 数据和 LR 数据进行引导，如此强的约束在实际应用中不容易满足。这个缺陷是该方法推广的主要障碍，因此，如何设计非成对的特征引导机制是一个值得研究的方面。

（3）上下文信息指导小目标检测方法的复杂度有降低的空间。在本部分中，该方法需要计算 N 个候选区域之间的相似度，计算复杂度属于 $O(N_2)$。因此，如何设计轻量级候选区域相似度算法也是一个值得研究的方面。

参考文献

[1] PANG J, LI C, SHI J, et al. R_2-cnn: Fast tiny object detection in large-scale remotesensing images[J]. IEEE Transactions on Geoscience and Remote Sensing, 2019.

[2] BALLARD D H. Generalizing the hough transform to detect arbitrary shapes[J]. Pattern Recognition, 1981, 13(2): 111-122.

[3] HE K, GKIOXARI G, DOLLAR P, et al. Mask R-CNN[C]//International Conference on Computer Vision. IEEE Computer Society, 2017.

[4] OSUNA E, FREUND R, GIROSIT F. Training support vector machines: an application to face detection[C]//Proceedings of IEEE Computer Society Conference on Computer Vision and Pattern Recognition. IEEE, 1997: 130-136.

[5] JONES M, VIOLA P. Fast multi-view face detection[J]. Mitsubishi Electric Research Lab TR-20003-96, 2003, 3(14): 2.

[6] VIOLA P, JONES M, et al. Rapid object detection using a boosted cascade of simple features[J]. CVPR (1), 2001, 1(511-518): 3.

[7] SAKAI T, NAGAO M, KANADE T. Computer analysis and classification of photographs of human faces[D]. Kyoto: Kyoto University, 1972.

[8] CHUM O, ZISSERMAN A. An exemplar model for learning object classes[C]//2007 IEEE Conference on Computer Vision and Pattern Recognition. IEEE, 2007: 1-8.

[9] GRAUMAN K, DARRELL T. The pyramid match kernel: Discriminative classification with sets of image features[C]//Tenth IEEE International Conference on Computer Vision (ICCV'05) Volume 1: Volume 2. IEEE, 2005: 1458-1465.

[10] BOURDEV L, MALIK J. Poselets: Body part detectors trained using 3d human pose annotations[C]//2009 IEEE 12th International Conference on Computer Vision. IEEE, 2009: 1365-1372.

[11] GIRSHICK R, DONAHUE J, DARRELL T, et al. Rich feature hierarchies for accurate object detection and semantic segmentation[C]// Proceedings of the IEEE conference on computer vision and pattern recognition, 2014: 580-587.

[12] LOWE D G, et al. Object recognition from local scale-invariant features[C]//iccv: volume, 1999, 99: 1150-1157.

[13] DALAL N, TRIGGS B. Histograms of oriented gradients for human detection[C]//IEEE Computer Society Conference on Computer Vision & Pattern Recognition. IEEE, 2005.

[14] HE D C, WANG L. Texture unit, texture spectrum, and texture analysis[J]. IEEE transactions on Geoscience and Remote Sensing, 1990, 28(4): 509-512.

[15] FELZENSZWALB P, MCALLESTER D, RAMANAN D. A discriminatively trained, multiscale, deformable part model[C]//2008

IEEE conference on computer vision and pattern recognition. IEEE, 2008: 1-8.

[16] FELZENSZWALB P F, GIRSHICK R B, MCALLESTER D, et al. Object detection with discriminatively trained part-based models[J]. IEEE transactions on pattern analysis and machine intelligence, 2009, 32(9): 1627-1645.

[17] MALISIEWICZ T, GUPTA A, EFROS A A. Ensemble of exemplar-SVMs for object detection and beyond[C]// International conference on computer vision. IEEE, 2011.

[18] SUN M, SAVARESE S. Articulated part-based model for joint object detection and pose estimation[C]//2011 International Conference on Computer Vision. IEEE, 2011: 723-730.

[19] SUGA A, FUKUDA K, TAKIGUCHI T, et al. Object recognition and segmentation using sift and graph cuts[C]//2008 19th International Conference on Pattern Recognition. IEEE, 2008: 1-4.

[20] DONAHUE J, JIA Y, VINYALS O, et al. Decaf: A deep convolutional activation feature for generic visual recognition[C]//International conference on machine learning, 2014: 647-655.

[21] SINGH B, DAVIS L S. An analysis of scale invariance in object detection snip[C]// Proceedings of the IEEE conference on computer vision and pattern recognition, 2018: 3578-3587.

[22] LI Z, PENG C, YU G, et al. Detnet: A backbone network for object detection[J]. arXiv preprint arXiv: 1804.06215, 2018.

[23] LI J, LIANG X, WEI Y, et al. Perceptual generative adversarial networks for small object detection[C]//Proceedings of the IEEE Conference on Computer Vision and Pattern Recognition, 2017: 1222-1230.

[24] HU P, RAMANAN D. Finding tiny faces[C]//Proceedings of the IEEE conference on computer vision and pattern recognition, 2017: 951-959.

[25] CAI Z, VASCONCELOS N. Cascade r-cnn: Delving into high quality object detection[C]//Proceedings of the IEEE conference on computer vision and pattern recognition, 2018: 6154-6162.

[26] LIN T Y, DOLLÁR P, GIRSHICK R, et al. Feature pyramid networks for object detection[C]//Proceedings of the IEEE conference on computer vision and pattern recognition, 2017: 2117-2125.

[27] LIU L, OUYANG W, WANG X, et al. Deep learning for generic object detection: A survey[J]. arXiv preprint arXiv: 1809.02165, 2018.

[28] ZOU Z, SHI Z, GUO Y, et al. Object detection in 20 years: A survey[J]. arXiv preprint arXiv: 1905.05055, 2019.

[29] WU X, SAHOO D, HOI S C. Recent advances in deep learning for object detection[J]. arXiv preprint arXiv: 1908.03673, 2019.

[30] LAW H, DENG J. Cornernet: Detecting objects as paired keypoints[C]//Proceedings of the European Conference on Computer Vision (ECCV), 2018: 734-750.

[31] ZHU C, HE Y, SAVVIDES M. Feature selective anchor-free module for single-shot object detection[J]. arXiv preprint arXiv: 1903.00621, 2019.

[32] ZHOU X, ZHUO J, KRAHENBUHL P. Bottom-up object detection by grouping extreme and center points[C]//Proceedings of the IEEE Conference on Computer Vision and Pattern Recognition, 2019: 850-859.

[33] TIAN Z, SHEN C, CHEN H, et al. Fcos: Fully convolutional one-stage object detection[J]. arXiv preprint arXiv: 1904.01355, 2019.

[34] DUAN K, BAI S, XIE L, et al. Centernet: Keypoint triplets for object detection[C]// Proceedings of the IEEE International Conference on Computer Vision, 2019: 6569-6578.

[35] CHEN X, GUPTA A. Spatial memory for context reasoning in object detection[C]// Proceedings of the IEEE International Conference on Computer Vision, 2017: 4086-4096.

[36] CAI Z, FAN Q, FERIS R S, et al. A unified multi-scale deep convolutional neural network for fast object detection[C]//european conference on computer vision. Springer, 2016: 354-370.

[37] LIU Y, WANG R, SHAN S, et al. Structure inference net: Object detection using scene-level context and instance-level relationships[C]// Proceedings of the IEEE conference on computer vision and pattern recognition, 2018: 6985-6994.

[38] CHEN Z, HUANG S, TAO D. Context refinement for object detection[C]// Proceedings of the European Conference on Computer Vision (ECCV), 2018: 71-86.

[39] SHEN X, LIN Z, BRANDT J, et al. Detecting and aligning faces by image retrieval[C]// Proceedings of the IEEE Conference on Computer Vision and Pattern Recognition, 2013: 3460-3467.

[40] REDMON J, DIVVALA S, GIRSHICK R, et al. You only look once: Unified, real-time object detection, in: CVPR, 2016.

[41] REDMON J, FARHADI A. Yolo9000: better, faster, stronger, in: CVPR,2017.

[42] LIU W, ANGUELOV D, ERHAN D, et al. SSD: Single shot multibox detector, in: ECCV, 2016.

[43] XIA G S, BAI X, DING J, et al. Dota: A large-scale dataset for object detection in aerial images[C]//CVPR, 2018.

[44] SHAO Z, WU W, WANG Z, et al. Seaships: A large-scale precisely annotated dataset for ship detection[J]. IEEE Transactions on Multimedia, 2018, 20(10).

[45] LIU Z, WANG H, WENG L, et al. Ship rotated bounding box space for ship extraction from high-resolution optical satellite images with complex backgrounds[J]. IEEE Geoscience and Remote Sensing Letters, 2016, 13(8): 1074-1078.

[46] XIONG X, DE LA TORRE F. Supervised descent method and its applications to face alignment[C]//Proceedings of the IEEE Conference on Computer Vision and Pattern Recognition, 2013: 532-539.

[47] ZHU X, LEI Z, LIU X, et al. Face alignment across large poses: A 3d solution[C]// Proceedings of the IEEE Conference on Computer Vision and Pattern Recognition, 2016: 146-155.

[48] PARKHI O M, VEDALDI A, ZISSERMAN A, et al. Deep face

recognition.[C]//BMVC: volume, 2015, 1: 6.

[49] CAI Z, VASCONCELOS N. Cascade r-cnn: Delving into high quality object detection, in: CVPR, 2018.

[50] KONG T, YAO A, CHEN Y, et al. Hypernet: Towards accurate region proposal generation and joint object detection, in: CVPR, 2016.

[51] BELL S, LAWRENCE Z C, BALA K, et al. Inside-outside net: Detecting objects in context with skip pooling and recurrent neural networks, in: CVPR, 2016.

[52] DAI J, LI Y, HE K, et al. R-fcn: Object detection via region-based fully convolutional networks, in: NeurIPS, 2016.

[53] VIOLA P, JONES M J. Robust real-time face detection[J]. International journal of computer vision, 2004, 57(2): 137-154.

[54] LI K, CHENG G, BU S, et al. Rotation-insensitive and context-augmented object detection in remote sensing images[J]. IEEE Transactions on Geoscience and Remote Sensing, 2018, 56(4): 2337-2348.

[55] CHENG G, ZHOU P, HAN J. Rifd-cnn: Rotation-invariant and fisher discriminative convolutional neural networks for object detection[C]// Proceedings of the IEEE Conference on Computer Vision and Pattern Recognition. IEEE, 2016: 2884-2893.

[56] HAN J, ZHANG D, CHENG G, et al. Object detection in optical remote sensing images ased on weakly supervised learning and high-level feature learning[J]. IEEE ransactions on Geoscience and Remote

Sensing, 2015, 53(6): 3325-3337.

[57] CHENG G, HAN J, ZHOU P, et al. Multi-class geospatial object detection and geographic image classification based on collection of part detectors[J]. ISPRS Journal of Photogrammetry and Remote Sensing, 2014, 98: 119-132.

[58] HE K, GKIOXARI G, DOLLÁR P, et al. Mask r-cnn[C]//Proceedings of the IEEE International Conference on Computer Vision, 2017: 2980-2988.

[59] DAI J, HE K, SUN J. Instance-aware semantic segmentation via multitask network cascades, in: CVPR, 2016.

[60] HUANG Z, HUANG L, GONG Y, et al. Mask scoring r-cnn, in: CVPR, 2019.

[61] LE Q V, JAITLY N, HINTON G E. A simple way to initialize recurrent networks of rectified linear units[J]. arXiv preprint arXiv: 1504.00941, 2015.

[62] YANG B, YAN J, LEI Z, et al. Aggregate channel features for multi-view face detection[C]//IEEE International Joint Conference on Biometrics, 2014.

[63] LAW H, DENG J. Cornernet: Detecting objects as paired keypoints, in: ECCV, 2018.

[64] ZHOU X, WANG D, KR¨AHENB¨UHL P. Objects as points, in: arXiv preprin arXiv: 1904.07850, 2019.

[65] DUAN K, BAI S, XIE L, et al. Centernet: Keypoint triplets for object

detection, in: arXiv preprint arXiv:1904.08189, 2019.

[66] YANG S, LUO P, LOY C C, et al. From facial parts responses to face detection: A deep learning approach[C]//Proceedings of the IEEE International Conference on Computer Vision, 2015: 3676-3684.

[67] MA Z, YU L, CHAN A B. Small instance detection by integer programming on object density maps[C]//Proceedings of the IEEE Conference on Computer Vision and Pattern Recognition, 2015: 3689-3697.

[68] ZHU C, ZHENG Y, LUU K, et al. Cms-rcnn: contextual multi-scale region-based cnn for unconstrained face detection[J]. Deep Learning for Biometrics, 2017: 57-79.

[69] BELL S, LAWRENCE Z C, BALA K, et al. Inside-outside net: Detecting objects in context with skip pooling and recurrent neural networks[C]//Proceedings of the IEEE Conference on Computer Vision and Pattern Recognition, 2016: 2874-2883.

[70] CHEN C, LIU M Y, TUZEL O, et al. R-cnn for small object detection[C]//Asian Conference on Computer Vision. Springer, 2016: 214-230.

[71] TANG X, DU D K, HE Z, et al. Pyramidbox: A context-assisted single shot face detector[C]//Proceedings of the European Conference on Computer Vision (ECCV), 2018: 797-813.

[72] GIRSHICK R. Fast r-cnn[C]//Proceedings of the IEEE international conference on computer vision, 2015: 1440-1448.

[73] BROMLEY J, GUYON I, LE C Y, et al. Signature verification using a “siamese” time delay neural network[C]//Advances in Neural Information Processing Systems, 1994: 737-744.

[74] CAO S, SNAVELY N. Learning to match images in large-scale collections[C]//European Conference on Computer Vision, 2012: 259-270.

[75] YI D, LEI Z, LIAO S, et al. Deep metric learning for person re-identification[C]//Pattern Recognition (ICPR), 2014 22nd International Conference on, 2014: 34-39.

[76] VARIOR R R, HALOI M, WANG G. Gated siamese convolutional neural network architecture for human re-identification[C]//European Conference on Computer Vision.Springer, 2016: 791-808.

[77] UY M A, LEE G H. Pointnetvlad: Deep point cloud based retrieval for large-scale place recognition[J]. Proceedings of the IEEE Conference on Computer Visionand Pattern Recognition, 2018.

[78] LUXBURG U V. A tutorial on spectral clustering[J]. Statistics and computing, 2007.

[79] YANG S, LUO P, LOY C C, et al. Wider face: A face detection benchmark[C]//Proceedings of the IEEE conference on computer vision and pattern recognition, 2016: 5525-5533.

[80] ZHU X, RAMANAN D. Face detection, pose estimation, and landmark localization in the wild[C]//Proceedings of the IEEE Conference on Computer Vision and Pattern Recognition, 2012: 2879-2886.

[81] RAHTU E, KANNALA J, BLASCHKO M. Learning a category independent object detection cascade[C]//2011 international conference on Computer Vision. IEEE, 2011: 1052-1059.

[82] VEDALDI A, LENC K. Matconvnet: Convolutional neural networks for matlab[C]//Proceedings of the 23rd ACM international conference on Multimedia, 2015: 689-692.

[83] DAI J, LI Y, HE K, et al. R-fcn: Object detection via region-based fully convolutional networks[C]//Advances in neural information processing systems, 2016: 379-387.

[84] DAI J, QI H, XIONG Y, et al. Deformable convolutional networks[C]// Proceedingsof the IEEE Conference on Computer Vision and Pattern Recognition, 2017: 764-773.

[85] ENDRES I, HOIEM D. Category-Independent Object Proposals with Diverse Ranking[J]. IEEE Computer Society, 2014(2).

[86] YANG S, XIONG Y, LOY C C, et al. Face detection through scale-friendly deep convolutional networks[J]. arXiv preprint arXiv: 1706.02863, 2017.

[87] ZHANG K, ZHANG Z, LI Z, et al. Joint face detection and alignment using multitask cascaded convolutional networks[J]. IEEE Signal Processing Letters, 2016, 23 (10): 1499-1503.

[88] FELZENSZWALB P F, GIRSHICK R B, MCALLESTER D, et al. Object detection with discriminatively trained part-based models[J]. IEEE transactions on pattern analysis and machine intelligence, 2010, 32(9): 1627-1645.

[89] ZHU C, TAO R, LUU K, et al. Seeing small faces from robust anchors perspective, in: CVPR, 2018.

[90] REN S, HE K, GIRSHICK R, et al. Faster r-cnn: Towards real-time object detection with region proposal networks[C]//Advances in neural information processing systems, 2015: 91-99.

[91] GHODRATI A, DIBA A, PEDERSOLI M, et al. Deepproposal: Hunting objects by cascading deep convolutional layers, in: ICCV, 2015.

[92] ZHANG S, WEN L, BIAN X, et al. Single-shot refinement neural network for object detection, in: CVPR, 2018.

[93] HUANG G, LIU Z, LAURENS V, et al. Densely connected convolutional networks[C]//CVPR, 2017: 4700-4708.

[94] TYCHSEN-SMITH L, PETERSSON L. Denet: Scalable real-time object detection with directed sparse sampling, in: ICCV, 2017.

[95] DU D, QI Y, YU H, et al. The unmanned aerial vehicle benchmark: Object detectionand tracking[C]//ECCV, 2018.

[96] Ryoo M S, Kim K, Yang H J. Extreme low resolution activity recognition with multi-siamese embedding learning[C]//AAAI, 2018.

[97] ZOU W W, YUEN P C. Very low resolution face recognition problem[J]. TIP, 2011, 21(1): 327-340.

[98] SINGH B, DAVIS L S. An analysis of scale invariance in object detection-snip, in: CVPR, 2018.

[99] HU X, MU H, ZHANG X, et al. Meta-sr: A magnification-arbitrary network for super-resolution[C]//CVPR, 2019: 1575-1584.

[100] YANG F, CHOI W, LIN Y. Exploit all the layers: Fast and accurate cnn object detector with scale dependent pooling and cascaded rejection classifiers, in: CVPR, 2016.

[101] LIU Y, LI H, YAN J, et al. Recurrent scale approximation for object detection in cnn, in: ICCV, 2017.

[102] GE S, ZHAO S, LI C, et al. Low-resolution face recognition in the wild via selective knowledge distillation[J]. TIP, 2018, 28(4): 2051-2062.

[103] WANG H, WANG Q, GAO M, et al. Multi-scale location-aware kernel representation for object detection, in: CVPR, 2018.

[104] YAN Q, GONG D, ZHANG Y. Two-stream convolutional networks for blind image quality assessment[J]. TIP, 2018, 28(5): 2200-2211.

[105] MUDUNURI S P, BISWAS S. Low resolution face recognition across variations in pose and illumination[J]. PAMI, 2015, 38(5): 1034-1040.

[106] LI P, PRIETO L, MERY D, et al. On low-resolution face recognition in the wild: Comparisons and new techniques[J]. IEEE Transactions on Information Forensics and Security, 2019, 14(8): 2000-2012.

[107] XU M, SHARGHI A, CHEN X, et al. Fully-coupled two-stream spatiotemporal networks for extremely low resolution action recognition[C]//IEEE Winter Conference on Applications of Computer Vision, 2018.

[108] LIU S, HUANG D, WANG Y. Receptive field block net for accurate and fast object detection, in: ECCV, 2018.

[109] REN J, CHEN X, LIU J, et al. Accurate single stage detector using recurrent rolling convolution, in: CVPR, 2017.

[110] JEONG J, PARK H, KWAK N. Enhancement of ssd by concatenating feature maps for object detection, in: arXiv preprint arXiv:1705.09587, 2017.

[111] ZHOU P, NI B, GENG C, et al. Scale-transferrable object detection, in: CVPR, 2018.

[112] WANG Z, CHANG S, YANG Y, et al. Studying very low resolution recognition using deep networks[C]//CVPR. 2016: 4792-4800.

[113] LU Z, JIANG X, KOT A. Deep coupled resnet for low-resolution face recognition[J]. IEEE Signal Processing Letters, 2018, 25(4): 526-530.

[114] WEI X, LI Y, SHEN H, et al. Joint learning sparsifying linear transformation for low-resolution image synthesis and recognition[J]. Pattern Recognition, 2017, 66: 412-424.

[115] BULAT A, TZIMIROPOULOS G. Super-fan: Integrated facial landmark localization and super-resolution of real-world low resolution faces in arbitrary poses with gans[C]//CVPR, 2018: 109-117.

[116] KRIZHEVSKY A, et al. Learning multiple layers of features from tiny images[R].Citeseer, 2009.

[117] EVERINGHAM M, VAN GOOL L, WILLIAMS C K, et al. The pascal visual object classes (voc) challenge[J]. IJCV, 2010, 88(2): 303-338.

[118] CHENG G, ZHOU P, HAN J. Learning rotation-invariant

convolutiona l neural networks for object detection in vhr optical remote sensing images[J]. IEEE Transactions on Geoscience and Remote Sensing, 2016, 54(12): 7405-7415.

[119] SANDLER M, HOWARD A, ZHU M, et al. Mobilenetv2: Inverted residuals and linear bottlenecks[C]//CVPR, 2018: 4510-4520.

[120] KONG T, SUN F, YAO A, et al. Ron: Reverse connection with objectness prior networks for object detection, in: CVPR, 2017.

[121] YOSINSKI J, CLUNE J, BENGIO Y, et al. How transferable are features in deep neural networks?[C]//NIPS, 2014: 3320-3328.

[122] CHENG G, HAN J. A survey on object detection in optical remote sensing images[J]. ISPRS Journal of Photogrammetry and Remote Sensing, 2016, 117: 11-28.

[123] NING Q, ZHU J, CHEN C. Very fast semantic image segmentation using hierarchical dilation and feature refining[J]. Cognitive Computation, 2018, 10(1): 62-72.

[124] ZHANG X, YANG Y H, HAN Z, et al. Object class detection: A survey[J]. ACM Computing Surveys (CSUR), 2013, 46(1): 10.

[125] CAO X, TAO Z, ZHANG B, et al. Self-adaptively weighted co-saliency detection via rank constraint[J]. IEEE Transactions on Image Processing, 2014, 23(9): 4175-4186.

[126] HAN J, ZHANG D, CHENG G, et al. Object detection in optical remote sensing images based on weakly supervised learning and high-level feature learning[J]. IEEE Transactions on Geoscience and

Remote Sensing, 2014, 53(6): 3325-3337.

[127] HUANG R, FENG W, SUN J. Color feature reinforcement for cosaliency detection without single saliency residuals[J]. IEEE Signal Processing Letters, 2017, 24(5): 569-573.

[128] WANG Z, REN J, ZHANG D, et al. A deep-learning based feature hybrid framework for spatiotemporal saliency detection inside videos[J]. Neurocomputing, 2018, 287: 68-83.

[129] YAN Y, REN J, ZHAO H, et al. Cognitive fusion of thermal and visible imagery for effective detection and tracking of pedestrians in videos[J]. Cognitive Computation, 2018, 10(1): 94-104.

[130] DIXIT M, KWITT R, NIETHAMMER M, et al. Aga: Attribute-guided augmentation[C]// Proceedings of the IEEE Conference on Computer Vision and Pattern Recognition, 2017: 7455-7463.

[131] WEN G, HOU Z, LI H, et al. Ensemble of deep neural networks with probabilitybased fusion for facial expression recognition[J]. Cognitive Computation, 2017, 9(5): 597-610.

[132] ZHANG S, HUANG K, ZHANG R, et al. Learning from few samples with memory network[J]. Cognitive Computation, 2018, 10(1): 15-22.

[133] LV J J, SHAO X H, HUANG J S, et al. Data augmentation for face recognition[J]. Neurocomputing, 2017, 230: 184-196.

[134] KITTLER J, HUBER P, FENG Z H, et al. 3d morphable face models and their applications[C]//International Conference on Articulated Motion and Deformable Objects. Springer, 2016: 185-206.

[135] SEYYEDSALEHI S Z, SEYYEDSALEHI S A. Simultaneous learning of nonlinear manifolds based on the bottleneck neural network[J]. Neural processing letters, 2014, 40(2): 191-209.

[136] SZEGEDY C, LIU W, JIA Y, et al. Going deeper with convolutions[C]//Proceedings of the IEEE conference on computer vision and pattern recognition, 2015: 1-9.

[137] KRIZHEVSKY A, SUTSKEVER I, HINTON G E. Imagenet classification with deep convolutional neural networks[C]//Advances in neural information processing systems, 2012: 1097-1105.

[138] JADERBERG M, SIMONYAN K, ZISSERMAN A, et al. Spatial transformer networks[C]//Advances in neural information processing systems, 2015: 2017-2025.

[139] XIAO Z, LIU Q, TANG G, et al. Elliptic fourier transformation-based histograms of oriented gradients for rotationally invariant object detection in remote-sensing images[J]. International Journal of Remote Sensing, 2015, 36(2): 618-644.

[140] HE C, ZHANG Y, LIAO Z, et al. Object detecting of aeroplan based on hierarchical adaptive part-based model[J]. Geomatics and Information Science of Wuhan University, 2013, 38(6): 656-660.

[141] WANG X, YANG M, ZHU S, et al. Regionlets for generic object detection[C]//Proceedings of the IEEE international conference on computer vision, 2013: 17-24.

[142] CHENG G, HAN J, GUO L, et al. Object detection in remote sensing imagery using a discriminatively trained mixture model[J]. ISPRS

Journal of Photogrammetry and Remote Sensing, 2013, 85: 32-43.

[143] ALEXE B, DESELAERS T, FERRARI V. Measuring the objectness of image windows[J]. IEEE transactions on pattern analysis and machine intelligence, 2012, 34(11): 2189-2202.

[144] SZEGEDY C, REED S, ERHAN D, et al. Scalable, high-quality object detection[J]. arXiv preprint arXiv: 1412.1441, 2014.

[145] ALEXE B, DESELAERS T, FERRARI V. What is an object?[C]//2010 IEEE Computer Society Conference on Computer Vision and Pattern Recognition. IEEE, 2010: 73-80.

[146] CHENG M M, ZHANG Z, LIN W Y, et al. Bing: Binarized normed gradients for objectness estimation at 300fps[C]//Proceedings of the IEEE conference on computer vision and pattern recognition, 2014: 3286-3293.

[147] VINCENT P, LAROCHELLE H, LAJOIE I, et al. Stacked denoising autoencoders: Learning useful representations in a deep network with a local denoising criterion[J]. Journal of machine learning research, 2010, 11(Dec): 3371-3408.

[148] XIE J, XU L, CHEN E. Image denoising and inpainting with deep neural networks[C]//Advances in neural information processing systems, 2012: 341-349.

[149] PASUPA K, SUNHEM W. A comparison between shallow and deep architecture classifiers on small dataset[C]//2016 8th International Conference on Information Technology and Electrical Engineering (ICITEE). IEEE, 2016: 1-6.

[150] FENG W, LIU Z Q. Region-level image authentication using bayesian structural content abstraction[J]. IEEE Transactions on Image Processing, 2008, 17(12): 2413-2424.

[151] SUN G, ZHANG A, REN J, et al. Gravitation-based edge detection in hyperspectral images[J]. Remote Sensing, 2017, 9(6): 592.

[152] YAN Y, REN J, SUN G, et al. Unsupervised image saliency detection with gestalt-laws guided optimization and visual attention based refinement[J]. Pattern Recognition, 2018, 79: 65-78.

[153] ZHAO C, LI X, REN J, et al. Improved sparse representation using adaptive spatial support for effective target detection in hyperspectral imagery[J]. International Journal of Remote Sensing, 2013, 34(24): 8669-8684.

[154] CHARALAMBOUS C C, BHARATH A A. A data augmentation methodology for training machine/deep learning gait recognition algorithms[J]. arXiv preprint arXiv: 1610.07570, 2016.

[155] SONG X, FENG Z H, HU G, et al. Dictionary integration using 3d morphable face models for pose-invariant collaborative-representation-based classification[J]. IEEE Transactions on Information Forensics and Security, 2018, 13(11): 2734- 2745.

[156] PENG X, SUN B, ALI K, et al. Learning deep object detectors from 3d models[C]//Proceedings of the IEEE International Conference on Computer Vision, 2015: 1278-1286.

[157] LI Y, WANG S, TIAN Q, et al. Feature representation for statistical-learning-based object detection: A review[J]. Pattern Recognition,

2015, 48(11): 3542-3559.

[158] TOLA E, LEPETIT V, FUA P. Daisy: An efficient dense descriptor applied to widebaseline stereo[J]. IEEE transactions on pattern analysis and machine intelligence, 2009, 32(5): 815-830.

[159] XU R, ZHANG B, YE Q, et al. Cascaded l1-norm minimization learning (clml) classifier for human detection[C]//2010 IEEE Computer Society Conference on Computer Vision and Pattern Recognition. IEEE, 2010: 89-96.

[160] UIJLINGS J R, SANDE V D, et al. Selective search for object recognition[J]. International journal of computer vision, 2013, 104(2): 154-171.

[161] ZITNICK C L, DOLLÁR P. Edge boxes: Locating object proposals from edges[C]// European conference on computer vision. Springer, 2014: 391-405.

[162] ZHANG L, SUGANTHAN P N. A comprehensive evaluation of random vector functional link networks[J]. Information sciences, 2016, 367: 1094-1105.

[163] ZHANG L, SUGANTHAN P N. A survey of randomized algorithms for training neural networks[J]. Information Sciences, 2016, 364: 146-155.

[164] KASS M, WITKIN A. Analyzing oriented patterns[J]. Computer vision, graphics, and image processing, 1987, 37(3): 362-385.

[165] HENRIQUES J F, CASEIRO R, MARTINS P, et al. Exploiting the

circulant structure of tracking-by-detection with kernels[C]//European conference on computer vision. Springer, 2012: 702-715.

[166] CIOCCA G, CUSANO C, SCHETTINI R. Image orientation detection using lbp-based features and logistic regression[J]. Multimedia Tools and Applications, 2015, 74 (9): 3013-3034.

[167] VAILAYA A, ZHANG H, YANG C, et al. Automatic image orientation detection[J]. IEEE Transactions on Image Processing, 2002, 11(7): 746-755.

[168] WANG Y, ZHANG H. Content-based image orientation detection with support vector machines[C]//Proceedings IEEE Workshop on Content-Based Access of Image and Video Libraries (CBAIVL 2001). IEEE, 2001: 17-23.

[169] WANG Y M, ZHANG H. Detecting image orientation based on low-level visual content[J]. Computer Vision and Image Understanding, 2004, 93(3): 328-346.

第二部分

基于机器学习的智能空战深层态势感知

第 7 章

绪论

空战是指敌我双方利用飞行武器，以击落敌方空中目标、摧毁敌方战略要地为主要目的进行的基本作战形式[1]。近年来的多场局部战争中，空战都是夺取制空权和决定战争胜负最直接的方式。例如，在海湾战争、科索沃战争和伊拉克战争中，美军首先利用先进的战斗机有效打击了敌方的重要战略目标，在发动地面军事行动前，就已经取得了战争的主动权。事实已多次证明，谁的战斗机更先进，谁将更能把握决定现代战争的走势。

空战态势感知是指在一定空战环境中的要素感知和评估，并在要素理解的基础上预测态势在未来一段时间内的发展趋势[2]。《孙子兵法》有云："知己知彼，百战不殆。"态势感知作为空战的首要环节，是进行战术机动决策、执行作战行动的前提条件，是决定胜负的关键因素。随着战斗机性能的不断提升和机载武器、作战样式的不断发展更新，现代空战场的信息量与日俱增，空战态势感知变得越发复杂且对实时性要求更高，用传统的数学模型进行描述和求解已经难以满足作战需求。而且在日益复杂的空战环境中，飞行员在操纵战斗机的同时还要判断当前态势和推断敌方意图并做出正确的战术机动决策，具有很大的身心负担，容易出现顾此失彼的情况，进而导致判断失误和作战效能降低。因此，态势感知的智能化、自主化是减轻飞行员负担、提高作战效能的必要途径，是急须解决的重要问题。

21 世纪以来，随着计算机技术的飞速发展，以机器学习为代表的人工智能和数据挖掘技术在诸多领域成功应用，并取得了长足发展[3]。2012 年，Hinton 教授团队凭借 Alexnet 网络模型夺得 ImageNet 大规模视觉识别挑战赛的冠军[4]。2016 年，Google 旗下 DeepMind 公司研发的 AlphaGo 智能围棋程序，以 4∶1 的比分战胜世界围棋冠军、韩国职业棋手李世石[5]。2019 年，OpenAI 公司研发的《DOTA2》游戏人工智能 Open Five 战胜了世界冠军 OG 战队，并在与全世界玩家的开放对战中，取得 434 场连胜纪录。人工智能取得了很多举世瞩目的成绩，为其在军事领域的应用提供了可行性。俄罗斯发布的《2025 年前发展军事科学综合体构想》指出，人工智能将成为决定未来战争胜负的关键因素；美国发布的《国家人工智能研究和发展战略规划》构建了国家人工智能的发展框架。各世界强国都在将人工智能的军事应用上升至国家战略高度，试图推动新一轮的技术变革，率先抢占军事制高点。

在军事航空领域，空战智能化已经成为重要的研究课题。2016 年，美国辛辛那提大学研发的空战机器人 ALPHA，在模拟空战对抗中击败了美国前空军飞行员上校、资深空战战术教官 Gene Lee[6]。这一实践成果为智能空战的研究指明了方向，证明了在大数据基础上，基于机器学习的空战智能化方法是可行的。目前，各国空军也在不断开展空战对抗演练，具有代表性的有美国空军的“红旗”军演[7]和土耳其空军的“安纳托利亚之鹰”军演[8]；我国空军有“红蓝对抗”军演[9]和“金头盔”飞行技能竞赛[10]。这些对抗演练是为了提升空军部队的战斗力，更重要的是积累大量空战训练数据。通过研究发现，这些数据是空战过程的量化体现，隐藏着很多有价值的信息，可以为智能空战的研究提供数据基础。

空战智能化已经成为各国空军发展的必然需求，未来空战必将是无人机代替有人机的智能自主空战，而智能态势感知作为首要环节，也必将成为未来空战的核心技术。

7.1 空战态势感知概述

7.1.1 空战 OODA 过程描述

空战过程可以用 OODA（Observe, Orient, Decide, Act）作战环来描述[11]。OODA 作战环理论由美国空军上校 John R. Boyd 提出[12]，他将

每次空战行动都抽象为“观测（Observe）—判断（Orient）—决策（Decide）—行动（Act）”的循环闭合回路，其模型如图 7.1 所示。

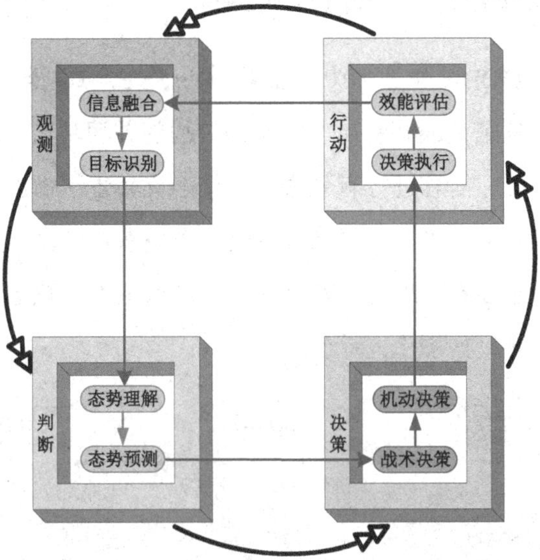

图 7.1　OODA 作战环模型

（1）观测（Observe）。观测是指将地面指挥控制系统、侦察机和机载多传感器获取的战场、目标信息进行融合，识别目标类型，对空战态势进行初步观察。

（2）判断（Orient）。判断是指对当前态势进行综合评估，判断敌我态势优劣和目标威胁程度等信息，并在此基础上对未来态势进行预测，推断目标战术意图。

（3）决策（Decide）。决策是指根据态势优劣、目标威胁程度和战术意图等信息，结合我方作战任务制定合理的战术机动决策，并进行目标分配和火力分配。

（4）行动（Act）。行动是指执行作战策略，完成任务目标，并对作战效能进行评估，根据评估结果，调整优化观测、判断方法和战术机动决策，以便在下一轮 OODA 作战环中取得更好的行动效果。

7.1.2 空战态势感知的层次结构

在以上的 OODA 作战环中，观测（Observe）和判断（Orient）阶段完成的主要任务是空战态势感知。作为空战的首要环节，态势感知要对获取的战场、目标信息进行有效融合，全面立体地了解空战态势，为决策和行动提供有力支撑。根据感知深度，空战态势感知可以划分为 3 个层次[2]，具体包括态势评估、威胁评估、机动识别、轨迹预测和意图识别 5 个关键问题，如图 7.2 所示。

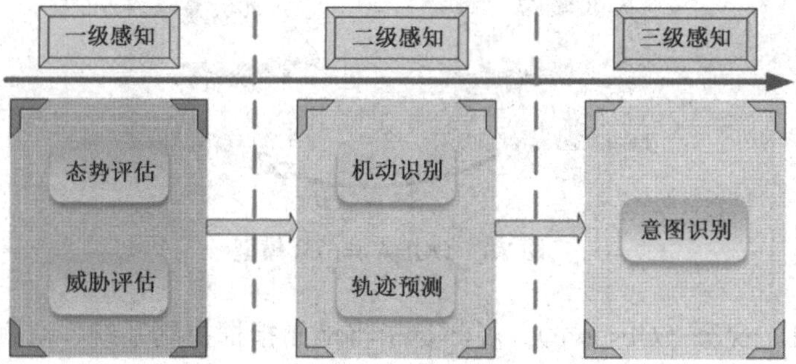

图 7.2 空战态势感知层次结构

一级感知包括态势评估和威胁评估。态势评估是指根据敌我双方的空间方位、运动状态和攻击能力等参数对当前的敌我态势优劣进行描述和判断，主要目的是判断敌我双方的相对关系，为威胁评估提供依据[13]。威胁评估是指根据当前的敌我态势和战场要素推断敌方目标对我方威胁程度的大小[14]，主要目的是将目标对我方的威胁程度量化，在态势评估的基础上进行信息再融合和具体化。一级感知是空战态势感知的初级阶段，是对当前态势的综合评估和掌握。

二级感知包括机动识别和轨迹预测。机动识别是指根据目标的飞行参数对其当前的机动动作进行识别[15]，主要目的是掌握目标的运动状态。

轨迹预测是指根据目标的历史轨迹预测其未来轨迹的变化[16]，主要目的是推断目标的运动规律和未来时刻的位置。二级感知是空战态势感知的第二阶段，是在对当前态势理解的基础上，预测态势在未来一段时间内的发展趋势。

三级感知包括意图识别。意图识别是指根据当前态势信息对目标的作战设想、作战打算或作战计划进行分析和判断[17]。三级感知是空战态势感知的深层阶段，它在态势理解和预测的基础上，推断目标的作战意图，是态势感知的核心内容和最终目标，在很大程度上能直接影响指挥员的作战指挥决策。

以上 3 个感知层次和 5 个关键问题是空战态势感知由浅入深的层次结构。在空战开始后，如果可以快速、准确地完成各层态势感知任务，就可以高效、全面地掌握空战态势，在决策和行动执行前做到知己知彼，优先占据一定的空战优势。

7.2 国内外研究现状

7.2.1 轨迹预测研究

1. 模型化方法

目前，模型化方法依然是轨迹预测研究的主流。文献[51]基于一种改进的自适应粒子滤波算法进行了民航飞机的轨迹预测。文献[52]针对运输机起飞和降落过程的轨迹预测问题，提出了一种基于遗传算法的预测模型。文献[53]通过设计自适应交互多模型跟踪算法，实现了高超声速飞行器的轨迹预测。这类方法的优点是对运动规律相对简单的目标具有较高的轨迹预测精度；缺点是需要对目标建立精确的运动模型，预测所需时间较长，不容易满足实时预测的作战需求，而且对于战斗机等运动规律不固定的目标，机动方式和敌我态势的复杂多变及重量、推力、阻力和升力等多种时变参数的不确定性，使得建立运动模型的过程中势必要进行较大程度的简化，因此会造成轨迹预测精度偏低的问题。

2. 数据化方法

文献[54]利用寻优的BP神经网络实现了飞机飞行轨迹的实时跟踪。文献[55]提出了一种基于融合进食粒子群算法和梯度算法的改进 Elman 网络，并利用该网络对无人机的轨迹进行了预测。

3. 其他方法

除了以上方法，轨迹预测方法还包括基于混沌时间序列预测方法[56]和灰色预测方法[57]等。这类方法不需要对目标建立运动模型，而是利用机器学习算法对历史飞行数据进行学习，挖掘出目标的运动规律，从而对未来轨迹进行预测。这类方法的优点是预测所需时间很短，具有较高的实时性；缺点是可用的轨迹数据较少、质量不够高，导致模型训练不够充分、预测精度偏低。

7.2.2 机动识别研究

目前国外军用飞机的机动识别方法尚未公开，国内应用比较广泛的机动识别方法有专家系统和机器学习。文献[44]利用专家系统从历史飞行数据中提取不同机动动作的飞行参数变化特征构建动作识别库，采用推理机正向推理完成识别。专家系统法存在的缺陷是对某些战术机动动作的知识表达表现出多层嵌套关系，导致飞行参数变化特征难以提取；而且系统的建立需要大量依靠领域专家的先验知识，较多地体现了主观人为因素。机器学习方法中使用比较广泛的是贝叶斯网络，文献[45]和文献[46]中的贝叶斯网络通过多种描述特征对机动动作的知识进行表达，进而推理实现机动识别。贝叶斯网络法的缺陷是模型比较复杂，网络结构和参数的确定同样要依靠领域专家的先验知识，主观性较强；而且模型复杂度高，识别计算量大，所需时间较长，不容易满足实时识别的作战需求。空战环境中战斗机的机动受飞机性能、飞行员操作习惯和空战态势等多种因素的影响，会体现出复杂多变、随机性强的特点，在识别模型中较多地融入研究者的主观判断不足以表达战斗机机动的客观真实性，因此会影响机动识别的准确性。

针对这些问题，部分学者又提出了基于神经网络和支持向量机等机器学习算法的机动识别方法。文献[47-49]提出利用历史飞行数据训练模糊支持向量机，从数据分类的角度实现机动识别。文献[50]提出运用模糊神经网络进行机动识别，并考虑了机动动作的随机性和模糊性。这类方法不需要对识别过程进行建模，而是利用机器学习算法从飞行数据中挖掘飞行参数和机动动作的映射关系，避免了主观因素的影响；而且模型经过训练后，通过对飞行参数的分类实现机动识别，所需时间很短，可以满足实时识别的需求。这类方法弥补了传统方法存在的主观性强、模型复杂和识别效率低等缺陷，已经成功应用于飞行员训练的操纵品质评估[47-50]，但研究尚处于起步阶段，还没有应用于空战对抗中的目标机动识别。

7.2.3 意图识别研究

目前，意图识别方法主要有模板匹配、专家系统和贝叶斯网络。文献[58]根据领域专家的先验知识建立模板库，从空中目标的一系列行动中提取特征信息，通过 D-S 证据理论等方法推理特征信息与模板的匹配度。文献[59]根据领域专家知识构建意图识别知识库，基于一系列规则表示空战态势和作战意图的对应关系，并利用推理机推理得到目标作战意图。文献[60]将基于专家系统的直觉模糊推理方法与多属性决策法相结合，提高了意图识别的效率。文献[61]根据战场态势构建贝叶斯网络，节点表示态势特征，网络参数由领域专家给出，可以较好地表示特征参数和作战意图的对应关系。文献[62]提出了改进的贝叶斯网络方法，使其通过网络参数的持续更新，动态地适应战场态势变化，实现了作战意图的不确定性推理。这些方法在一定程度上解决了不同作战背景的意图识别问题，但缺陷是都需要大量的领域专家先验知识，而且需要对这些知识进行组织和描述，知识表示和工程实现难度很大。另外，这些方法通常只根据单一时刻的目标信息对意图进行分析和识别，不具备对时序特征的建模和学习能力，忽略了目标作战意图的时序性、动态性和欺骗性，容易造成意图识别的片面性。

针对这些问题，部分学者又提出了基于神经网络的意图识别方法。文献[63]将 RBF 网络应用于空中目标的意图识别。文献[64]采用自适应神经网络模糊推理方法进行了空袭目标的意图识别。这类方法的优点是具有自学习能力，不需要大量的领域专家知识和产生式规则，解决了传统方法知识获取困难和主观性较强的问题。但这类方法的缺陷是传统的前馈神经网络存在网络训练难度大、特征提取能力弱和容易陷入局部最优等问题，而且可用的意图识别数据较少、来源不可靠，导致模型泛化能力较差，识别精度偏低。

7.3 研究意义

通过对空战态势感知关键问题的研究现状进行分析可知，当前的研究取得了很多有价值的成果，但也存在一些普遍性的问题，具体如下：

（1）对空战环境和目标运动的建模有较大简化，使模型偏于简单、固定，不足以全面描述空战态势的复杂多变，导致态势感知比较片面且准确性不高。

（2）过度依赖领域专家的先验知识，在态势感知中融入了较多的人为因素，不能完全体现空战态势的客观真实性，导致态势感知的主观性较强，而且知识表示难度很大，需要耗费较多的人力物力。

（3）方法步骤复杂烦琐，计算量大，导致态势感知时间较长，不容易满足现代空战实时感知的作战需求。

（4）可用空战训练数据数量不足，样本种类不够全面，来源不可靠，导致现有数据化态势感知算法模型训练不充分，泛化能力较差，感知结果说服力不强。

针对上述问题，本部分开展了基于机器学习的智能空战态势感知研究，旨在利用机器学习算法强大的特征提取能力，从大量空战训练数据中挖掘空战态势与空战诸多要素间的逻辑关系，总结变化规律，从数据化、智能化的角度解决空战态势感知问题。为了解决现有方法的数据局限性问题，本部分选用 DCS 仿真数据，保证了样本数据的丰富性和可靠性。本部分提出利用机器学习算法解决空战态势感知问题，具有以下优势：

（1）不需要对空战环境和目标运动进行建模，而是以数据为驱动完成对态势特征的提取和学习，可以避免模型简化带来的不利因素，提高态势感知的准确性。

（2）机器学习算法的实现不需要领域专家的先验知识，可以避免人为主观因素的影响，增强态势感知的客观真实性，也节约了人力物力成本。

（3）机器学习算法具有高效的特征学习能力和知识表达能力，可以显著提高态势感知的效率，满足实时感知的作战需求。

这部分基于机器学习的方法对智能空战态势感知的关键问题进行研究验证，算法模型具有一定的创新性，既是在机器学习领域的应用拓展，也是在智能空战领域的探索创新，研究内容可为我国空军战斗机智能辅助决策系统的研发提供一些借鉴，具有一定的理论和实践意义。

第8章

相关理论和数据来源

本章简要介绍数据挖掘理论、相关机器学习算法的基础理论，为后续章节的研究内容奠定理论基础。

8.1　数据挖掘理论

基于机器学习的智能空战态势感知本质上属于数据挖掘的范畴，它利用机器学习算法从大量空战训练数据中挖掘出有价值的信息，帮助指挥人员更全面地掌握空战对抗态势。数据挖掘是指数据中的知识发现，是从大量数据中挖掘有用模式和有用知识的过程[65]。

当今社会，数据的爆发式增长和广泛使用使我们的时代成为真正的大数据时代。对大量数据进行有效分析是必要的，如 Google 的 Flu Trends 使用特殊的搜索项作为流感活动的指示器，发现了搜索流感相关信息的人数与实际患有流感人数之间的紧密联系[66]；浏览器的搜索引擎可以根据使用者搜索的信息更好地进行广告投放和内容推送[67]；还有计算机安全和网络入侵检测[68]、生物信息学和药物数据的模式分析等[69]。可以说各领域和学科都在试图以最有效的方式利用他们所掌握的大量数据，期望从中发现有价值的信息，把无序的数据转化为有组织的知识。从信息处理的角度来看，人工处理大量数据是不现实的，我们更希望依靠计算机自动地处理数据、分析数据、发现和描述数据中的知识[70]。基于这种需求，数据挖掘技术应运而生。

数据挖掘的一般过程如图 8.1 所示，具体包括以下步骤[71]：

步骤 1：数据准备。收集与研究对象相关的多源数据，构建数据库。

步骤 2：数据处理。清除数据中的噪声和错误数据，将数据统一为算法模型可以理解的格式。

步骤 3：数据选择。从数据中选择与研究对象分析相关的数据。

步骤 4：数据理解。利用智能算法提取数据中的隐藏模式，根据某种有用度量，识别代表知识的有用模式。

步骤 5：知识表示。利用可视化技术，将挖掘到的有用模式表示为使用者可以理解的知识。

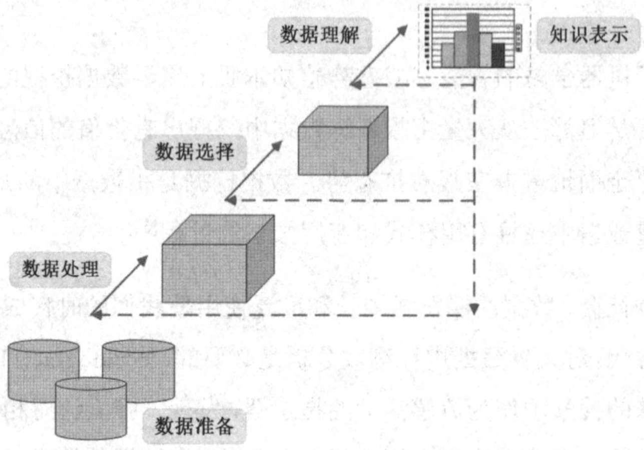

图 8.1 数据挖掘的一般过程

数据挖掘的核心任务是从大量数据中发现知识，为了实现这一点，数据挖掘需要利用统计学、机器学习、模式识别、知识库系统、高性能计算和可视化等学科领域的相关方法[72]。其中，机器学习是目前进行数据挖掘的主要方法，如贝叶斯分类器、数据聚类、神经网络、支持向量机和深度学习等智能算法都是基于数据自动学习复杂模式的典型方法，它们在很多领域都取得了成功应用。

8.2 机器学习相关理论

8.2.1 神经网络

人工神经网络是由具有适应性的简单单元组成的广泛并行互连的

网络，它的结构能够模拟生物神经系统对真实世界物体做出的交互反应[87]。生物神经网络是由多个神经元相互连接组成的，当神经元兴奋时，就会向相连的神经元发送化学物质，改变这些神经元内的电位；如果神经元的电位超过阈值，它就会兴奋，从而向其他神经元发送化学物质[88]。

基于这一生物现象，McCulloch 和 Pitts 于 1943 年提出了 M-P 神经元模型[89]，开启了人工神经网络研究的大门，该模型的结构如图 8.2 所示。

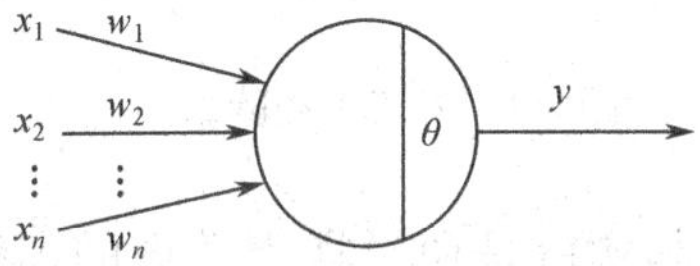

图 8.2　M-P 神经元模型的结构

模型中的神经元接收来自其他 n 个神经元的输入信号 $(x_1, x_2, \cdots, x_n)$，这些信号具有各自的连接权值 $(w_1, w_2, \cdots, w_n)$，神经元接收的总输入 $\sum_{i=1}^{n} w_i x_i$ 与神经元阈值 θ 进行比较后，通过激活函数 $f(\cdot)$ 处理生成神经元的输出 $y = f\left(\sum_{i=1}^{n} w_i x_i - \theta\right)$。将若干个神经元按照一定层次结构组合连接，就构成了人工神经网络。

目前，常见的神经网络由输入层、隐藏层和输出层组成，输入层与隐藏层、隐藏层与输出层的神经元之间全连接，神经元之间不存在同层连接和跨层连接，这种结构的神经网络称为前馈神经网络[90]，其结构如图 8.3 所示。

网络中的输入层神经元负责接收输入信号，隐藏层和输出层神经元负责对输入信号进行加工和处理，最终由输出层神经元输出结果。如果隐藏层只有一层神经元，则网络称为单隐藏层网络；如果隐藏层有两层以上的神经元，则网络称为多隐藏层网络。

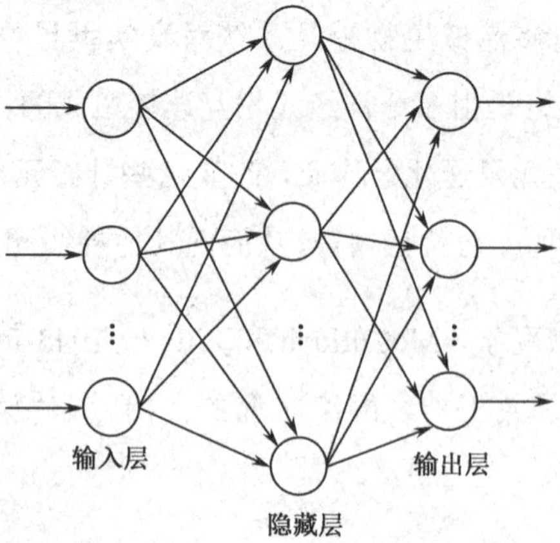

图 8.3 前馈神经网络结构

神经网络的学习其实就是通过样本数据的训练调整各层神经元之间的连接权值和神经元阈值的过程[91]。目前，最成功的神经网络学习算法是误差逆传播（Back Propagation，BP）算法[92]，通常所说的 BP 网络，大多是指用 BP 算法训练的前馈神经网络。其他常用的神经网络还有极限学习机（Extreme Learning Machine，ELM）[93]、径向基函数（Radial Basis Function，RBF）网络[94]和 Elman 网络[95]等。

8.2.2 支持向量机

支持向量机（Support Vector Machine，SVM）是一种二分类模型，它的基本模型是定义在特征空间上的间隔最大化线性分类器[96]。SVM 的学习方式是间隔最大化，可以形式化为求解凸二次规划的问题。

给定训练样本集 $\boldsymbol{T}=\{(\boldsymbol{x}_1,y_1),(\boldsymbol{x}_2,y_2),\cdots,(\boldsymbol{x}_n,y_n)\}$，其中，$\boldsymbol{x}_i\in\mathbf{R}^n$，$y_i\in\{+1,-1\}$, $i=1,\cdots,n$。分类学习的基本思想就是基于训练集 $\boldsymbol{T}$ 在样本空间找到一个划分超平面，将不同类别的样本分开。划分超平面可通过如下线性方程描述[97]：

$$\boldsymbol{w}^{\mathrm{T}}\boldsymbol{x}+b=0 \tag{8.1}$$

式中，$\boldsymbol{w}=(w_1,w_2,\cdots,w_d)$ 为法向量，决定超平面的方向；b 为位移，决定超平面与原点的距离。划分超平面可由法向量 $\boldsymbol{w}$ 和位移 b 确定，记为 $(\boldsymbol{w},b)$。样本空间中任意一点 $\boldsymbol{x}_i$ 到 $(\boldsymbol{w},b)$ 的距离可以表示为

$$r=\frac{\left|\boldsymbol{w}^{\mathrm{T}}\boldsymbol{x}_i+b\right|}{\|\boldsymbol{w}\|} \tag{8.2}$$

假设超平面 $(\boldsymbol{w},b)$ 能将训练样本正确分类，即训练集 $\boldsymbol{T}$ 是线性可分的，令

$$\begin{cases}\boldsymbol{w}^{\mathrm{T}}\boldsymbol{x}_i+b\geqslant+1, & y_i=+1\\ \boldsymbol{w}^{\mathrm{T}}\boldsymbol{x}_i+b\geqslant+1, & y_i=-1\end{cases} \tag{8.3}$$

则在图 8.4 中，距离超平面最近的这几个训练样本可以使式（8.3）的等号成立，这几个训练样本称为支持向量，两个异类支持向量到超平面的距离和 $r=\dfrac{2}{\|\boldsymbol{w}\|}$ 称为间隔。

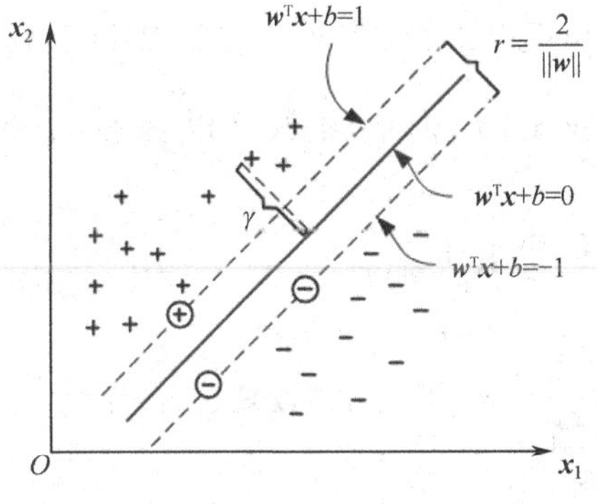

图 8.4　支持向量与间隔示意图

为了实现间隔最大化，需要最大化 $\|\boldsymbol{w}\|^{-1}$（最大化 $\|\boldsymbol{w}\|^{2}$），由此可构造求解最优化问题的函数 $\min\limits_{\boldsymbol{w},b}\dfrac{1}{2}\|\boldsymbol{w}\|^{2}$，约束条件为

$$y_i(\boldsymbol{w}^{\mathrm{T}}\boldsymbol{x}_i+b)\geqslant1,\ i=1,2,\cdots,n \tag{8.4}$$

求得最优解 $\boldsymbol{w}^*$、b^*，得到分离超平面 $(\boldsymbol{w}^*,b^*)$，构造分类决策函数，即

$$f(\boldsymbol{x})=\operatorname{sgn}(\boldsymbol{w}^*\boldsymbol{x}+b^*) \tag{8.5}$$

这就是 SVM 的基本模型。

上述基本模型的使用条件是训练样本集线性可分，但在实际情况中，样本数据大多是线性不可分的[98]。针对这个问题，可以为每个样本 $\boldsymbol{x}_i$ 引入松弛变量 $\xi_i \geqslant 0$ 使函数间隔加松弛变量大于等于 1；同时为每个松弛变量 ξ_i 引入惩罚参数 C，用于调和学习算法在特征空间中的置信范围与经验风险的百分比。这样，对于线性不可分 SVM 的最优化问题可构造为[99] $\min\limits_{w,b,\xi}\frac{1}{2}\|\boldsymbol{w}\|^2+C\sum\limits_{i=1}^{n}\xi_i$，约束条件为

$$\begin{cases} y_i(\boldsymbol{w}^{\mathrm{T}}\boldsymbol{x}_i+b)\geqslant 1-\xi,\ i=1,2,\cdots,n \\ \xi_i\geqslant 0,\ i=1,2,\cdots,n \end{cases} \tag{8.6}$$

进一步引入拉格朗日乘子 $\alpha_i \geqslant 0$，将式（8.6）转化为求其对偶问题，并引入核函数 $K(\boldsymbol{x},\boldsymbol{x}_i)$，则该问题可以构造为 $\min\limits_{\alpha}\frac{1}{2}\sum\limits_{i=1}^{n}\sum\limits_{j=1}^{n}y_iy_j\alpha_i\alpha_j\cdot K(\boldsymbol{x}_i,\boldsymbol{x}_j)-\sum\limits_{i=1}^{n}\alpha_i$，约束条件为

$$\sum_{i=1}^{n}y_i\alpha_i=0,\quad 0\leqslant\alpha_i\leqslant C,\ i=1,2,\cdots,n \tag{8.7}$$

得到最优解 $\boldsymbol{\alpha}^*=\left(\alpha_1^*,\cdots,\alpha_n^*\right)^{\mathrm{T}}$。选择 $\boldsymbol{\alpha}^*$ 的一个正分量 $0<\boldsymbol{\alpha}_j^*<C$ 计算 $b^*=y_i-\sum\limits_{i=1}^{n}\boldsymbol{\alpha}_i^*y_iK(\boldsymbol{x}_i,\boldsymbol{x}_j)$，构造分类决策函数，即

$$f(\boldsymbol{x})=\operatorname{sgn}\left[\sum_{i=1}^{n}\boldsymbol{\alpha}_i^*y_iK(\boldsymbol{x},\boldsymbol{x}_i)+b^*\right] \tag{8.8}$$

这就是目前广泛使用的 C-SVM 模型，其中核函数 $K(\boldsymbol{x},\boldsymbol{x}_i)$ 的常用

类型有多项式核函数、线性核函数和高斯核函数等[100]。

8.2.3　深度学习

深度学习是机器学习领域的重要分支，它通常是指具有多隐藏层的神经网络，其主要作用是模拟人脑学习分析的方式来解释数据，通过组合低级特征，形成更加抽象的高级特征或属性[101]。深度学习已成功应用于图像识别[102]、语音识别[103]和行为识别[104]等领域。

对于神经网络而言，提高模型复杂度的最有效办法就是增加隐藏层的数量，这样既增加了拥有激活函数的神经元数量，也增加了激活函数的嵌套层数，使网络通过多隐藏层的堆叠，将初始的低级特征表示转化为高级特征表示，进而增强特征学习和特征表示能力，并能够挖掘隐藏在数据中的本质特征，用相对简单的模型即可完成复杂的分类学习任务，较好地弥补了传统神经网络特征提取能力不强、易陷入局部最优和多层网络训练困难等缺陷[105]。

目前，常用的深度学习模型有循环神经网络[106]（Recurrent Neural Network，RNN）、深度信念网络[107]（Deep Belief Network，DBN）、卷积神经网络[108]（Convolutional Neural Network，CNN）和长短期记忆网络[109]（Long Short Term Memory，LSTM）等。

第9章

基于粒子群优化 LSTM 的空战轨迹预测研究

轨迹预测是空战态势感知、智能空战中的关键问题。传统轨迹预测模型存在模型简化较大、考虑因素较少等问题，本章结合飞行轨迹连续性、时序性、交互性的特点，提出基于粒子群优化 LSTM 的轨迹预测模型。我们将目标机的位置、姿态等信息同时作为轨迹预测模型的输入，更加符合真实轨迹变化规律；对建立的粒子群优化 LSTM 的轨迹预测模型采用综合考虑动量和速度的自适应调整学习步长的学习算法进行训练；并与基于 BP、RNN、LSTM 神经网络的轨迹预测模型进行仿真对比分析。结果表明：与基于 BP、RNN、LSTM 神经网络的轨迹预测模型相比，本章所提模型预测误差更小、预测效果更好，可以更加准确地进行目标空战轨迹的预测。

9.1 目标轨迹预测问题描述

在空战环境中，战斗机的飞行轨迹具有连续性和交互性的特点。轨迹的连续性是指战斗机的位置变化是连续的，在某一时刻的位置会与过去时刻的位置具有一定的相关性，而不是完全独立的；轨迹的交互性是指战斗机的位置变化与目标机的运动状态有关。在空战中，战斗机的机动是为了尽可能地获取优势条件和保证己方安全，因此，战斗机的位置变化不仅与自身和环境因素有关，更取决于敌我双方的空战态势，如相对距离、相对速度、目标机姿态和方位等因素。

在进行轨迹预测时，除考虑目标机的位置 (x,y,z) 、姿态（航向角 φ 、俯仰角 θ 、横滚角 γ ）、速度 v 外，由于轨迹的交互性，因此，还要考虑两机相对距离 d 、两机相对高度 Δh 、两机速度矢量夹角 α 。

如图 9.1 所示，在惯性坐标系 $Oxyz$ 中，假设 F 代表我机，T 代表目标机，实线和虚线分别代表我机和目标机在时间区间 $[t_1,t_n]$ 内的飞行轨迹。在目标机轨迹上，按照一定的时间间隔选取 n 个时刻的位置点，此时，目标机在下一时刻 t_{n+1} 的位置是未知的。由轨迹的连续性和交互性可知，目标机在 t_{n+1} 时刻的位置和前 t_n 个时刻的位置具有相关性；而且这一时间段内目标机的位置变化在很大程度上也受我机运动状态的影响，因此，目标机此时的位置可以看作是自身因素、环境因素和态势因素共同作用的结果。由此可以得出结论，战斗机在空战中的飞行轨迹包含飞行员根据当前态势进行机动决策的主观因素及所有影响飞机运动状态的客观环境因素，这种对空战过程描述的真实性和全面性是目前任何空战模型无法达到的。因此，战斗机的实际飞行轨迹才是研究空战轨迹预测问题最值得信赖和依靠的模型。

轨迹预测问题可以描述为

$$x_{t_{n+1}} = f(x_{t_1}, x_{t_2}, \cdots, x_{t_n}) \tag{9.1}$$

式中，x_{t_i} 为 $\left(x_{t_i}, y_{t_i}, z_{t_i}, \varphi, \theta, \gamma, v, d, \Delta h, \alpha\right)$，$i \in [1, n]$，即目标机 t_i 时刻在 x, y, z 方向上的坐标值、航向角、俯仰角、横滚角、速度、两机相对距离、两机相对高度和两机速度矢量夹角；$x_{t_{n+1}}$ 为 t_{n+1} 时刻目标机的位置；f 为映射关系。

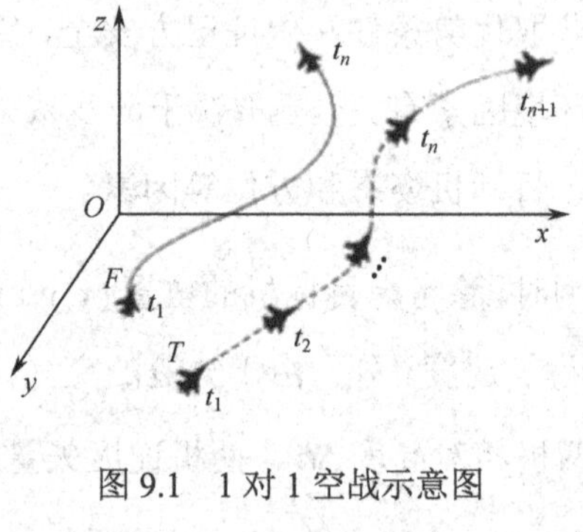

图 9.1　1 对 1 空战示意图

基于以上分析，本章以 1 对 1 空战为例，采用采集的飞行数据进行仿真实验，试图利用神经网络从大量实测空战轨迹数据中挖掘出目标机在一定空战态势下位置变化的内在相关性，并将轨迹预测问题等效为一个时间序列的预测问题，即利用当前和过去时刻的位置预测下一时刻的位置，进而实现对目标机空战轨迹的预测。

9.2　基于 PSO-LSTM 神经网络的飞行轨迹预测

9.2.1　LSTM 神经网络模型

LSTM 是循环神经网络（Recurrent Neural Network，RNN）的一种变体。神经网络本质上是一种非线性函数逼近器，RNN 是一种带反馈连接的神经网络，其隐藏层加入了反馈结构，即本时刻的输出不仅与本时刻的输入有关，还与上一时刻的输出有关，相当于在时间序列上展开的深度神经网络，使其比较适合处理时间序列数据。因此，RNN 常被用于处理上下文包含时序信息的自然语言处理问题，RNN 结构示意如图 9.2 所示。

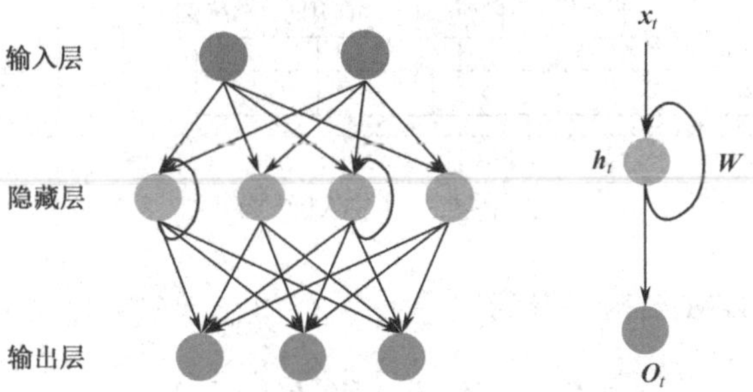

图 9.2　RNN 结构示意图

假设输入为 $\boldsymbol{x}_t$，隐藏层状态为 $\boldsymbol{h}_t$，$\boldsymbol{W}_x$ 为输入层到隐藏层的权重，$\boldsymbol{W}_h$ 为隐藏层自递归权重，ϕ 为激活函数，则 t 时刻有：

$$\boldsymbol{h}_t = \phi(\boldsymbol{W}_h \boldsymbol{h}_{t-1} + \boldsymbol{W}_x \boldsymbol{x}_t) \tag{9.2}$$

$\boldsymbol{h}_t$包含时序变化的信息，即t时刻的输出由t时刻的输入和$t-1$时刻的输出共同决定。

但 RNN 存在梯度消失和梯度爆炸的缺点，不能学习长期依赖信息，于是 LSTM 应运而生。

LSTM 借鉴人类神经记忆的长短时和遗忘特性，在网络中加入 3 个控制器，即输入门、输出门、遗忘门，可以学习长期依赖信息，使 RNN 的性能大幅提升。LSTM 常被用于轨迹预测、动作分类和语义分类，其结构如图 9.3 所示，$\boldsymbol{x}_t$为输入序列；$\boldsymbol{i}_t$为输入门；$\boldsymbol{f}_t$为遗忘门；$\boldsymbol{O}_t$为输出门；$\boldsymbol{h}_t$为隐藏层输出；σ 为 sigmoid 激活函数；tanh 为 tanh 激活函数；$\boldsymbol{W}$ 为权重矩阵；●为点对乘积。

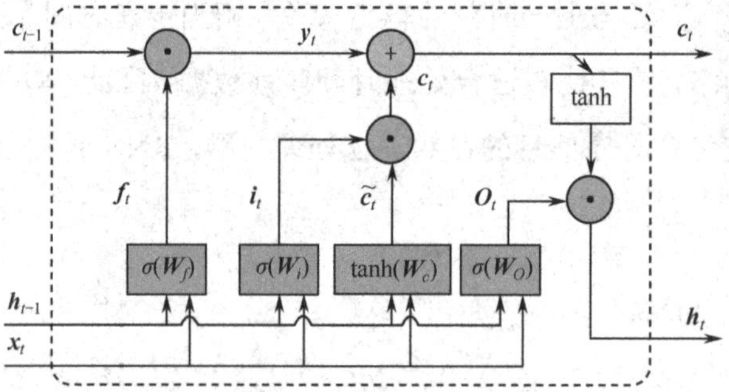

图 9.3 LSTM 结构

根据 LSTM 结构，得到

$$\boldsymbol{f}_t = \sigma(\boldsymbol{W}_{xf}\boldsymbol{x}_t + \boldsymbol{W}_{hf}\boldsymbol{h}_{t-1} + \boldsymbol{b}_f) \tag{9.3}$$

$$\boldsymbol{i}_t = \sigma(\boldsymbol{W}_{xi}\boldsymbol{x}_t + \boldsymbol{W}_{hi}\boldsymbol{h}_{t-1} + \boldsymbol{b}_i) \tag{9.4}$$

$$\boldsymbol{O}_t = \sigma(\boldsymbol{W}_{xo}\boldsymbol{x}_t + \boldsymbol{W}_{ho}\boldsymbol{h}_{t-1} + \boldsymbol{b}_o) \tag{9.5}$$

$$\boldsymbol{y}_t = \boldsymbol{f}_t \cdot \boldsymbol{c}_{t-1} \tag{9.6}$$

$$\boldsymbol{c}_t = \boldsymbol{f}_t \cdot \boldsymbol{c}_{t-1} + \boldsymbol{i}_t \cdot \tanh(\boldsymbol{W}_{xc}\boldsymbol{x}_t + \boldsymbol{W}_{hc}\boldsymbol{h}_{t-1} + \boldsymbol{b}_c) \tag{9.7}$$

$$\boldsymbol{h}_t = \boldsymbol{O}_t \cdot \tanh(\boldsymbol{c}_t) \tag{9.8}$$

从式（9.3）～式（9.8）可以看出，输入门控制何时让激活状态传入存入单元，即时序数据的写入；输出门控制何时让激活状态传出，即时序数据的输出；遗忘门控制全部或部分遗忘，3 个门共同完成对数据中规律的学习。

9.2.2 传统粒子群算法

粒子群算法的思想源于对鸟类社会行为的研究。鸟群捕食最简单有效的方法是搜索距离食物最近的鸟所在的区域，通过个体间的协助和信息共享实现群体进化。算法将群体中的个体看作多维搜索空间中的一个粒子，每个粒子代表问题的一个可能解，其特征信息用位置、速度和适应度值 3 种指标描述，适应度值由适应度函数计算得到，适应度值的大小代表粒子的优劣。粒子以一定的速度“飞行”，根据自身及其他粒子的移动经验，即自身和群体最优适应度值，改变移动的方向和距离。不断迭代寻找较优区域，从而完成在全局搜索空间中的寻优过程。

传统粒子群算法描述为：假设在 D 维搜索空间，m 个粒子构成一个种群 $\boldsymbol{X} = \{\boldsymbol{x}_1, \boldsymbol{x}_2, \cdots, \boldsymbol{x}_m\}$，其中 $\boldsymbol{x}_i = [x_{i1}, x_{i2}, \cdots, x_{iD}]$（$i = 1, 2, \cdots, m$）。设 t 时刻 $\boldsymbol{x}_i$ 的特征信息如下：

位置：$\boldsymbol{x}_i^t = [x_{i1}^t, x_{i2}^t, \cdots, x_{iD}^t]^{\mathrm{T}}$

速度：$\boldsymbol{V}_i^t = [v_{i1}^t, v_{i2}^t, \cdots, v_{iD}^t]^{\mathrm{T}}$

个体最优位置：$\boldsymbol{p}_i^t = [p_{i1}^t, p_{i2}^t, \cdots, p_{iD}^t]^{\mathrm{T}}$

全局最优位置：$\boldsymbol{p}_g^t = [p_{g1}^t, p_{g2}^t, \cdots, p_{gD}^t]^{\mathrm{T}}$

该粒子在 $t+1$ 时刻的速度和位置信息为

$$\begin{cases} v_{id}^{t+1} = wv_{id}^{t} + c_1 r_1^t (p_{id}^t - x_{id}^t) + c_2 r_2^t (p_{gd}^t - x_{id}^t) \\ x_{id}^{t+1} = x_{id}^t + v_{id}^{t+1} \end{cases} \tag{9.9}$$

式中，w为惯性权重，控制粒子在全局探测和局部开采间的有效平衡；c_1和c_2为学习因子，分别调整飞向自身和全局最好位置方向的步长；r_1和r_2为均匀分布在$[0,1]$之间的随机数。

9.2.3 自适应学习策略的 PSO 算法

本节借助聚类思想，根据粒子自身的分布情况，将整个种群自适应地划分成若干子群。对于每个子群，采用不同的学习策略分别对不同类型的粒子进行更新，提高种群多样性。

采用一种具有较高聚类性能的快速搜索聚类方法实现子群的划分。该方法能自动发现数据集样本的类簇中心，同时能够实现任意形状数据集样本的高效聚类。其基本原理是：类簇中心具备 2 个基本特征，被局部密度较低的点包围，且与局部密度较高的点距离较大。

在 D 维搜索空间中，由 h 个粒子构成的种群 $\boldsymbol{S}=\{\boldsymbol{x}_i\}_{i=1}^h$，其中 $\boldsymbol{x}_i=[x_{i1},x_{i2},\cdots,x_{iD}]$，对于第 i 个粒子的第 d 维给出 2 个变量，粒子的局部密度 ρ_{id} 与到更高局部密度粒子间距离 δ_{id}，其定义为

$$\rho_{id} = \sum_{j\neq i} \exp\left(-\frac{d_{ij}^2}{d_c}\right) \tag{9.10}$$

式中，d_{ij} 为 x_{id} 和 x_{jd} 之间的欧几里得距离；d_c 为截断距离。

$$\delta_{id} = \min_{j;\rho_{jd}>\rho_{id}} \left(d_{ij}\right) \tag{9.11}$$

对于局部密度 ρ_{id} 最大的样本，$\delta_{id} = \max_j \left(d_{ij}\right)$。

由式（9.11）可知，若 x_{id} 的密度是最大密度，则 δ_{id} 远大于其最邻

近粒子的δ距离。因此，子群的中心往往是δ异常大的粒子，这些粒子的密度ρ也相对较高，即选择ρ和δ都较大的粒子作为聚类中心。对于其他粒子的x_{jd}，将其归入密度比x_{jd}大，且距离x_{jd}最近的样本所在的子群。

基于子群划分的结果，将每个子群中的粒子分为普通粒子和局部最优粒子两类。普通粒子主要在子群中最优粒子的引导下拓展局部搜索能力，更新公式为

$$\begin{aligned} x_{id} = {} & wx_{id} + c_1 \mathrm{rand}_{1d}(p_{\mathrm{best}_{id}} - x_{id}) + \\ & c_2 \mathrm{rand}_{2d}(cg_{\mathrm{best}_{cd}} - x_{id}) \end{aligned} \tag{9.12}$$

式中，w为惯性权重；c_1和c_2为学习因子；rand_{1d}和rand_{2d}为区间[0,1]上的均匀分布随机数；$p_{\mathrm{best}_{id}}$为第i个粒子第d维的最优位置信息；$cg_{\mathrm{best}_{cd}}$为第c个子群中的最优位置信息。

局部最优粒子主要通过综合各子群的信息进行更新，以加强子群间的信息交互，更新公式为

$$\begin{aligned} x_{id} = {} & wx_{id} + c_1 \mathrm{rand}_{1d}(p_{\mathrm{best}_{id}} - x_{id}) + \\ & c_2 \mathrm{rand}_{2d}\left(\frac{1}{C}\sum_{c=1}^{C} cg_{\mathrm{best}_{cd}} - x_{id}\right) \end{aligned} \tag{9.13}$$

局部最优粒子一方面指导普通粒子的学习，另一方面作为子群间信息交互的媒介。在子群中，局部最优粒子引导着整个子群的搜索方向，若采用式（9.12）的学习策略，一旦局部最优粒子偏离最优解的搜索方向，会导致整个子群陷入局部最优。因此，局部最优粒子需要突破子群的控制，从其他子群中获得信息。考虑局部最优粒子是子群中最有可能找到最优解的粒子，式（9.13）利用各子群中局部最优粒子的平均信息来指导粒子的更新。通过这种子群间信息的共享，促进子群间寻优信息的传递，进一步提高种群的多样性，避免陷入局部最优。

9.2.4 PSO-LSTM 模型

飞行轨迹数据作为一种时间序列，受到多方面因素的影响，具有复杂的不稳定性、非线性与周期不确定性。为了准确地预测飞行轨迹，本节以在时间序列分析中表现优异的 LSTM 模型为基础，构建针对飞行轨迹数据的预测模型。LSTM 模型中某些超参数的取值控制着模型网络结构，为了使模型网络结构与飞行轨迹数据特征相匹配，本节将自适应 PSO 算法与 LSTM 模型相结合，构建了 PSO-LSTM 预测模型。

PSO 算法相较于其他生物智能演化算法的最大优势在于算法设计简单、收敛速度快，但易陷入局部最优。自适应 PSO 算法能够根据种群自身的分布，通过自适应的子群划分和粒子更新来避免局部最优，提高参数寻优的准确性。自适应 PSO 算法的自适应特性使得 LSTM 模型能够根据飞行轨迹数据的特征，快速、准确地确定最优超参数，实现 LSTM 模型网络结构与飞行轨迹数据特征的有效结合。

首先，模型将时间窗口大小、批处理大小、隐藏层单元数目作为自适应 PSO 算法的优化对象，根据超参数取值范围随机初始化各粒子位置信息。通过式（9.10）、式（9.11）可计算得到粒子的局部密度 ρ_{id} 及其到更高局部密度粒子 δ_{id} 的距离，并实现自适应种群划分。

其次，根据粒子位置对应的超参数取值建立 LSTM 模型，利用训练数据对模型进行训练。将验证数据代入训练好的模型进行预测，以模型在验证数据集上的平均绝对百分比误差作为粒子适应度值。

适应度函数 f 定义为

$$f = \frac{1}{K}\sum_{i=1}^{K}\frac{\left|\hat{y}_i - y_i\right|}{y_i} \tag{9.14}$$

式中，K 为验证数据集的数量；$\hat{y}_i$ 为第 i 个验证数据的预测值；y_i 为第

i 个验证数据的真实值。

根据各子群中粒子适应度值的取值情况，将粒子划分为普通粒子、子群局部最优粒子和全局最优粒子。通过式（9.12）、式（9.13）分别对不同类别粒子位置信息进行更新。判断是否达到终止条件，达到终止条件即可得到优化目标的最优值；否则，要重新根据粒子位置信息进行种群划分，计算各粒子适应度值，更新各粒子位置信息，直到满足终止条件时为止。

最后，以超参数最优值构建 LSTM 模型，通过股票数据进行训练和预测。PSO-LSTM 模型架构如图 9.4 所示。

9.2.5　算法流程

PSO-LSTM 模型算法流程如图 9.5 所示。

步骤 1：对飞行轨迹数据进行数据预处理，并分为训练数据、验证数据和测试数据。

步骤 2：将 LSTM 模型中时间窗口大小、批处理大小、神经网络隐藏层单元数目作为优化对象，初始化自适应 PSO 算法。

步骤 3：根据式（9.10）、式（9.11）划分子群。

步骤 4：根据式（9.14）计算每个粒子的适应度值。以各粒子对应参数构建 LSTM 模型，通过训练数据进行训练，通过验证数据进行预测，将预测结果的平均绝对百分比误差作为各粒子的适应度值。

步骤 5：根据粒子适应度值与种群划分结果，确定全局最优粒子位置 p_{best} 和局部最优粒子位置 g_{best}。

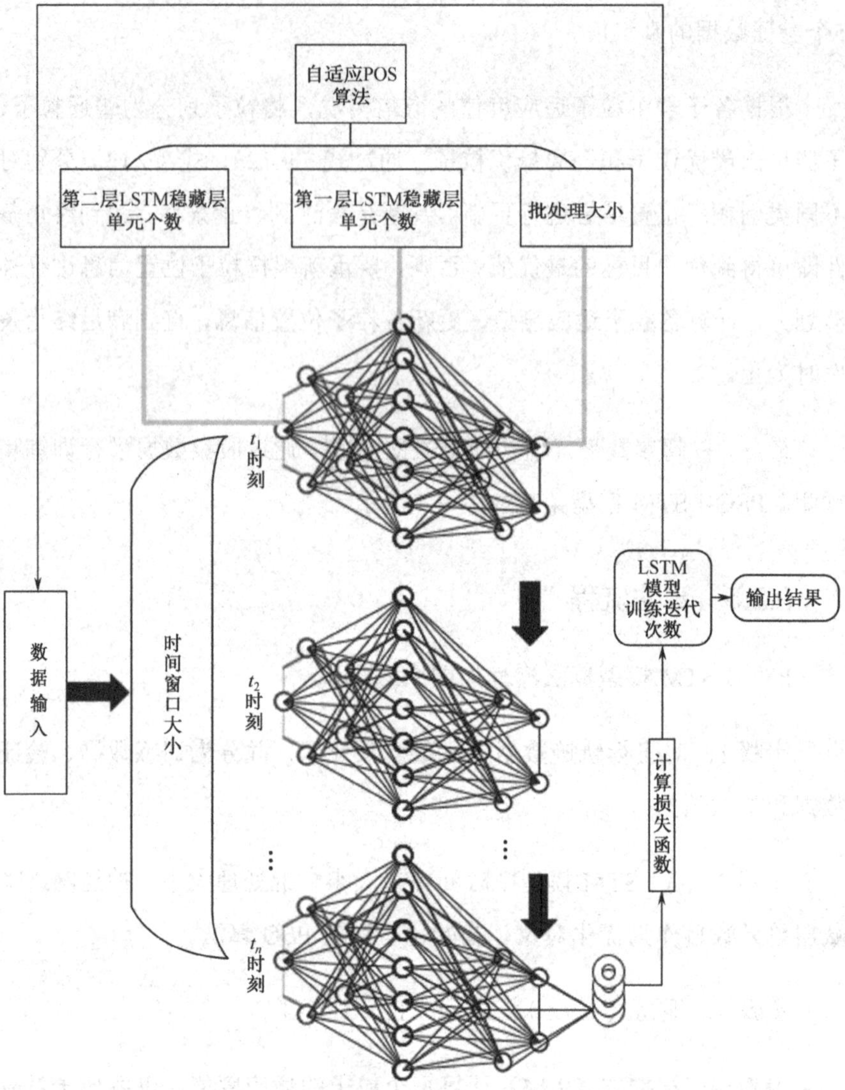

图 9.4　PSO-LSTM 模型架构

步骤 6：根据 PSO 算法的式（9.12）、式（9.13）分别对普通粒子和局部最优粒子位置进行更新。

步骤 7：判断终止条件。若满足终止条件，则返回最优超参数取值；否则，返回步骤 3。

步骤 8：利用最优超参数构建 LSTM 模型。

步骤 9：模型通过训练数据和验证数据进行训练，通过测试集进行预测，得到预测结果。

步骤 10：与其他算法进行对比，分析预测效果。

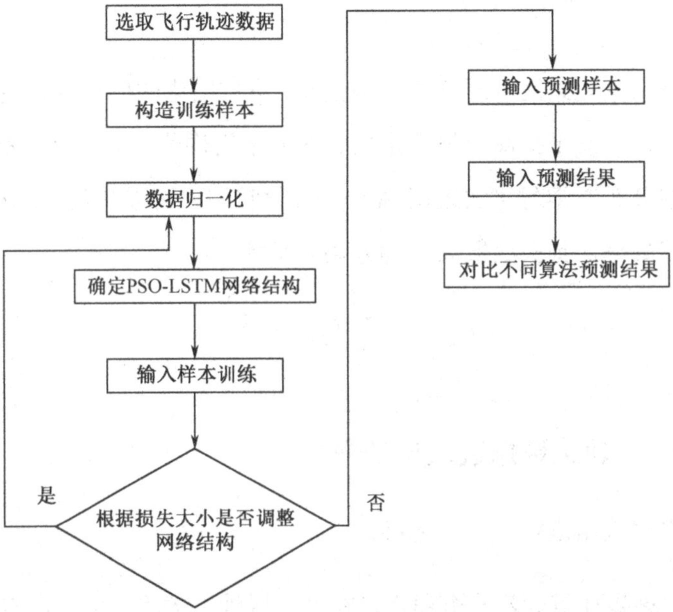

图 9.5　PSO-LSTM 模型算法流程

9.3　仿真实验与分析

本节同时使用 PSO-LSTM 神经网络、LSTM 神经网络、BP 神经网络进行仿真实验。

本节采用离线训练、在线预测的方式，先用大量轨迹数据训练 Bi-LSTM 神经网络，再用训练后的模型进行轨迹预测，这样输入一组数据的预测时间短，可一定在程度上保证模型的实时性。仿真环境为：(IntelR) Core(TM)i7-9750H CPU @ 2.60GHz 2.59 GHz 处理器，Nvidia GeForce RTX 2080 显卡，64GB 内存，Windows10 64 位操作系统，运行平台为 JetBrains Pycharm Community Edition 2017.3.3×64。其中，在 Pycharm 中搭建基于 TensorFlow（深度学习框架）的深度学习环境完成 PSO-LSTM 仿真。

权重初始化采用截断随机正态分布，将初始化的值控制在两倍的标准差之内，有助于提高计算稳定性。偏差采用均值为 0、标准差为 1 的随机正态分布。学习算法采用 Adam 优化算法，可以让收敛速度更快，并提高准确率，损失函数采用均方误差函数，即

$$E_{\mathrm{mse}}=\frac{1}{N}\sum_{i=1}^{N}\left(\hat{y}_i-y_i\right)^2 \tag{9.15}$$

9.3.1 轨迹数据选取与处理

首先对数据进行清洗，包括：

（1）剔除坏值。若一个样本点在某一属性上的值，位于所有样本点在这一属性上统计平均值的 3 倍标准差之外，就可以认为这个点是“坏点”，需要被剔除，并使用 EM 算法产生的合理值代替。

（2）坐标变换。从 GPS 获得 WGS-84 大地坐标系的坐标，如果直接进行高斯变换，会产生近 60m 的误差，为了减少误差，需要将其转化为惯性坐标系。

（3）数据归一化。为了保持数据范围的统一性，对数据进行归一化处理。

本节选取一段 500s 的无人机飞行轨迹数据，共 5800 个位置点，并

转换到惯性坐标系，如图 9.6 所示，前 5000 个点作为训练样本，用来训练模型，后 800 个点作为预测样本，用来进行轨迹预测。为了使实验结果更具说服力，各仿真结果均取 30 次运行结果的平均值。

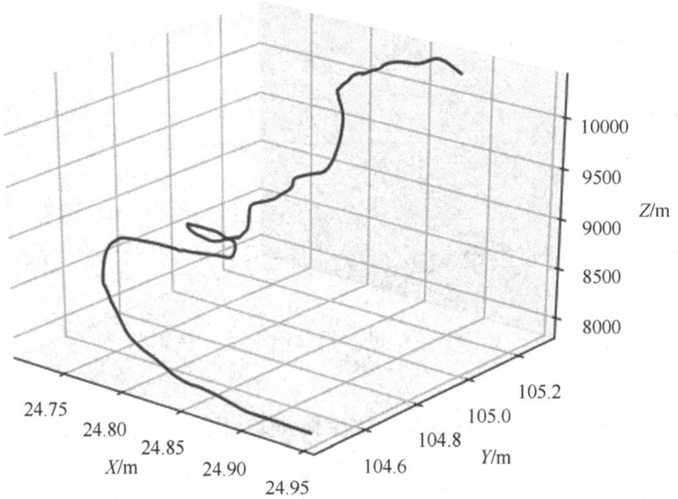

图 9.6　飞行轨迹数据图

根据 9.2.5 节的方法，本节用前 8 个点预测下 1 个点，即每次输入 1×80 的向量，输出 1×3 的值。这样形成了 5000×80 的输入训练样本、5000×3 的输出训练样本、800×80 的输入预测样本和 800×3 的输出训练样本。

9.3.2　轨迹预测性能对比分析

训练过程中各坐标轴的损失变化如图 9.7～图 9.9 所示。

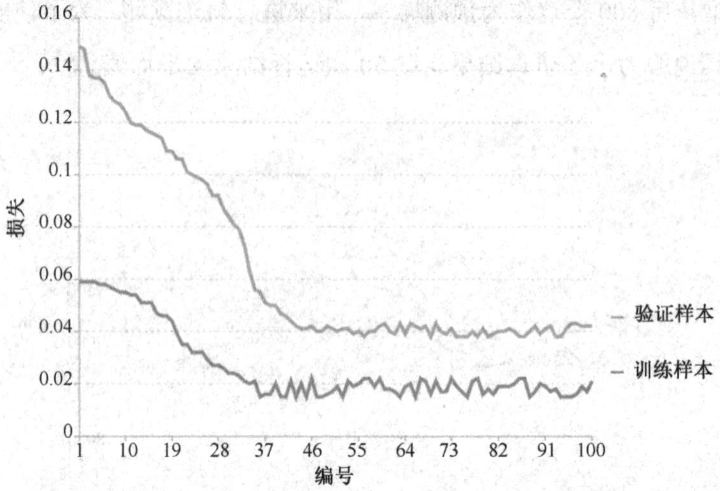

图 9.7　*X* 轴损失变化图

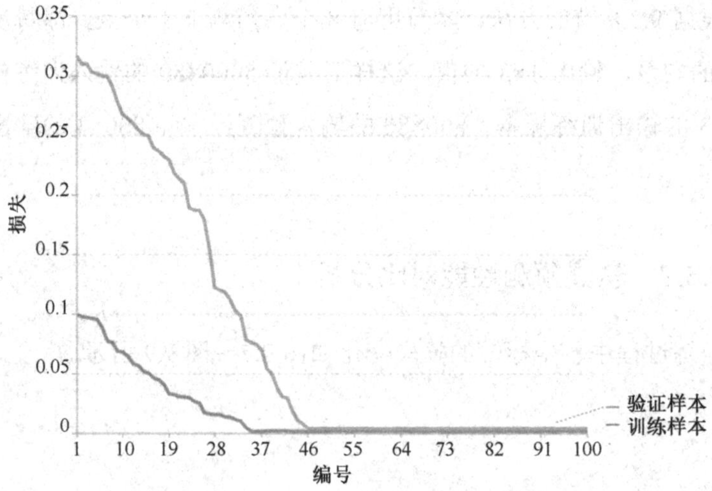

图 9.8　*Y* 轴损失变化图

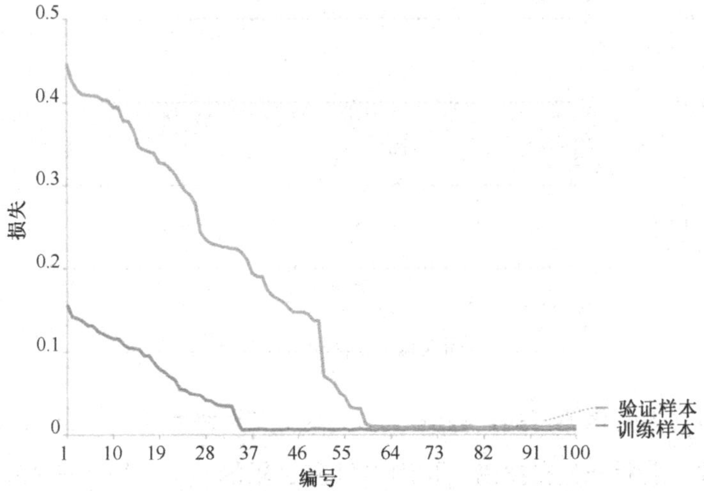

图 9.9　*Z* 轴损失变化图

然后输入预测样本进行预测。图 9.10～图 9.12 分别绘制了 *X*、*Y*、*Z* 3 个方向预测结果的相对误差及所用时间。

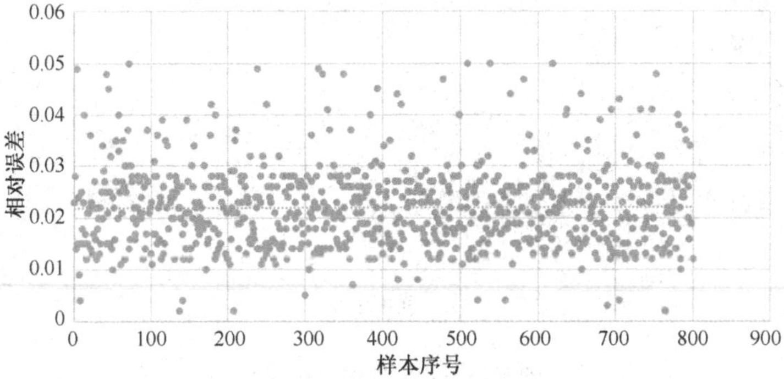

图 9.10　*X* 轴相对误差

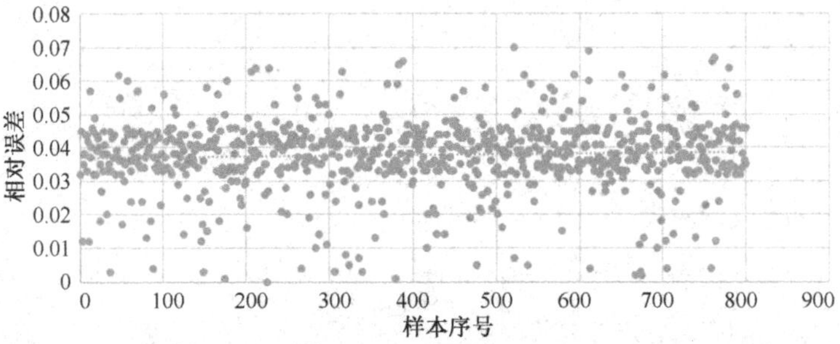

图 9.11　*Y* 轴相对误差

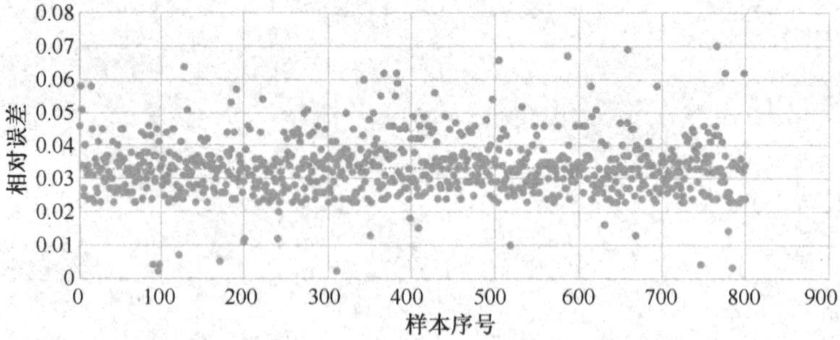

图 9.12　*Z* 轴相对误差

由损失变化图可知，预测 *X* 轴的网络在训练到第 43 回合时已经基本收敛，之后一直在振荡。预测 *Y* 轴和 *Z* 轴的网络分别在第 46、第 58 回合时收敛。利用训练好的网络预测测试集中的轨迹，并计算相对预测误差，结果如图 9.13～图 9.15 所示。

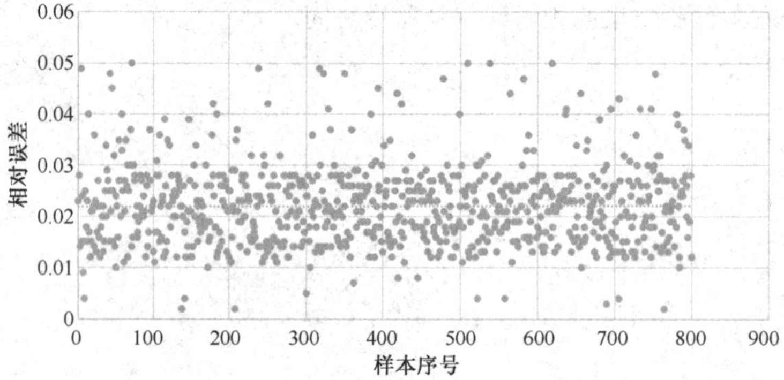

图 9.13　*X* 轴预测相对误差

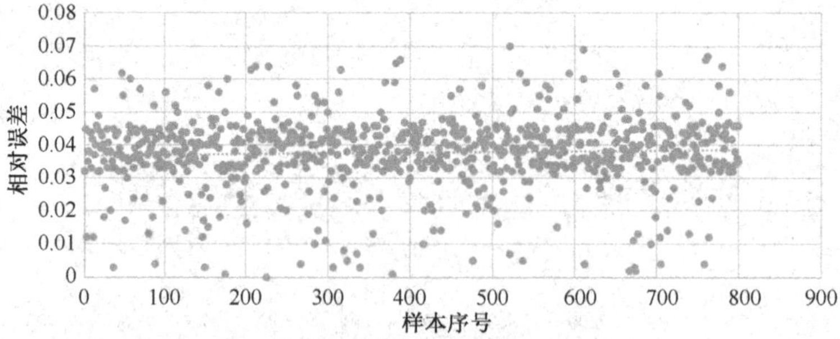

图 9.14　*Y* 轴预测相对误差

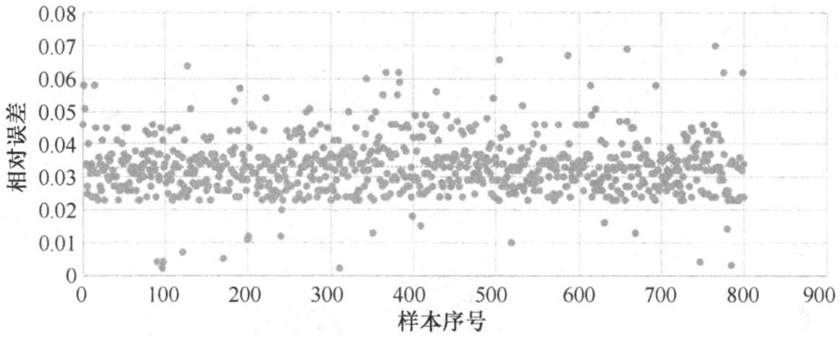

图 9.15　*Z* 轴预测相对误差

从图 9.13～图 9.15 中可以看出，PSO-LSTM 神经网络对 *Y* 轴和 *Z* 轴的样本相对预测误差大部分都在 3%左右，*X* 轴的相对预测误差大部分都在 2%左右，这说明 PSO-LSTM 神经网络的轨迹预测能力较强。用上述方法训练 BP 神经网络、RNN 神经网络和 LSTM 神经网络，并求出所有样本的平均相对误差，结果如图 9.16 所示。

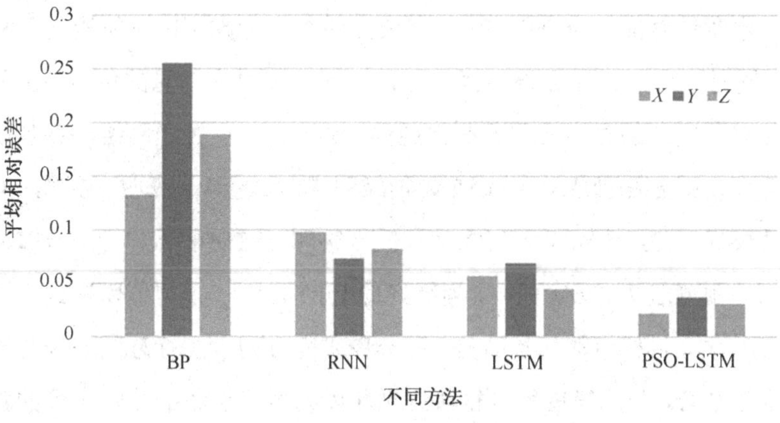

图 9.16　不同方法平均相对误差

由图 9.16 可知，PSO-LSTM 神经网络对 3 个轴的相对预测误差在 4 种方法中均是最小的，这说明 PSO-LSTM 神经网络处理时序数据的能力更强，更适用于轨迹预测。以上 4 种方法预测一次的平均用时如图 9.17 所示。从图 9.17 中可以看出，虽然 GRU 用时最长，但与其他方法的差距不是很大，满足要求。

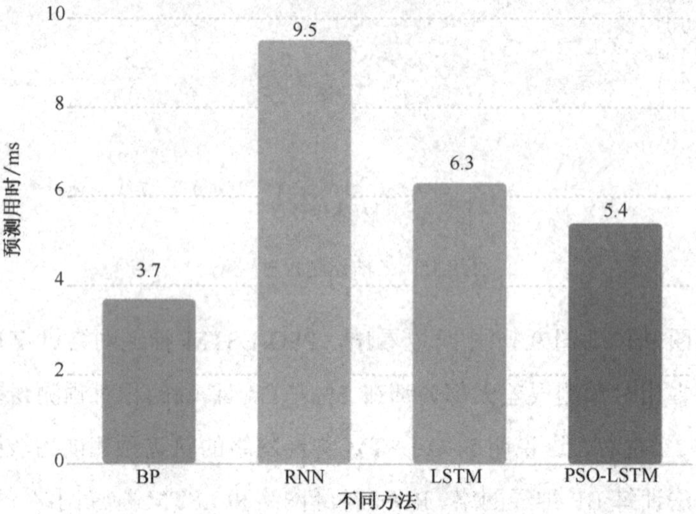

图 9.17　不同方法预测用时

本章针对战机航迹的特点，在模型中综合考虑了影响航迹的各种因素。同时，结合 LSTM 神经网络可以学习长期时序信息的特点，引入能够应对更复杂的时序序列预测问题的 PSO-LSTM 神经网络，并且使用学习率衰减方法训练 PSO-LSTM 神经网络。实验结果表明，该算法的预测效果优于 BP 神经网络、RNN 神经网络和 LSTM 神经网络，能够快速准确地预测航迹。在实战中，训练好的 PSO-LSTM 模型可以根据雷达信息实时预测目标机的飞行轨迹。下一步研究方向为飞行意图识别与轨迹识别相结合，分阶段进行飞行轨迹预测以为对多机集群编队飞行的轨迹进行识别预测。

第10章

基于 CHCQPSO-LSSVM 的空战目标机动识别研究

本章针对现有机动识别方法的不足，将空战目标机动识别问题等效为数据分类问题，提出了一种基于运动分解和 CHCQPSO-LSSVM 的识别模型。利用 DCS 仿真数据对模型进行训练，挖掘出了飞行参数与机动动作之间的映射关系。结合运动分解的思想，构造了机动特征数据，在此基础上构建了机动动作样本库，并建立了基于最小二乘支持向量机的机动动作识别模型，利用交叉杂交的混沌量子粒子群算法对模型进行了优化，将优化后的模型应用到态势数据中，实现飞行员的机动动作识别，建模过程实现了复杂问题的简单化。仿真实验结果表明，本章提出的识别模型可以准确识别各类机动动作，平均准确率可达 96%左右，而且连续进行 200 次识别，所需时间约为 30ms，可以准确、快速地进行空战目标机动识别。

10.1 机动识别问题描述

飞机在飞行过程中所做的机动统一称为飞机的机动动作。飞机的机动动作可以分解成基本机动动作（Basic Maneuvering Movement，BMM）和基本战术动作（Basic Tactical Movement，BTM）[45]，基本机动动作可以说是基本战术动作的基础。飞机的基本机动动作主要可以分为平飞、爬升、俯冲、横滚、转弯，这 5 种机动动作是所有动作的基础，其他基本战术动作都是这 5 种基本机动动作的复杂组合。

机动动作数据中包含高度、速度、航向角、俯仰角、横滚角、坡度角等飞机飞行过程中的重要特征参数。现在常用识别机动动作的思路有多元时间序列识别和分级识别两种。

10.1.1 多元时间序列识别

多元时间序列识别的方法是利用多元时间序列的思想来描述一组

飞行动作数据，具体的工作是从这些参数中提取飞行动作序列，其中包含动作的类型和起止点。处理飞行动作数据就转化为了多元时间序列的分析，应用多元时间序列的思想就可以把飞机机动动作识别问题看成一个多元时间序列的相似性匹配问题。多元时间序列识别的方法是将飞行数据看作多元时间序列，通过与标准动作时间序列的模板匹配完成识别，而且通过与标准动作的模板匹配可以分析动作的完成质量，评估战术动作的效果。

飞行动作是一种随机性极大的多元时间序列，虽然同一类战术动作在理论上有着很多相似的地方，但是同一种战术动作很难找到几乎一样的两组飞行动作数据。实际上，一些客观因素和飞行员自身的操作习惯，导致了同一种飞行动作的不同飞行数据之间存在一定的差距。即使是同一个飞行员连续做两个相同的飞行动作，也不可能保证飞机的飞行数据时间长度相同。

在飞行动作与已知标准动作的模板对比中，时间序列不可避免地要不均匀地扭曲或弯折，以使特征与模板特征匹配。这就导致在识别精度上达不到准确的要求，效果也不够好。而且模型比较复杂，网络结构和参数的确定同样要依靠领域专家的先验知识，主观性较强；模型复杂度高，识别计算量大，所需时间较长，不容易满足实时识别的作战需求。空战环境中，战机的机动受飞机性能、飞行员操作习惯和空战态势等多种因素的影响，体现出复杂多变、随机性强的特点，在识别模型中较多地融入了研究者的主观判断，不足以表达战机机动的客观真实性，因此，会影响机动识别的准确性。多元时间序列识别方法的基本过程如图 10.1 所示。

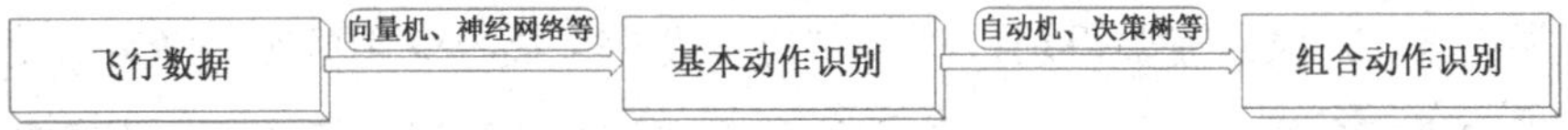

图 10.1　多元时间序列识别方法的基本过程

10.1.2 分级识别

分级识别的核心思想是将复杂飞行动作看作由基本的简单动作组合而成，如半筋斗可分解为“筋斗—横滚—平飞”。识别过程主要包括两级：第一级进行基本动作的识别，即平飞、俯冲、横滚等，确定目标机在每个数据时刻所进行的基本动作；第二级进行组合飞行动作的识别，在每个动作采样的时间识别所获得的基本动作，根据动作序列使用时间自动机、决策树、模糊决策等方法做出对复杂动作的判定，识别的结果用于飞行训练评估，主要方法有模糊集理论、向量机、神经网络等。这类方法不需要对识别过程进行建模，而是利用机器学习算法从飞行数据中挖掘飞行参数和机动动作的映射关系，因此避免了主观因素的影响；而且模型经过训练后，通过对飞行参数的分类实现机动识别，所需时间很短，可以满足实时识别的需求。分级动作识别方法的基本过程如图 10.2 所示。本章采用分级动作识别方法进行空中目标机动识别。

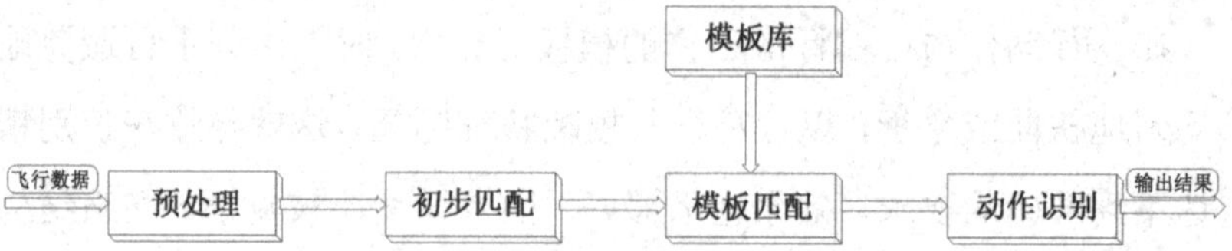

图 10.2　分级动作识别方法的基本过程

10.2 机动动作分类与数据处理

本章首先建立飞机参考坐标系，作为飞行动作识别的基础。接着，对空战训练数据进行分析，确定在训练过程中常见的飞行动作并进行分类。最后，根据需要识别机动动作的各飞行参数的变化情况，确定所使用的飞行参数，并对飞行数据进行预处理，为后面的飞行动作识别奠定基础。

10.2.1　参考坐标系

本章在研究飞机机动动作识别的过程中，需要运用到各类飞行参数，如高度、航角、俯仰角等，而飞行参数是基于一定的参考坐标系得出的。目前，对于飞机参考坐标系的研究已有很多成果，由于本章的研究重点在于飞行动作的识别方法，因此，经过分析比较，这里直接引用文献[3]的参考坐标系模型。

为了突出研究重点，降低与所研究问题无关因素的影响，降低计算复杂度，在分析飞机机动动作之前，做出以下假设：

（1）不考虑高度引起的重力加速度变化，包括地球曲率等因素，忽略其对机动的影响。

（2）忽略其他影响飞机机动动作的次要因素，如气动弹性、科里奥力等。

（3）飞机在空中做机动动作时，将其视为一个质点，且质点位置始终处于机体中心位置不变，所有机动动作不考虑自身重量变化及其他因素。

现有的飞机飞行姿态坐标系包括速度坐标系、航迹坐标系、机体坐标系、地轴坐标系等。目前，大多数飞机位置数据采集按照地轴坐标系进行解算，因而描述飞机相对地面的特征时使用地轴坐标系；而当描述空中飞行姿态时使用机体坐标系。参考坐标系如图 10.3 所示。

图 10.3 中，建立地轴坐标系 $O_oX_oY_oZ_o$、航迹坐标系 $O_kX_kY_kZ_k$，机体坐标系 $OXYZ$。在地轴坐标系 $O_oX_oY_oZ_o$ 中，飞机起飞点的位置点 O_o 为坐标系的原点，地轴坐标系的 X_o 轴取地理北向，Y_o 轴取地面铅垂方向指向上方，Z_o 轴取地理东向，即地理坐标系按照“北天东”的方式取方向。在机体坐标系中，飞机的质心位置为点 O，轴 OX 指向机头方向，也就是指向飞机的正前方，轴 OY 在铅垂面内指向上方，轴 OZ 与其他两

个轴构成右手坐标系。而在航迹坐标系中，点 O_k 与 O 的位置是相同的，轴 O_kX_k 为飞机的速度方向，轴 O_kY_k 垂直于飞机机身的平面方向指向正上方，轴 O_kZ_k 垂直于 $O_kX_kY_k$ 平面与 $O_kX_kY_k$ 构成右手坐标系。

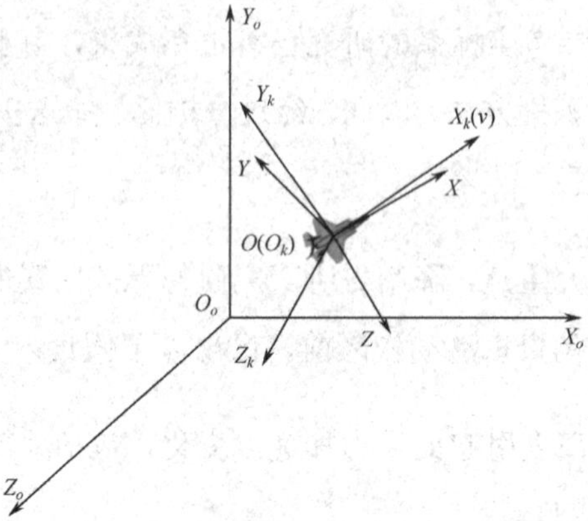

图 10.3　参考坐标系

飞机的坡度角（横滚角）通过利用速度坐标系与航迹坐标系的夹角来确定。根据前面定义的机体坐标系、地轴坐标系可知，机体坐标系由地轴坐标系按照 $Y—Z—X$ 方式转动而来，形成 3 个欧拉角：φ 航向角、θ 俯仰角、γ 横滚角，如图 10.4 所示。

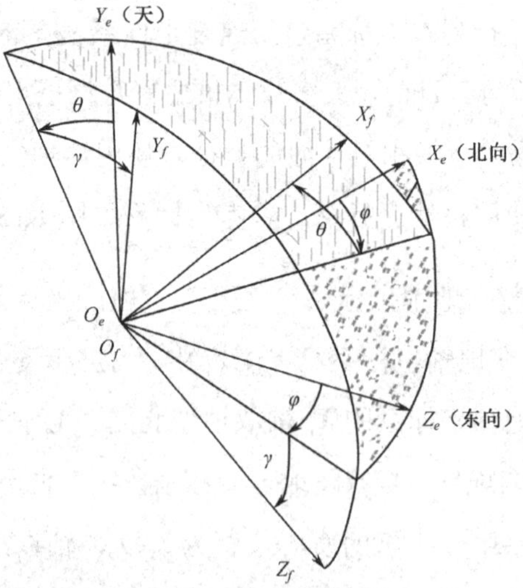

图 10.4　坐标轴转动角度图

这二者之间的转换关系为[3]

$$\mathbf{1}_f = \boldsymbol{T}_{f,e}\mathbf{1}_e \tag{10.1}$$

$$\mathbf{1}_f = \begin{bmatrix} 1 & 0 & 0 \\ 0 & \cos\gamma & \sin\gamma \\ 0 & -\sin\gamma & \cos\gamma \end{bmatrix} \begin{bmatrix} \cos\theta & \sin\theta & 0 \\ -\sin\theta & \cos\theta & 0 \\ 0 & 0 & 1 \end{bmatrix} \begin{bmatrix} \cos\varphi & 0 & -\sin\varphi \\ 0 & 1 & 0 \\ \sin\varphi & 0 & \cos\varphi \end{bmatrix} \mathbf{1}_e \tag{10.2}$$

$$\boldsymbol{T}_{f,e} = \begin{bmatrix} \cos\theta\cos\varphi & \sin\theta & -\cos\theta\sin\varphi \\ \sin\varphi\sin\gamma - \sin\theta\cos\varphi\cos\gamma & \cos\theta\cos\gamma & \cos\varphi\sin\gamma + \sin\theta\sin\varphi\cos\gamma \\ \sin\varphi\cos\gamma + \sin\theta\cos\varphi\sin\gamma & -\cos\theta\sin\gamma & \cos\varphi\cos\gamma - \sin\theta\sin\varphi\sin\gamma \end{bmatrix} \tag{10.3}$$

式中，$\mathbf{1}_f$，$\mathbf{1}_e$ 分别代表机体坐标系、地轴坐标系；$\boldsymbol{T}_{f,e}$ 为转换矩阵。

通过以上建立飞机的参考坐标系，确定飞机各项参数的来源与含义，为接下来对空战机动动作分析打下基础。

10.2.2 机动动作分类

要对飞机机动动作进行准确、快速的识别，对飞行动作进行分类是十分必要的前提和先决条件。本节根据空战训练中各类战术的需要，通过查阅相关资料，详细分析飞行动作完成过程，并请教相关领域的空战理论专家和有丰富经验的飞行员，进而得到研究空战训练评估需要识别的常见机动动作，并对上述机动动作进行分类。

本书对飞机在飞行中所做的机动统称为飞机机动动作。根据研究需要，本书将飞机的机动动作初步分类为基本机动动作和组合机动动作[3]。

1. 基本机动动作

飞机的基本机动动作分为平飞、爬升、俯冲、横滚、转弯，这 5 种机动动作是所有动作的基础，其他组合动作都是这 5 种基本飞机动作的组合。

（1）平飞。平飞是指飞行过程中高度、航向角保持基本不变，俯仰角和横滚角保持在0°附近的飞行姿态。

（2）爬升。爬升是指飞行过程中高度快速增长，俯仰角为正且数值较大。

（3）俯冲。俯冲是指飞行过程中高度快速下降，俯仰角为负且绝对值较大。

（4）横滚。横滚是指飞行过程中横滚角快速变化，飞机很快进入倒扣状态（半滚动作），或者滚转一周又回到平飞状态（360°滚转一周）。

（5）转弯。转弯是指飞行过程中航向角快速变化，横滚角绝对值保持一定数值。

在进行飞行动作识别时，5类基本动作可以按照垂直方向和水平方向来进行划分。爬升、俯冲属于垂直方向机动动作成分，横滚、转弯属于水平方向机动动作成分，平飞则是没有以上任何机动动作成分的飞行状态。为了方便后续的复杂动作合成，可将横滚分为半横滚和横滚，图10.5所示为飞机的6种机动动作。

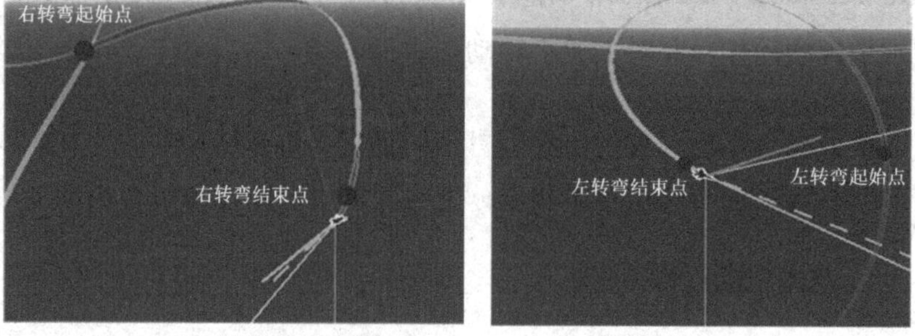

（a）右转弯　　（b）左转弯

图10.5　飞机的6种机动动作

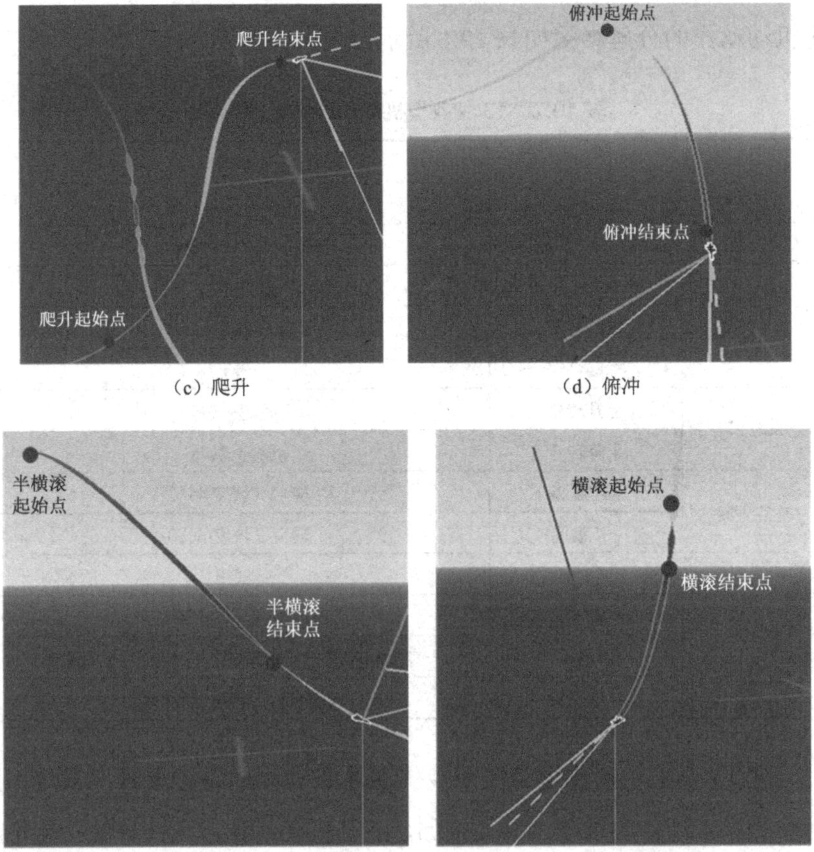

（c）爬升　（d）俯冲

（e）半横滚　（f）横滚

图 10.5　飞机的 6 种机动动作（续）

2. 组合机动动作

飞机的组合机动动作均可以分解为上面提到的基本动作。例如，边爬升边转弯可分解为爬升和转弯的叠加，半滚倒转可以分解为横滚—倒转俯冲—平飞。

查阅相关资料可知，与战术识别判据密切相关的机动动作有跃升、俯冲、战斗转弯（90°转弯、180°转弯、急规避转弯）、升降转弯（上升转弯、下降转弯）、定常盘旋（45°盘旋、60°盘旋）、横滚、筋斗类机动动作（筋斗、斜筋斗、半滚倒转）等 13 种典型机动动作[3]，这 13 种常见机动动作的分解结果如表 10.1 所示。

表 10.1　13 种典型机动动作的分解结果

机动动作		分解动作
跃升		拉起（俯仰角稳定）
俯冲		俯冲（俯仰角稳定）
战斗转弯	90°转弯	转弯
	180°转弯	转弯
	急规避转弯	转弯
升降转弯	上升转弯	拉起+转弯
	下降转弯	俯冲+转弯
定常盘旋	45°盘旋	转弯（坡度 45°）
	60°盘旋	转弯（坡度 60°）
横滚		横滚
筋斗类机动动作	筋斗	一直拉起（俯仰角不断变化）
	斜筋斗	一直拉起（俯仰角不断变化）+转弯（有横滚角）
	半滚倒转	横滚+筋斗（倒扣后拉起）

这 13 个机动动作均可按照 4 类基本机动动作进行分解，只是不同动作的基本动作要求不一样。例如，跃升机动动作，飞行员做拉起机动动作，待俯仰角达到一定数值后就可以保持不变。而筋斗类机动动作需要飞行员持续拉驾驶杆，使俯仰角达到 90°后，再重新回到平飞状态。盘旋和转弯的相同点是飞行员都需要通过蹬舵控制副翼改变横滚角；不同点是转弯所改变的航向角较小，一般不超过 360°；盘旋则是一直不停地转弯，航向角变化总量达到 360°。

除了半滚倒转，其余机动动作的基本机动动作都是同时进行的。例如，上升转弯和下降转弯是转弯和上升（下降）同时进行的。半滚倒转的基本动作成分不是同时进行的，有先后顺序，即先完成半滚，处于倒扣状态，然后在倒扣状态下拉起，实现筋斗类机动动作倒转。未来识别时，需要单独处理。

10.2.3　飞行数据选择与处理

1. 机动动作的参数选取

通过飞行训练数据，可获取的飞行参数较多，包括飞机的经纬度、高度、航向角、俯仰角、横滚角等。但飞机在完成上述飞行机动动作时，每个动作都只涉及一部分参数，如果需要对机动动作进行准确的描述，就需要对飞行动作的参数特征进行分析。由此可知，对各类飞行参数的选择及各类参数对机动动作完成效果影响因素的研究十分必要。

本章对于飞机机动动作的研究，按照飞机模型中“操纵通道—操纵机构—飞行动作—飞行参数”的思路，将飞行动作简化为 4 个基本操作，以确保参数之间没有耦合性。

飞机的姿态和飞行状态是由升降舵、方向舵、副翼控制的。升降舵、方向舵、副翼操纵机构构成了飞机的主操纵机构，用以控制飞机的姿态和飞行状态。

从飞行员的角度来看，飞行员主要通过驾驶杆、方向踏板、油门来控制飞机的飞行姿态。其中，驾驶杆对应飞机的升降舵、飞机副翼；方向踏板对应飞机的方向舵；油门手柄对应油门收放装置或动力输出装置。表 10.2 是飞机“操纵机构—操纵通道—飞行动作—飞行参数”的分析统计表[3]。

表 10.2　飞机“操纵机构—操纵通道—飞行动作—飞行参数”的分析统计表

序号	动作	操纵机构	操纵通道	参数	参数符号
1	加速	油门踏板	油门	速度	v
2	转弯	方向舵	垂直尾翼	航向角	φ
3	拉起、俯冲	升降舵	水平尾翼	俯仰角	θ
4	横滚	方向踏板	副翼通道	横滚角	γ

在飞行过程中，飞行员通过前推或后拉驾驶杆来操纵飞机升降舵，控制飞机的俯仰运动，在推/压驾驶杆的过程中，使升降舵发生偏转，进而改变飞机的俯仰角。飞行员通过左扳或右扳驾驶杆来操纵飞机副翼，控制飞机的横滚运动，使副翼发生偏转，进而改变飞机的横滚角。飞行员通过脚踏左右方向踏板来操纵飞机方向舵，控制飞机机头做左转或右转动作，使方向舵发生偏转，进而改变飞机航向角。但实际上，飞行员要想操纵飞机转弯，一般是同时操纵方向舵和飞机副翼，即在脚踩踏板的同时，操纵驾驶杆使飞机保持一定的横滚角来完成转弯动作。

通过表 10.2 可以看出，4 种基本机动动作与飞机的操纵机构、操纵通道、基本姿态等都有直接关系，主要是通过飞行员改变一个操纵机构的操作，飞行过程中一般有一到两种主要参数发生变化。

根据以上思路，飞行员对飞机进行直接控制的 4 个操作通道，对应的参数为速度 v、航向角 φ、俯仰角 θ、横滚角 γ。由于在识别飞机机动动作时不区分是加力盘旋还是普通盘旋，是加力上升转弯还是上升转弯，所以本章不考虑速度 v 和速度变化率，即加速度 a。最后只以航向角 φ、俯仰角 θ、横滚角 γ 3 个参数以其对应的变化量作为基本参数，同时加入高度变化量及横滚角变化量作为备选参数。

10.2.2 节分析了与空战战术评估识别密切相关的 13 种典型机动动作。但分析实际的训练数据后可知，在实际训练过程中，有些机动动作飞机很少会完全符合动作的典型特征，如 90° 转弯、180° 转弯、急规避转弯和定常盘旋（45° 盘旋、60° 盘旋）。在实际训练或空战中，飞机在转弯时的航向角变量往往不确定，包括 45° 转弯、70° 转弯、150° 转弯等。

对于盘旋而言，飞机很少会严格按照 45° 或 60° 一直盘旋。从实际训练数据分析可知，飞机在盘旋时，角度经常发生变化，角度变化量在部分时间的变化量较大，在实际空战训练中，飞行参数的变化更加复杂多变。

因此，需要对前面章节分析的 13 种典型机动动作进行约简。90° 转弯、180° 转弯和急规避转弯统一约简为战斗转弯，转弯角度在识别时当场计算；45° 盘旋和 60° 盘旋也约简为盘旋，坡度角在识别时当场计算平均坡度角。

最终确定与空战战术评估密切相关的机动动作有俯冲、跃升、战斗转弯、升降转弯（上升转弯、下降转弯）、盘旋、横滚、筋斗类机动动作（筋斗、斜筋斗、半滚倒转）对这 10 种常见机动动作参数变化情况进行分析，结果如表 10.3 所示。

表 10.3　飞行动作参数变化情况分析结果

类别	名称	ϕ	$\Delta\phi$	θ	$\mathrm{d}\theta$	$\Delta\varphi$	$\mathrm{d}\varphi$	γ	ΔH /m
俯冲跃升	俯冲	—	—	−30°～60°	—	0	—	—	≤2000
	跃升	—	—	30°～60°	—	0	—	—	≤2000
筋斗类	筋斗	—	—	360°	±6°～10°	—	—	≈180°	≈2000
	斜筋斗	—	—	240°	±5°～7°	—	—	≈120°	≈2000
	半滚倒转	180°	—	—	—	±180°	—	≈180°	≤2000
战斗转弯	战斗转弯	—	—	—	—	>40°	>2.5°或<−2.5°	±45°～80°	≤1000
盘旋	盘旋	—	—	—	—	>350°	>4°或<−4°	±45°～80°	≤500
升降转弯	上升转弯	—	—	3°～10°	—	>40°	>2.5°或<−2.5°	±45°～60°	≈1500
	下降转弯	—	—	−3°～10°	—	>40°	>2.5°或<−2.5°	>45°或<−45°	≈1500
横滚	横滚	360°	—	—	—	±15°～30°	—	—	≤300

表 10.3 中，ϕ 表示动作过程中横滚角总变化量；$\Delta\phi$ 表示横滚角变化量；θ 表示俯仰角；$\mathrm{d}\theta$ 表示俯仰角变化率；$\Delta\varphi$ 表示动作过程中航向角变化量；$\mathrm{d}\varphi$ 为航向角变化率；γ 表示坡度角，即飞机做动作时横滚角会一直保持的一个值；ΔH 为高度变化量。

做俯冲/爬升机动动作时，俯仰角绝对值会有明显的变化。做筋斗类机动动作时，最显著的飞机参数变化是俯仰角θ和俯仰角变化率$\mathrm{d}\theta$，以及坡度角、俯仰角会发生从 90° 到 0° 的显著变化，此时横滚角会出现一个突变，从 0° 左右突变为±180°，飞机处于一个倒扣状态，然后俯仰角会下降到-90° 再回到 0° 左右，横滚角也会再次突变为 0° 左右。

做转弯机动动作时，相关性最大的参数是横滚角及航向角变化量。盘旋则属于持续时间较长、航向角变化量较大的转弯动作（突破 360°）。升降转弯则是爬升、俯冲与转弯动作的组合叠加。

做横滚机动动作时，相关性最大的参数主要是横滚角变化率及横滚角。而半滚倒转则是横滚与筋斗类机动动作的前后组合，即半滚——筋斗倒转，涉及的参数有横滚角及其变化率、俯仰角及其变化率，以及航向角会突变近 180°。

由以上分析可得，为有效降低计算复杂度，准确区分动作，提高动作识别效率，需要选取典型参数作为机动动作的主要参考变量。战机进行机动时，动作模式主要与以下 7 个飞行参数有关：高度变化量ΔH、俯仰角θ、俯仰角变化率$\mathrm{d}\theta$、坡度角γ、坡度角变化量$\Delta\gamma$、航向角$\mathrm{d}\varphi$和航向角变化量$\Delta\varphi$。其中，坡度角γ、坡度角变化量$\Delta\gamma$、航向角$\mathrm{d}\varphi$和航向角变化量$\Delta\varphi$这 4 个参数主要影响战机水平方向的机动；高度变化量ΔH、俯仰角θ和俯仰角变化率$\mathrm{d}\theta$这 3 个参数主要影响战斗机垂直方向的机动。

2. 飞行数据的来源与预处理

本章开展飞行机动动作识别所用的飞行数据，包括不同时刻、不同飞机的经纬度、时间、航向角、俯仰角、横滚角、高度、速度等。数据主要是通过空战综合训练系统采集的对抗训练数据。

根据上面分析的数据需求，这里只选取时间、航向角、俯仰角、横滚角和高度 4 个变量。同时根据动作识别过程的需要，新增 4 个参数，分别是航向角变化量、俯仰角变化量、横滚角变化量、高度变化量，用于接下来将要进行的飞行动作识别。

由于在训练数据采集中，航向角的定义没有正负之分，0° 和 360° 的位置是相同的，对于横滚角而言，-180° 与 180° 的位置也是相同的。因此，在某些相邻数据点可能会出现横滚角数值为 360° 的变化量，如在模拟系统数据中，航向角出现 0° ～358° 的变化量，但选取的采样间隔小于 1s，相邻的时间点不可能出现特别大的角度变化，所以实际上飞机的航向角变化为-2° 。由此可见，研究机动动作识别方法时，需要对将要使用到的航向角变化量、横滚角变化量进行预处理。

这里以航向角变化量 $\Delta\varphi$ 为例，定义数据处理方法（横滚角变化量的处理方法基本相同），计算当前值与上一帧 $\Delta\varphi$ 的差值，即

$$\Delta\varphi_t' = x_t(\varphi) - x_{t-1}(\varphi) \tag{10.4}$$

若 $360° > \Delta\varphi_t' > 180°$，则 $\Delta\varphi_t = \Delta\varphi_t' - 360°$；若 $-360° < \Delta\varphi_t' < -180°$，则 $\Delta\varphi_t = \Delta\varphi_t' + 360°$。

10.3　基于 CHCQPSO-LSSVM 的空战目标机动识别

10.3.1　QPSO 算法

Sun 等人将量子力学中的一些基本理论引入到粒子群算法中，提出了一种量子粒子群算法（Quantum Particle Swarm Optimization，QPSO）[93-94]，在 QPSO 算法中，波函数 $\Psi(x,t)$ 用来描述粒子的状态，利用薛定谔方程可以得到粒子在空间某一点出现的概率密度函数，再通

过蒙特卡罗随机模拟得到粒子的位置方程[95]，即

$$\begin{cases} x(t) = x_{\mathrm{op}} \pm \dfrac{L}{2}\ln\left(\dfrac{1}{u}\right) \\ x_{\mathrm{op}} = \lambda x_i(t) + (1-\lambda)x_g(t) \end{cases} \tag{10.5}$$

式中，λ 和 u 为[0, 1]之间的随机数；t 为进化代数；$x_i(t)$ 为第 i 个粒子进化了 t 次时粒子位置的个体极值；$x_g(t)$ 为进化了 t 次时种群位置的全局极值。$x_{\mathrm{op}}(t)$ 是介于 $x_i(t)$ 与 $x_g(t)$ 之间的随机位置，L 由以下方程给出：

$$\begin{cases} L(t+1) = 2w\left|x_a(t) - x(t)\right| \\ x_a(t) = \dfrac{1}{N}\sum_{i=1}^{N} x_i(t) \end{cases} \tag{10.6}$$

式中，w 为惯性因子，是 QPSO 算法中的一个重要参数；N 为种群中粒子的个数；$x_a(t)$ 表示粒子群进化到第 t 次时，所有粒子的个体平均极值。

联合式（10.5）、式（10.6）可得 QPSO 算法的进化方程，每次迭代时，种群中的粒子通过式（10.7）来更新自身位置，即

$$x(t+1) = x_{\mathrm{op}} \pm w\left|x_a(t) - x(t)\right|\ln\left(\frac{1}{u}\right) \tag{10.7}$$

在 QPSO 算法中，惯性因子一般为固定值或者随迭代地进行线性降低，但实际的搜索过程往往是复杂的、非线性的。较大的 w 有利于算法收敛，但不易得到精确解；较小的 w 有利于局部搜索，提高搜索精度，但收敛速度慢。Feng 等人对混沌优化机制进行研究，将混沌机制引入对惯性因子的调整中，Bansal 等人研究了 15 种惯性因子的优化方式，指出混沌机制能使惯性因子取得最佳的平均精度，故本节采用混沌惯性因子 $w(t)$ 代替式（10.7）中的惯性因子 w，公式如下[98]：

$$w(t) = \frac{(w_{\max} - w_{\min})(D_M - D_t)}{D_M} + w_{\min} z \tag{10.8}$$

$$z = 4\text{rand}(1-\text{rand}) \tag{10.9}$$

式中，rand 为分布于[0, 1]之间的随机数；$w_{\max}$ 与 $w_{\min}$ 分别表示惯性因子所设定的最大值、最小值，一般设 $w_{\max}=1.0$ 、 $w_{\min}=0.5$ ； D_M 为设定的最大迭代次数； D_t 为当前迭代次数。算法在每次迭代过程中，通过式（10.8）和式（10.9）更新每个粒子的混沌惯性因子。

10.3.2　改进杂交机制的 QPSO 算法

当解空间存在较多的局部最优解时，QPSO 算法容易出现早熟收敛现象，早熟收敛是粒子丧失活性的一种表现，此时的粒子无法跳出局部最优，致使模型的评估精度大大降低[99]。为了进一步提高 QPSO 算法的全局寻优能力，Lvbjerg 等人对遗传算法中的杂交方式进行了研究，将杂交机制引入 QPSO 算法中。杂交机制描述为：在迭代过程中，种群会根据设定好的杂交概率 P_c 选取部分粒子参与杂交，这部分粒子称为父代粒子，父代粒子随机两两组合，根据杂交公式进行杂交并产生相同数量的子代粒子，新生成的子代粒子不断代替父代粒子，从而能使陷入局部最优的粒子跳出来。杂交公式[101]为

$$\begin{cases} \text{child}(x) = p \times \text{parent}_1(x) + (1-p) \times \text{parent}_2(x) \\ \text{child}(v) = \dfrac{\text{parent}_1(v) + \text{parent}_2(v)}{\left|\text{parent}_1(v) + \text{parent}_2(v)\right|}\left|\text{parent}_1(v)\right| \end{cases} \tag{10.10}$$

式中， $\text{child}(x)$ 表示子代粒子的位置； $\text{child}(v)$ 表示子代粒子的速度； $\text{parent}(x)$ 表示父代粒子的位置； $\text{parent}(v)$ 表示父代粒子的速度； p 为分布于[0, 1]之间的随机数。

上述提到的杂交机制中，父代粒子通过随机组合的方式进行杂交，这种杂交机制存在一个缺陷：如图 10.6 所示，粒子 A 和粒子 B 陷入了同一个局部最优处，若参与杂交的粒子在两两随机组合时选中了这两个粒子，则粒子 A 和粒子 B 杂交产生的后代粒子 A′ 和粒子 B′ 依然会在该

局部最优内，这样一来粒子仍无法逃离该局部最优，导致算法的性能降低。

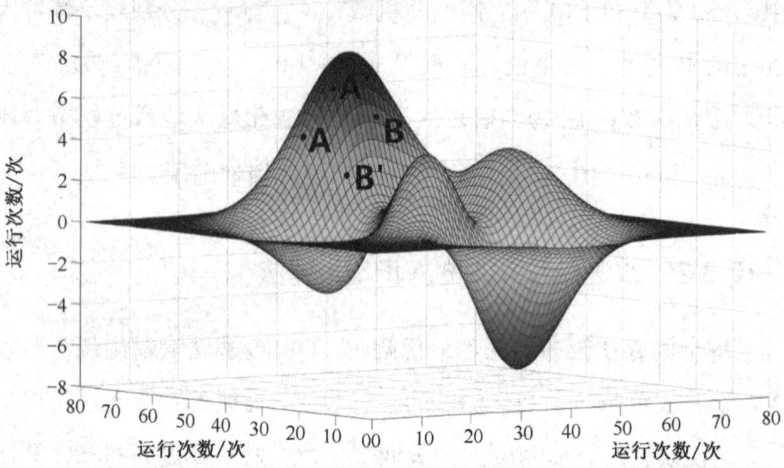

图 10.6　三维示意图

对此，本节提出一种交叉杂交（Cross Hybridization）的方式：将参加杂交的粒子按一定规则排列，如根据适应度值、正则化参数、核函数参数的大小进行排列。若每次迭代时选取 $2k$ 个粒子参加杂交，则按图 10.7 所示方式，先将粒子按正则化参数从小到大进行排列，然后第 1 个粒子与第 $k+1$ 个粒子杂交，第 2 个粒子与第 $k+2$ 个粒子杂交，以此类推。

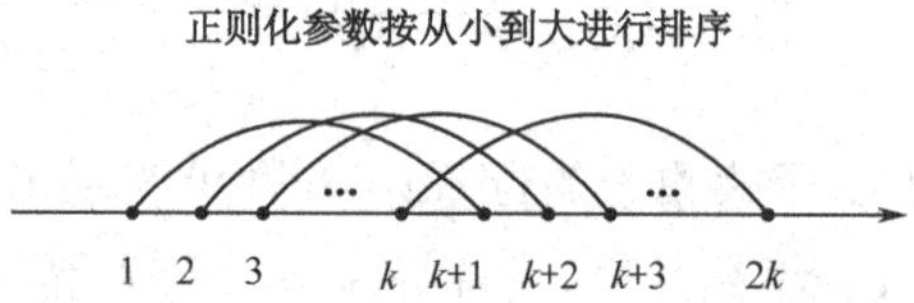

图 10.7　粒子的交叉杂交方式

除此之外，传统杂交机制中杂交概率 P_c 固定不变，这样一来，当算法进入迭代后期后，由于杂交概率较大，种群很难在局部范围内进行精确搜索，从而降低了算法的局部寻优精度。针对此缺陷，本节通过加入杂交控制因子 σ 的方式，使杂交概率随迭代的进行不断降低。

$$\sigma = \sin\left[\frac{\pi}{2}\cdot\frac{D_M - D_i}{D_M}\right] \qquad (10.11)$$

式中，D_i为当前迭代次数；D_M为最大迭代次数。在每次迭代过程中，按σP_c概率发生杂交，杂交概率随迭代次数的增加而降低。

10.3.3　参数寻优流程

利用 CHCQPSO 算法寻找 LSSVM 最优参数的流程如图 10.8 所示。

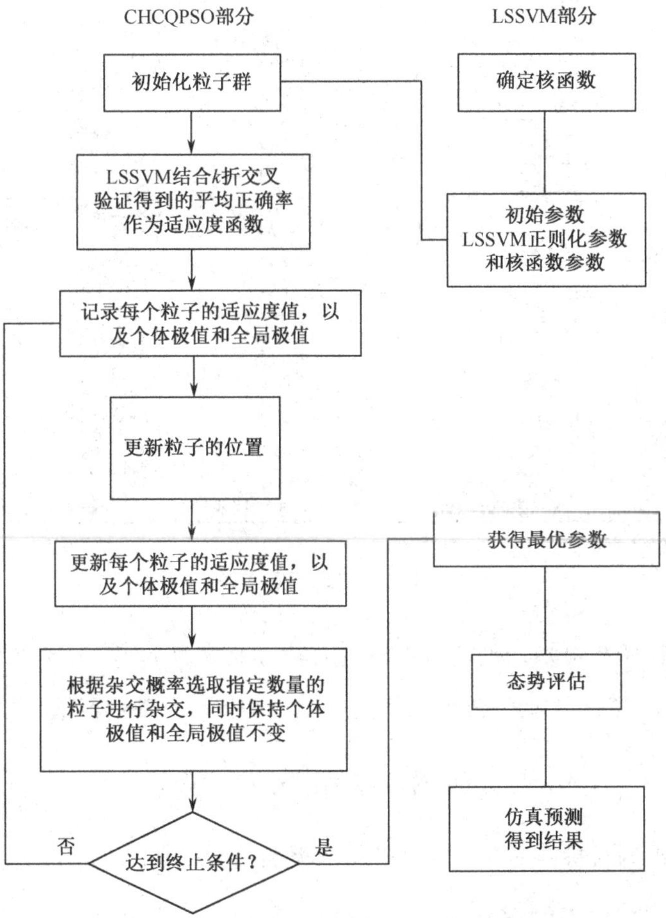

图 10.8　CHCQPSO 算法寻找 LSSVM 最优参数流程图

10.3.4 机动识别模型

本章在运动分解的基础上，利用 CHCQPSO-LSSVM 多分类器进行机动识别，其实质就是在不同方向的机动动作与影响该方向机动的飞行参数之间建立映射关系，然后根据某一时刻的飞行参数识别出目标在水平方向和垂直方向的机动，再通过机动合成就可以确定目标当前的机动动作。机动识别模型如图 10.9 所示。

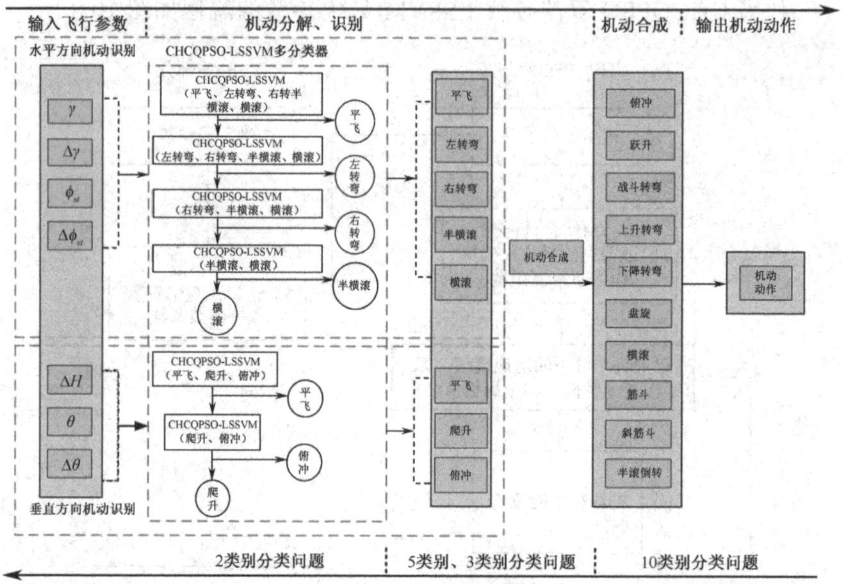

图 10.9　机动识别模型

由图 10.9 可知，机动识别模型的输入维数为 7，输出维数为 1。假设在时刻 t 输入飞行参数识别目标的机动动作，则映射函数可以表示为

$$M_t = f(\Delta H_t, \theta_t, \Delta\theta_t, \gamma_t, \Delta\gamma_t, \phi_{st}, \Delta\phi_{st}) \tag{10.12}$$

式中，M_t 为目标在时刻 t 的机动动作类别；$\Delta H_t, \theta_t, \Delta\theta_t, \gamma_t, \Delta\gamma_t, \phi_{st}, \Delta\phi_{st}$ 为该时刻的 7 个飞行参数。

在该模型中，进行机动识别的多分类器由两类子分类器组成，分别进行水平方向和垂直方向的机动识别，每类别子分类器都是一个多层级的 CHCQPSO-LSSVM。输入 7 个飞行参数后，2 类别子分类器分别提取各自方向的飞行参数作为输入，识别出水平方向和垂直方向的机动，然后通过机动合成输出目标在这一时刻的机动动作类别。该模型将机动识别这个复杂的 10 类别分类问题通过运动分解等效为 5 类别、3 类别分类问题，再通过构建 CHCQPSO-LSSVM 最终等效为 2 类别分类问题，实现了复杂问题的简单化。这种方法的优点在于影响不同方向机动的飞行参数可以与该方向的机动动作更直接地建立映射关系，使机动识别变得更加简单有效。

10.4　仿真实验与分析

10.4.1　机动识别样本数据的构造

在 DCS 中分别选取 6 种简单机动动作的实测训练数据，每组飞行数据中，以 7 个飞行参数 $\Delta H_t, \theta_t, \Delta\theta_t, \gamma_t, \Delta\gamma_t, \phi_{st}, \Delta\phi_{st}$ 作为输入，以对应时刻目标的机动动作类别 M_t 作为输出，构建机动识别样本数据。

10.4.2　实验设置

利用飞行训练系统采集的数据进行仿真实验，从机动动作样本库中选取 4800 例样本，随机选取 4000 例用作训练集，余下的 800 例用作测试集。将机动动作特征数据作为输入，机动类别作为分类标签，放入 LSSVM 模型中进行训练，并利用 CHCQPSO 算法对参数进行寻优。

在样本数据中划分训练样本和测试样本，各类样本的数据划分情况如表 10.4 所示。

表 10.4　机动识别样本数据划分

动作类别	样本总数/例	训练样本数/例	测试样本数/例
右转弯	680	476	204
左转弯	713	499	214
爬升	629	440	189
俯冲	532	372	160
半横滚	849	594	255
横滚	458	320	138
平飞	939	657	282

10.4.3　模型训练

设定算法的进化代数为 300，参与寻优的粒子数量设为 30 个，杂交概率初始值 P_c 设为 0.5，参与杂交的粒子数量为种群数量的三分之一，加速因子 c_1、c_2 均设为 1.2876，正则化参数的搜索空间设为 0.01～100，核函数参数的搜索空间为 0.01～1000，以 5 折交叉验证得到的正确率作为算法的适应度值。仿真环境为：Intel(R) Core(TM)i7-9750H CPU @ 2.60GHz 2.59 GHz 处理器，Nvidia GeForce RTX 2080 显卡，64GB 内存，Windows10 64 位操作系统，运行平台为 MATLAB 2010a 和 JetBrains Pycharm Community Edition 2017.3.3×64。其中，在 Pycharm 中搭建基于 TensorFlow（深度学习框架）的深度学习环境完成仿真。为了使实验更具说服力，以下仿真结果均为 30 次计算的平均值。

训练过程中的适应度值变化曲线如图 10.10 所示。

为验证算法的优越性，在参数设置不变的情况下，分别用 QPSO 算法与未改进杂交机制的 HCQPSO 算法对参数进行寻优，得到的适应度值曲线分别对应图 10.10 中的蓝虚线和红虚线。通过对比可知，QPSO 算法适应度值曲线更新频率较低，表示其种群多样性较差，当迭代进行到 80 次时，适应度值停止更新，表示算法陷入局部最优解，而此时 CHCQPSO 算法的粒子通过杂交机制跳出局部最优，适应度值曲线继续更新；在迭代后期，由于杂交控制因子的影响，CHCQPSO 的粒子能更加专注于局部搜索，迭代进行到 280 次以后，适应度值仍在更新，表明其局部搜索精度较 HCQPSO 有一定提高。

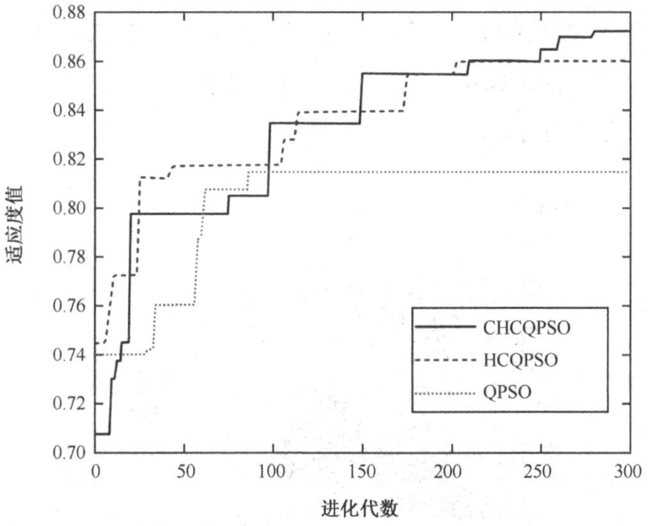

图 10.10　适应度值变化曲线

在 CHCQPSO 算法的种群中，找到最大适应度值的粒子所对应的惯性因子变化曲线如图 10.11 所示。

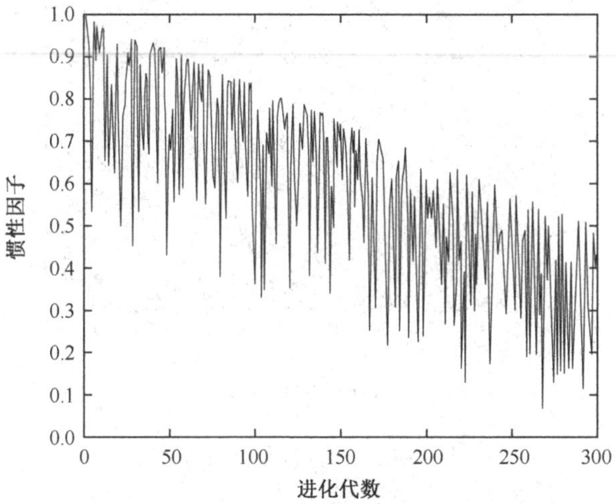

图 10.11　惯性因子变化曲线

由图 10.11 可知，惯性因子的变化满足混沌特性，整体趋势随着迭代的进行非线性降低。

通过种群位置分布能比较直观地分析算法全局搜索能力的优劣。将 QPSO 算法和 CHCQPSO 算法的种群位置分布进行比较，如图 10.12 所示，小圆圈表示种群中的粒子曾到达过的位置。

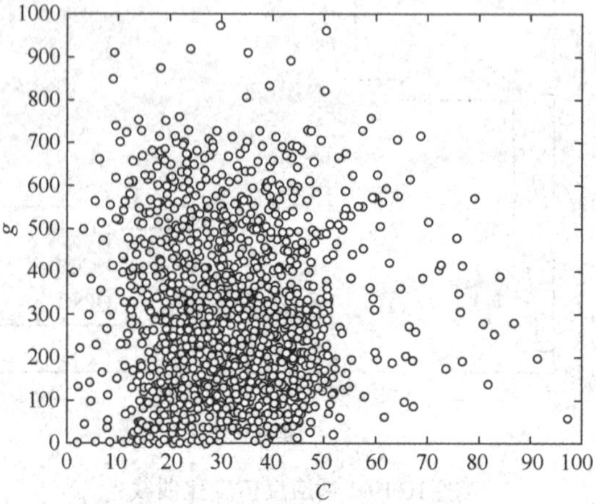

（a）QPSO 种群位置分布

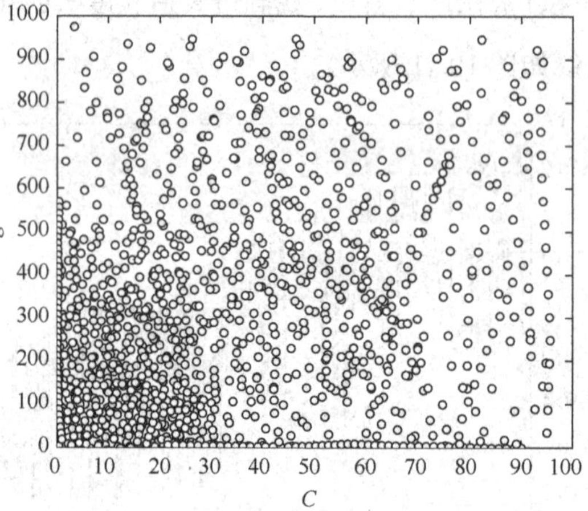

（b）CHCQPSO 种群分布

图 10.12　种群位置分布对比

分析图 10.12 可知，CHCQPSO 算法的种群比 QPSO 算法的种群分散，这证明引入杂交算法有效地提高了种群多样性，在一定程度上避免了种群陷入局部最优的情况，全局寻优能力得到提高。改进杂交机制后，CHCQPSO 算法的杂交效率得到提高，同时粒子在迭代后期杂交概率不断降低，种群更加专注于局部搜索，提高了迭代后期算法的搜索精度。此时，算法找到的最优正则化参数为 13.6428，最优核函数参数为 58.3961，最佳适应度值为 0.8629。

在 DCS 中选取实测空战训练数据进行机动识别的实例仿真，数据总量为 4160 组，对 1579 组仿真数据进行编号，不同类别机动动作的仿真数据样本分布如图 10.13 所示。

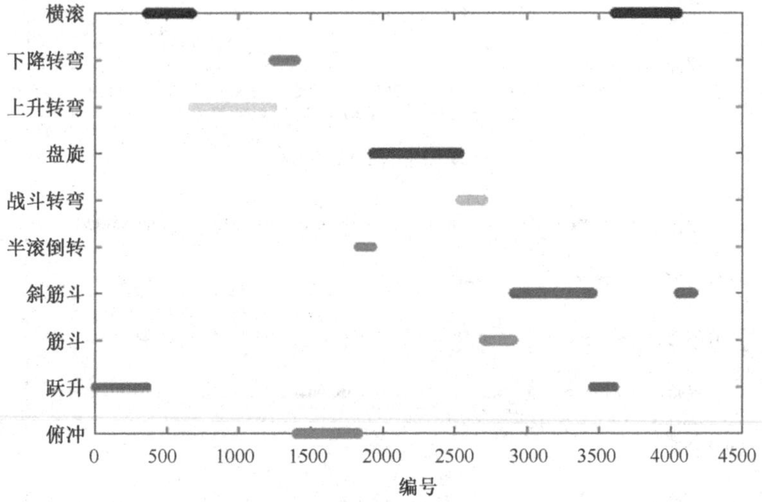

图 10.13　仿真数据样本分布

10.4.4　机动识别准确性分析

比较本章建立的模型与其他算法的机动识别准确性，利用 CHCQPSO-LSSVM、HCQPSO-LSSVM、QPSO-LSSVM、CHCQPSO-SVM 和 BP 神经网络分别进行机动识别的仿真。其中，BP 神经网络选用单隐藏层网络，且通过测试实验选取隐藏层节点数为 18。不同算法对仿真数据的机动识别结果如图 10.14 所示。

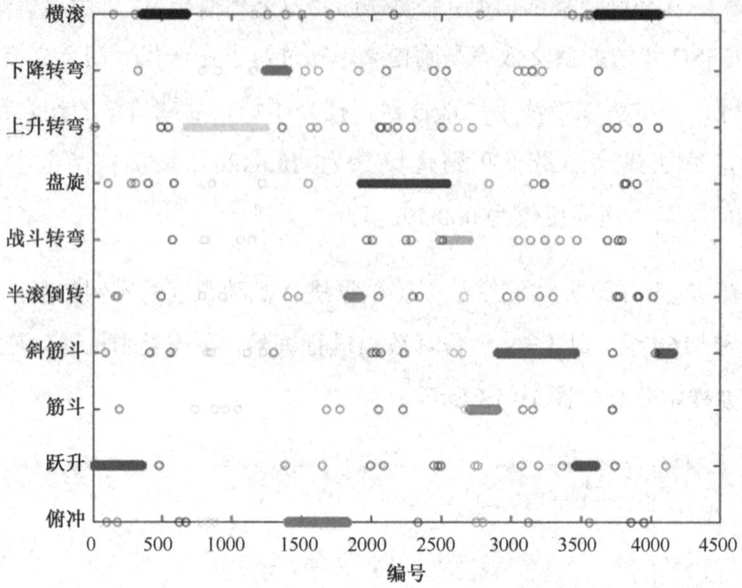

（a）CHCQPSO-LSSVM

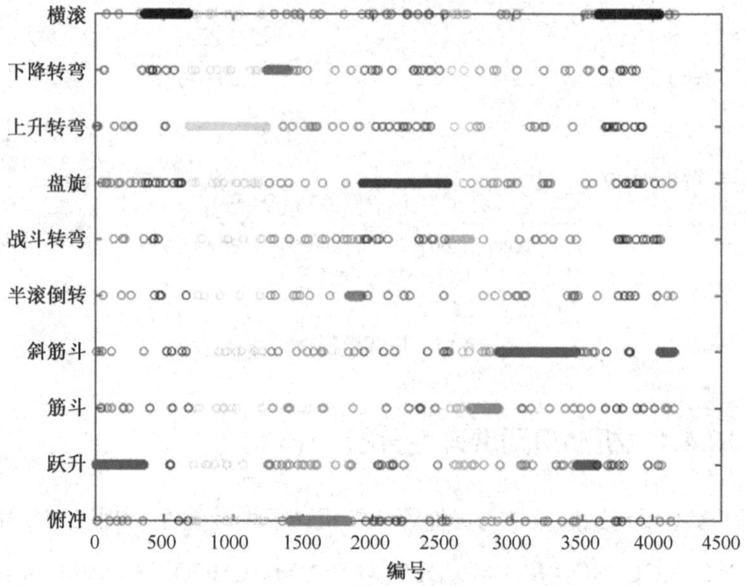

（b）HCQPSO-LSSVM

图 10.14　不同算法对仿真数据的机动识别结果

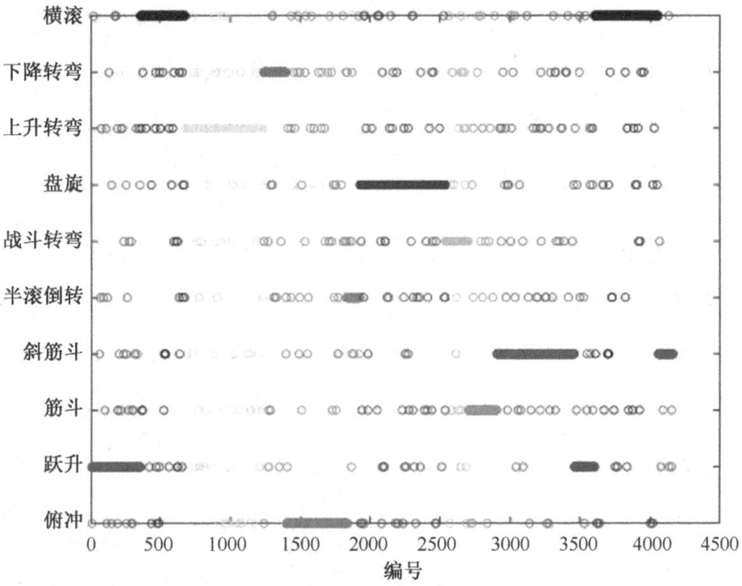

（c）QPSO-LSSVM

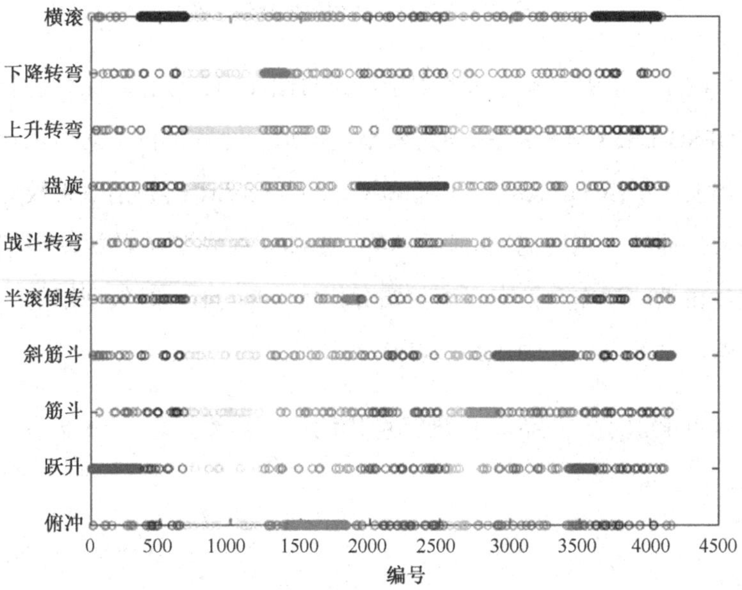

（d）CHCQPSO-SVM

图 10.14　不同算法对仿真数据的机动识别结果（续）

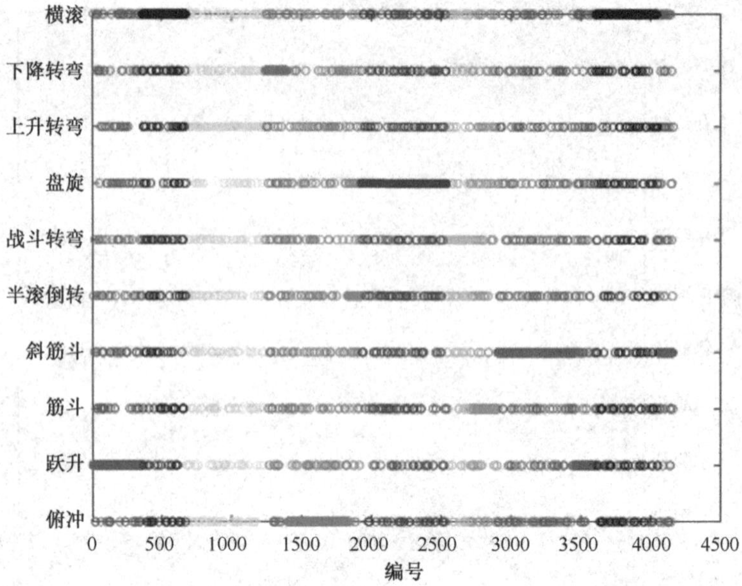

（e）BP 神经网络

图 10.14 不同算法对仿真数据的机动识别结果（续）

将图 10.14 中不同算法的识别结果与图 10.13 进行对比可以看出，CHCQPSO-LSSVM 的机动识别效果最理想，对各类机动动作识别的准确性都很高；HCQPSO-LSSVM 和 QPSO-LSSVM 的识别效果较好，但对各类机动动作识别的准确性不高；CHCQPSO-SVM 的机动识别效果一般，在机动动作转换交界处的错分样本较多；BP 神经网络的识别效果较差，对各类机动动作都难以有效识别。

对以上识别结果进一步进行量化统计，具体如表 10.5 和图 10.15 所示。

表 10.5　机动识别结果统计

动作编号	动作类别	样本数量/例	CHCQPSO-LSSVM		HCQPSO-LSSVM		QPSO-LSSVM		CHCQPSO-SVM		BP 神经网络	
			错分样本数量/例	准确率/%	错分样本数量/例	准确率/%	错分样本数量/例	准确率/%	错分样本数量/例	准确率/%	错分样本数量/例	准确率/%
1	俯冲	431	418	96.98	374	86.77	384	89.09	320	74.24	232	53.82
2	跃升	506	488	96.44	441	87.15	446	88.14	361	71.34	252	49.80
3	筋斗	202	195	96.53	179	88.61	185	91.58	152	75.24	105	51.90
4	斜筋斗	664	638	96.08	590	88.85	596	89.75	487	73.34	349	52.56
5	半滚倒转	96	95	98.95	83	86.45	85	88.54	74	77.08	47	48.95
6	战斗转弯	163	158	96.93	137	84.04	137	84.04	114	69.93	90	55.21
7	盘旋	610	579	94.91	524	85.90	538	88.19	428	70.16	301	49.34
8	上升转弯	562	537	95.50	485	86.29	498	88.60	403	71.70	273	48.57
9	下降转弯	161	154	95.65	140	86.95	143	88.81	109	67.70	87	54.03
10	横滚	765	732	95.68	666	87.05	690	90.19	547	71.50	386	50.45

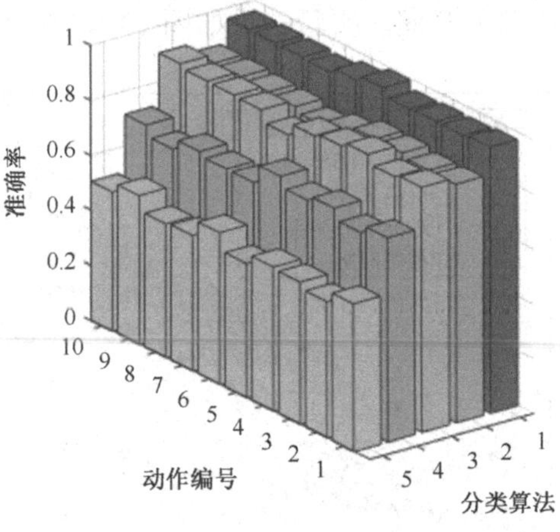

图 10.15　不同算法的识别准确率

由表 10.5 和图 10.15 可知，CHCQPSO-LSSVM 对各类机动动作的识别准确率明显都较高，平均准确率达到 96.37%；HCQPSO-LSSVM 和 QPSO-LSSVM 两种算法的识别准确率较好，平均准确率分别为 86.81% 和 88.69%，CHCQPSO-SVM 算法的识别准确率一般，平均准确率为

72.27%，BP 神经网络的识别准确率最低，平均准确率只有 51.47%。在机动识别过程中，BP 神经网络要根据样本输入参数直接从 10 个动作类别中进行分类，不能像 SVM 多分类器那样通过若干个二分类器实现不同类别间的相互区分，即 BP 神经网络进行多分类时，对不同类别的区分性要弱于 4 种 SVM 多分类器，所以它的识别准确性比较低；在 SVM 多分类器中，本章提出的基于运动分解和 CHCQPSO-LSSVM 的识别模型可以使输入参数与不同方向的机动动作更好地建立映射关系，增强了识别的针对性，从而提高了识别的准确性。

10.4.5 机动识别实时性分析

比较不同算法机动识别的实时性，计算 CHCQPSO-LSSVM、HCQPSO-LSSVM、QPSO-LSSVM、CHCQPSO-SVM 和 BP 神经网络进行不同次数识别所需的时间，实验结果如图 10.16 所示。

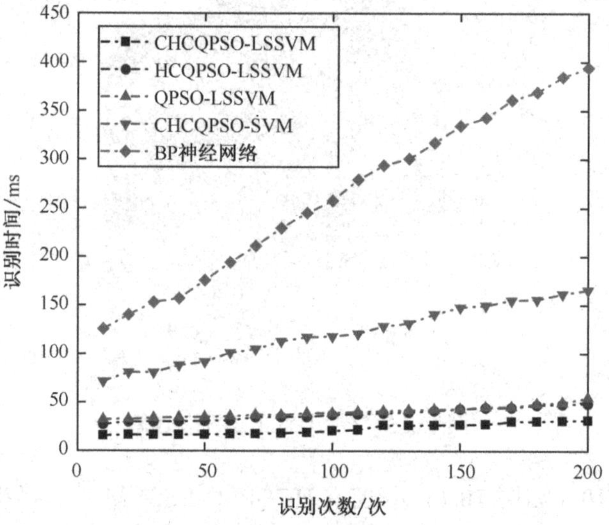

图 10.16 不同算法的识别时间

由图 10.16 可知，在 SVM 多分类器中，CHCQPSO-LSSVM 具有较好的实时性，连续进行 200 次识别所需时间约为 30ms；HCQPSO-LSSVM

和 QPSO-LSSVM 的实时性较好，连续进行 200 次识别所需时间均约为 50ms；CHCQPSO-SVM 的实时性一般，连续进行 200 次识别所需时间约为 140ms；BP 神经网络进行一定次数识别所需的时间要高于 4 种 SVM 多分类器，实时性很差；SVM 多分类器的分类效率取决于模型的复杂度，即构成模型的 SVM 数目越多，分类所需时间越长、效率越低[45]。CHCQPSO-LSSVM 模型的复杂度较低，构成模型的 SVM 数目较少，实时性高。

本章针对现有机动识别方法的不足，提出了一种基于运动分解和 CHCQPSO-LSSVM 的识别模型；把机动识别问题等效为数据分类问题，利用 DCS 仿真数据对模型进行训练，挖掘出了飞行参数与机动动作之间的映射关系；结合运动分解的思想，构造了机动特征数据，在此基础上构建了机动动作样本库，并建立了基于最小二乘支持向量机的机动动作识别模型，利用交叉杂交的混沌量子粒子群算法对模型进行了优化，将优化后的模型应用到态势数据中，实现飞行员的机动动作识别，建模过程实现了复杂问题的简单化。仿真实验结果表明，本章提出的识别模型对各类机动动作都可以准确识别，平均准确率可达 96%左右，而且连续进行 200 次识别所需时间约为 30ms，可以准确、快速地进行空战目标机动识别。

第 11 章

基于 Multi-BiLSTM-Attention 网络的空战目标意图识别研究

传统 1 对 1 空战中目标战术意图识别过程中仅依据单一时刻进行推理分析，而实际战场中目标战术意图是由一系列动作实现的，因此目标状态呈现动态、时序变化的特征。针对此问题，在长短期记忆网络（LSTM）的基础上引入双向（Bidirectional）传播机制和注意力（Attention）机制，但是单一的、固定的 BiLSTM 只能学习到一个特定维度的信息，因此我们通过设置不同的 BiLSTM 构建了一个 Muli-BiLSTM-Attention 模型。该模型可以学习到多个维度的带有依赖信息的特征。根据领域专家知识和实践经验，构建空战意图特征集，并将其编码成时序特征，将决策人员经验封装成标签，通过 Muli-BiLSTM 网络学习空战意图特征向量中的深层次信息，并利用注意力机制自适应分配网络权重，最后将不同权重的空战特征信息放入 Softmax 函数层进行意图识别。通过与多种空中战术目标意图识别模型对比和实时性实验分析表明，所提模型极大地提升了空中目标战术意图识别率，并且具有很好的识别实时性，可以准确、快速地进行空战意图识别。

11.1 目标意图识别问题描述

意图识别本质上属于模式识别问题，具有高度的对抗性、动态性和时序性[10]。在空战环境中，敌方目标会采取一系列作战行动实现作战意图，作战行动又是通过一系列机动动作实现的，而机动动作的执行导致目标状态的改变[11]。因此，目标作战意图的实现最终表现为目标状态参数的变化，不同的作战意图对应不同的状态参数变化规律，作战意图与状态参数之间存在紧密联系，可以通过观测目标的状态参数进行机动动作的识别，进而识别其作战行动，最终实现作战意图识别。目标意图识别的逻辑推理过程如图 11.1 所示。

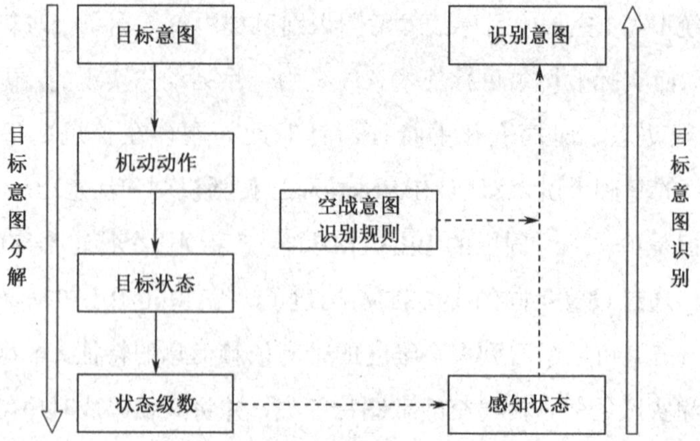

图 11.1　目标意图识别的逻辑推理过程

根据以上分析可知，如果可以挖掘出敌方战机的作战意图与特征状态参数之间的映射关系，就可以根据目标状态参数的变化识别其作战意图。这样，就可以把意图识别问题等效为数据分类问题进行处理。

在空战过程中，敌方目标通常会尽可能地隐藏真实的作战意图，导致我方获取的单一时刻的状态信息具有隐蔽性和欺骗性；而且目标意图是通过一系列作战行动和机动动作贯彻执行的，真实意图通常隐藏在动态、时序变化的状态信息中，仅依赖单一时刻目标的状态信息识别其作战意图很容易导致识别结果的片面性，所以应从连续多个时刻的目标状态信息中识别其作战意图。

由此可见，目标意图识别需要在专家军事知识和实践经验的基础上，根据多源战场信息中提取的目标状态参数信息，通过逻辑推理、联想分析等高度复杂的思维活动来实现。这一问题不能显式地依靠数学公式进行描述和归纳，需要构建智能识别模型，而且建模的难点在于特征提取、知识表达和时序特征学习。

11.2　基于 Multi-BiLSTM-Attention 网络的 1 对 1 空战目标意图识别研究

11.2.1　意图空间描述

建立意图识别模型的前提是对目标的作战意图类别有清晰的界定和描述[19]，即确定意图空间。结合不同的作战背景、作战方式和作战任务，敌方目标可能具备不同的作战意图，所以应根据具体的作战想定来定义目标的意图空间。例如，文献[20]以近岸空袭目标为研究对象，确立的目标意图空间为{侦察、监视、佯动、攻击、突防、诱敌、撤退}7 类；文献[21]针对放空任务中的无人机侦察目标，确立的目标意图空间为{侦察、攻击、监视、掩护}4 类；文献[22]针对海面舰艇编队目标，确立的目标意图空间为{攻击、侦察、突防、撤退}4 类。本章研究空战战场 1 对 1 超视距空战的目标意图识别问题，确立的意图空间为{突防、攻击、佯攻、侦察、撤退}5 类。

根据领域专家知识和实践经验，不同的作战意图主要与以下状态参数有关：目标飞行速度 V_T、高度 H、航向角 ϕ_s、方位角 φ_T、相对距离 R 和飞行加速度 a_T。图 11.2～图 11.5 列举了目标飞行速度、高度、航向角和距离 4 个状态参数与作战意图的对应关系[23]。另外，由于目标意图最终是通过机动动作贯彻执行的，机动动作类型 M 可以反映目标的运动信息，与作战意图紧密相关[24]，图 11.6 列举了目标机动类型与作战意图的对应关系，其中未列出直飞、左转弯和右转弯这 3 类对各种作战意图都适用的机动动作。

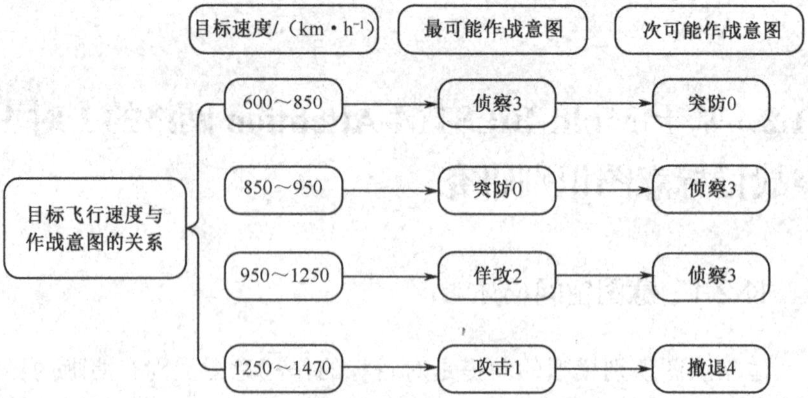

图 11.2　目标飞行速度与作战意图的关系

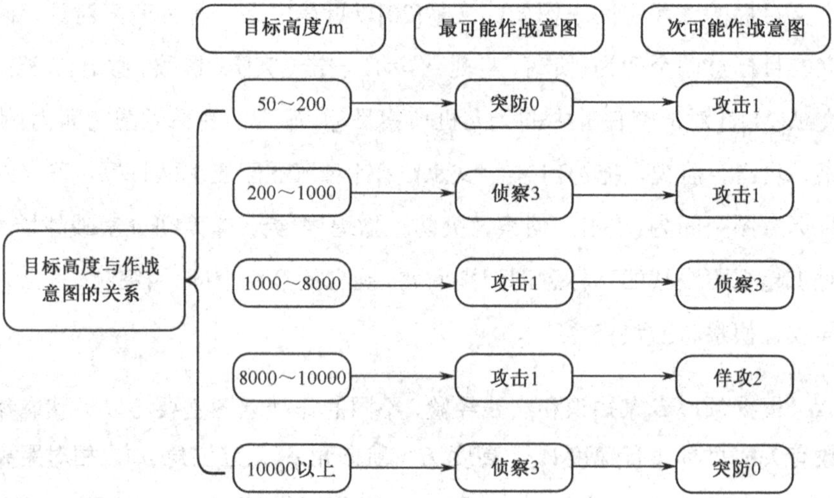

图 11.3　目标高度与作战意图的关系

本章利用 Muli-BiLSTM-Attention 模型进行意图识别，实质就是从时序、动态变化的空战态势数据中提取目标的特征信息，建立作战意图与特征状态参数之间的映射关系，然后从连续多个时刻的状态参数信息中识别目标的作战意图。

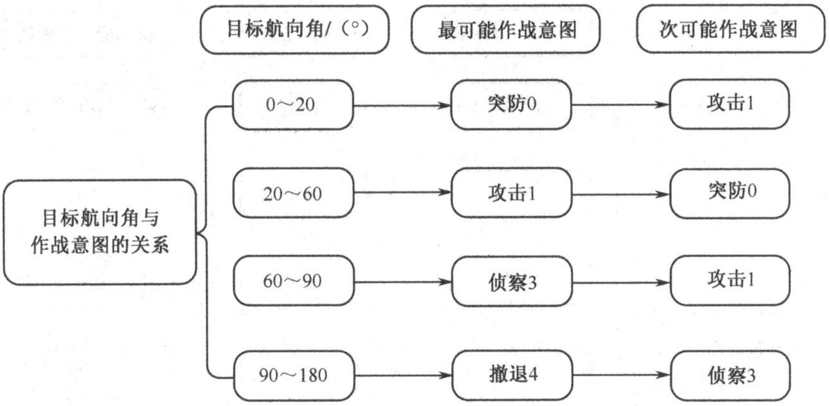

图 11.4　目标航向角与作战意图的关系

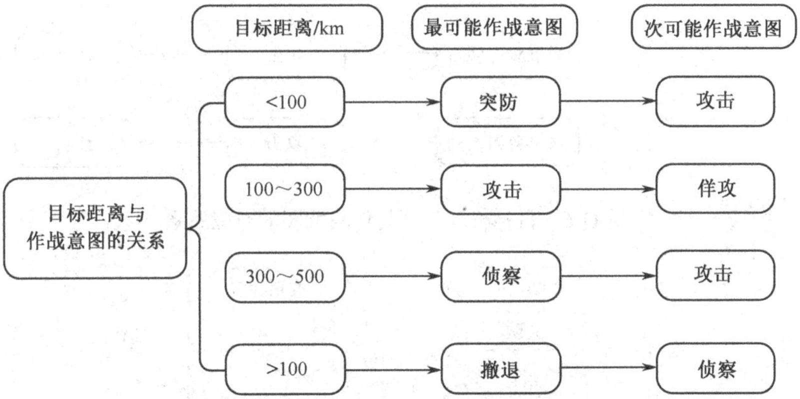

图 11.5　目标距离与作战意图的关系

为了避免数据中变量取值范围不同造成的误差，对训练样本和测试样本进行归一化处理，归一化公式为

$$Y=\frac{X-X_{\min}}{X_{\max}} \tag{11.1}$$

式中，X 为某一变量的真实值；$X_{\max}$ 和 $X_{\min}$ 分别为该变量在样本中的最大值和最小值；Y 为变量进行归一化后的取值。本章意图空间{突防、攻击、佯攻、侦察、撤退}及类别标签的编码与模式解析机制如图 11.7 所示。

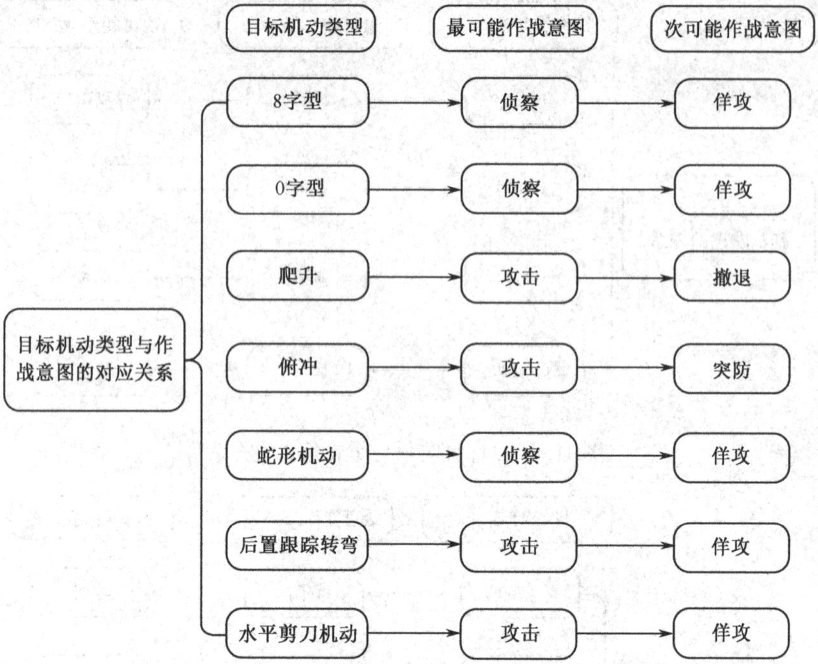

图 11.6　目标机动类型与作战意图的对应关系

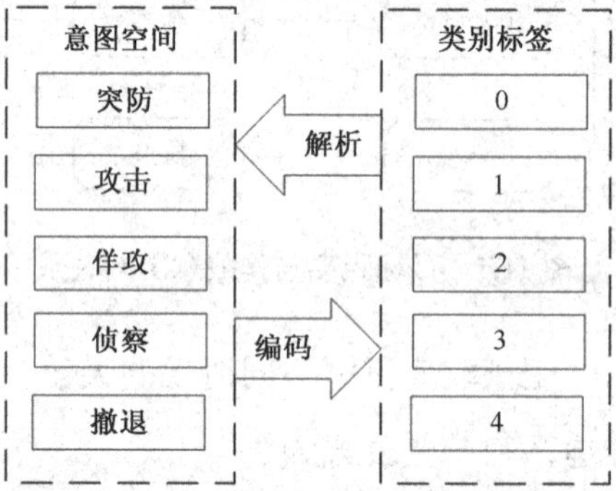

图 11.7　作战意图编码与模式解析机制

11.2.2　BiLSTM

LSTM 通过使用记忆单元代替 RNN 隐藏层的神经元，一定程度上解决了长距离的依赖问题。但是它的本质仍然是单向神经网络，只能从前向后传递信息，不能充分考虑后面信息对当前时刻状态的影响。相比于单向 LSTM，BiLSTM 可以从前向和后向两个方向将输入信息传递给 LSTM，这样就能充分抓取每个记忆单元过去和将来的状态信息，具有明显的信息全面性优势。BiLSTM 结构如图 11.8 所示[18]。

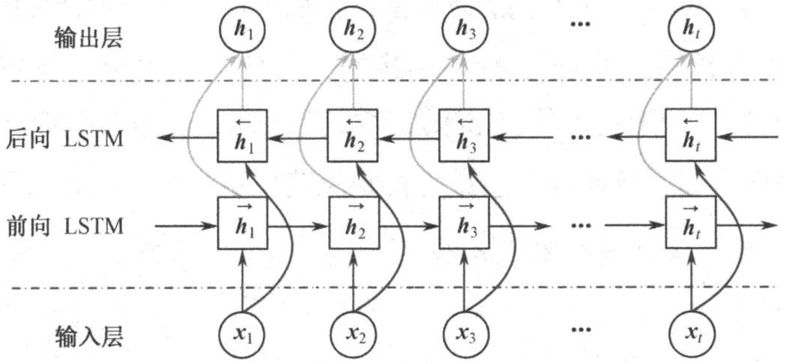

图 11.8　BiLSTM 结构

由图 11.8 可以看出，BiLSTM 由两个方向相反的 LSTM 组成，一个从前向后训练，另一个从后向前训练，而且两个网络连接相同的输入层和输出层。在 t 时刻，$\vec{\boldsymbol{h}}_t$ 是前向 LSTM 的输出，$\overleftarrow{\boldsymbol{h}}_t$ 是后向 LSTM 的输出，该时刻 BiLSTM 的最后输出 $\boldsymbol{h}_t$ 由前向和后向的输出拼接得到，拼接公式为[18]

$$\boldsymbol{h}_t = \vec{\boldsymbol{h}}_t \oplus \overleftarrow{\boldsymbol{h}}_t \tag{11.2}$$

在实际空战对抗中，会存在影响目标机动和战术意图的关键条件因素，因此不同时刻的数据重要程度是不同的。在本章将 BiLSTM 与 Attention 机制搭配使用。

11.2.3　Attention 机制

Attention 机制与人类视觉所特有的大脑信号处理机制相似，其通过计算不同时刻 BiLSTM 中输出的特征向量权重，突出对预测结果占比更大的特征，从而使整个神经网络模型表现出更优的性能。Attention 机制在机器翻译、语音识别等时序数据中表现优异，在分类预测中也有较为不错的效果，可以单独使用，也可以在其他混合模型中作为其他混合模型的层使用。在本节空中目标战术意图识别中，神经网络在训练过程中，通过 Attention 机制来着重关注一些关键的特征，其核心是权重系数，首先学习每个特征的重要程度，而后根据重要程度为每个特征分配相应的权重，如目标机是攻击意图时，其中航向角、机动类型等特征会被 Attention 机制分配更多的权重来加深模型记忆。 $\boldsymbol{x}_t$ 为 BiLSTM 输出的第 t 个特征向量，将其输入注意力机制隐藏层得到初始状态向量 $\boldsymbol{h}_t$ ，而后与权重系数 $\boldsymbol{\alpha}_t$ 对应相乘，并累加求和得到最终输出的状态向量 $\boldsymbol{Y}$ 。计算公式如下：

$$\boldsymbol{e}_t = \tanh\left(\boldsymbol{w}_t \boldsymbol{h}_t + \boldsymbol{b}_t\right) \tag{11.3}$$

$$\boldsymbol{\alpha}_t = \frac{\exp(\boldsymbol{e}_t)}{\sum_{i=1}^{t} \boldsymbol{e}_i} \tag{11.4}$$

$$\boldsymbol{Y} = \sum_{t=1}^{n} \boldsymbol{\alpha}_t \boldsymbol{s}_t \tag{11.5}$$

式中， $\boldsymbol{e}_t$ 表示第 t 个特征向量的状态向量 $\boldsymbol{h}_t$ 所确定的能量值； $\boldsymbol{w}_t$ 表示第 t 个特征向量的权重系数矩阵； $\boldsymbol{b}_t$ 表示第 t 个特征向量相对应的偏移量。根据式（11.4）可以实现由输入初始状态到新的注意力状态的转换，之后通过式（11.5）得到最终输出的状态向量 $\boldsymbol{Y}$ 。

同 BiLSTM 一样，Attention 机制也有一些缺陷。Attention 机制并不能捕获目标的时序，也就是说，单独的 Attention 机制只能影响关键条件因素权重的分配。然而，BiLSTM 天生具有捕获时序的能力，这就使得 BiLSTM 与 Attention 机制形成良好的互补。因此，本章将两者结合起来用作战术意图识别。

11.2.4　Multi-BiLSTM-Attention 模型

鉴于 BiLSTM 和 Attention 机制存在较好的互补性，我们将两者结合起来使用。但是单一的、固定的 BiLSTM 只能学习到一个特定维度的信息，因此我们通过设置不同的 BiLSTM，构建了一个 Multi-BiLSTM-Attention 模型。该模型可以学习到多个维度带有依赖信息的特征，其模型结构图如图 11.9 所示。

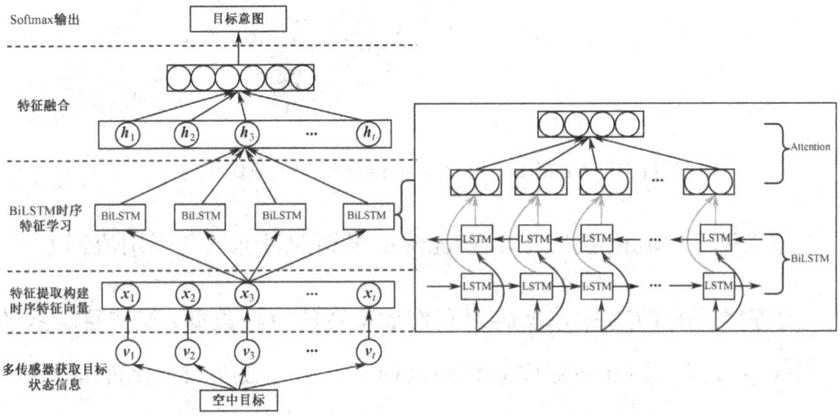

图 11.9　Multi-BiLSTM-Attention 模型结构图

在该模型中，定义向量 $\boldsymbol{V}_t$ 表示多传感器获取的目标在 t 时刻的状态信息，其中包括目标的速度、高度和方位等参数；定义向量 $\boldsymbol{x}_t$ 表示状态信息向量 $\boldsymbol{V}_t$ 经过特征提取后构建的意图识别特征向量；定义意图空间 $\boldsymbol{I}=\{$突防，攻击，佯攻，侦察，撤退$\}$。则 BiLSTM 进行目标意图识别的过程就是确定时序特征向量与意图空间 $\boldsymbol{I}$ 之间的映射函数如下：

$$\boldsymbol{I}=f\left(\boldsymbol{x}_1,\boldsymbol{x}_2,\boldsymbol{x}_3,\cdots,\boldsymbol{x}_t\right) \tag{11.6}$$

式中，$\boldsymbol{x}_t=\left(V_{Tt},H_t,\phi_{st},\varphi_{Tt},R_t,a_{Tt},M_t\right)$，其中 $V_{Tt},H_t,\phi_{st},\varphi_{Tt},R_t,a_{Tt},M_t$ 为该时刻的 7 个特征状态参数。

该模型的三维示意图如图 11.10 所示。

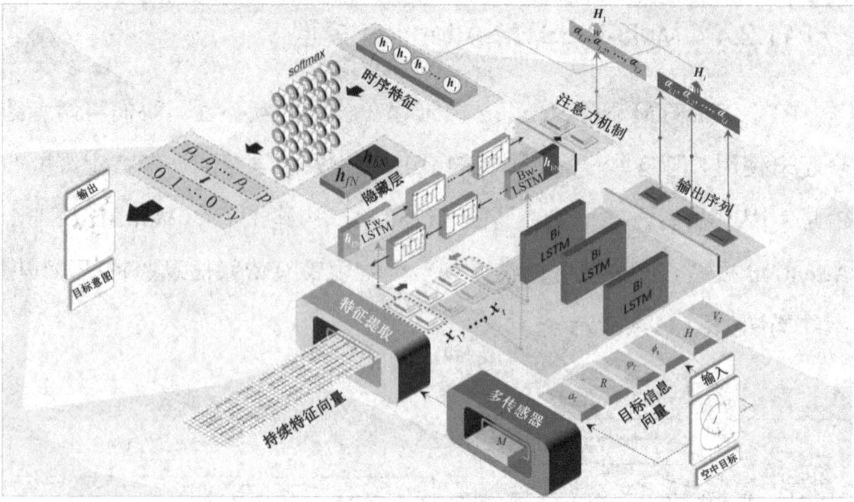

图 11.10 Multi-BiLSTM-Attention 模型的三维示意图

本章基于 Multi-BiLSTM-Attention 模型的目标意图识别流程如下：

步骤 1：在 DCS 中选取各类别作战意图的空战数据，构造目标意图识别样本数据。划分训练样本和测试样本，进行数据归一化处理。

步骤 2：利用样本数据对 Multi-BiLSTM-Attention 模型进行训练和测试，调整网络结构参数，直至达到既定要求。

步骤 3：在多传感器获取的目标连续多个时刻的状态参数信息中进行特征提取，构建意图识别特征向量。

步骤 4：以连续多个时刻的时序特征向量作为待识别样本的模型输入，通过 Multi-BiLSTM-Attention 模型对目标时序特征的学习，挖掘目标隐藏在状态信息中的真实作战意图。

步骤 5：综合网络在连续多个时刻的输出进行特征融合，结合意图空间，通过 Softmax 分类器输出目标意图识别结果。

11.3　意图识别样本数据的构造

在 DCS 中分别选取各类作战意图的实测空战训练数据，采样间隔 0.1s，在惯性坐标系中绘制各类数据的飞行轨迹，其中假定红机代表我方战机，蓝机代表目标战机，具体如图 11.11～图 11.15 所示。

突防意图数据轨迹如图 11.11 所示，攻击意图数据轨迹如图 11.12 所示，佯攻意图数据轨迹如图 11.13 所示，侦察意图数据轨迹如图 11.14 所示，撤退意图数据轨迹如图 11.15 所示。

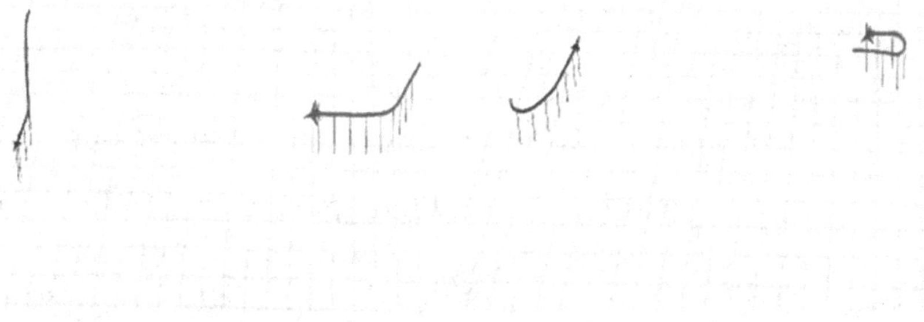

（a）低空突防样本数据　　（b）高空突防样本数据

图 11.11　突防意图数据轨迹图

（a）尾后攻击样本数据 1　　（b）尾后攻击样本数据 2

图 11.12　攻击意图数据轨迹图

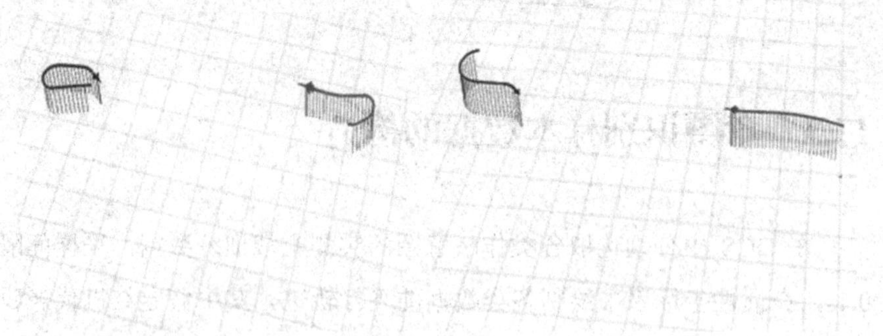

（c）迎头攻击样本数据 1　　（d）迎头攻击样本数据 2

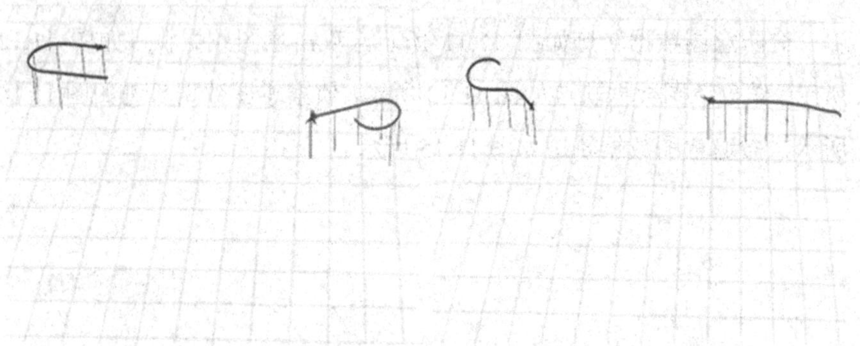

（e）右侧向攻击样本数据　　（f）左侧向攻击样本数据

图 11.12　攻击意图数据轨迹图（续）

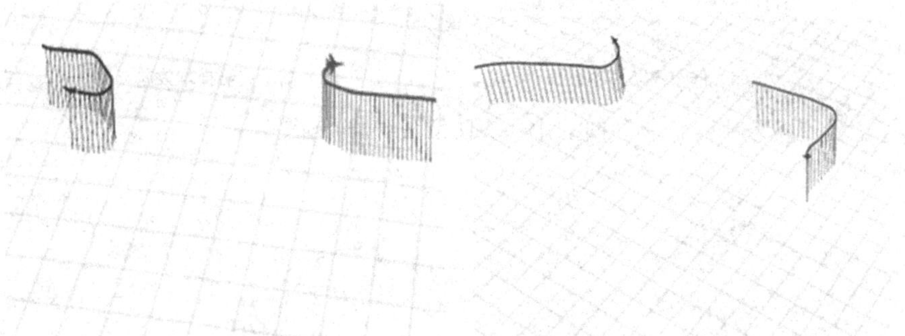

（a）佯攻样本数据 1　　（b）佯攻样本数据 2

图 11.13　佯攻意图数据轨迹图

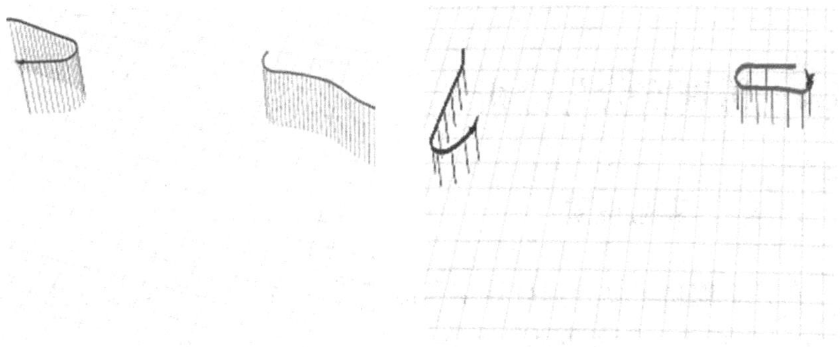

（a）侦察样本数据 1　　（b）侦察样本数据 2

图 11.14　侦察意图数据轨迹图

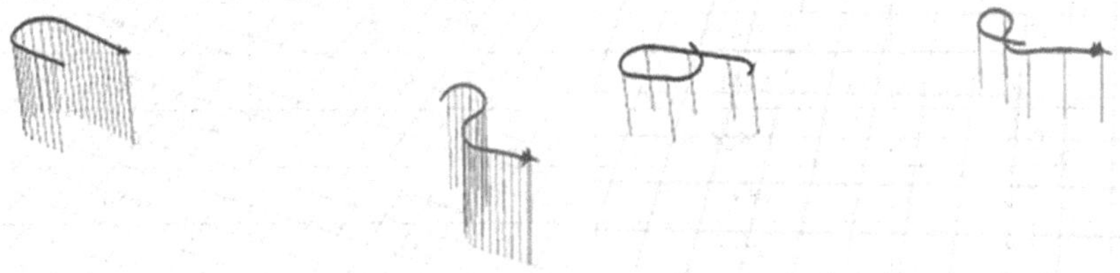

（a）撤退样本数据 1　　（b）撤退样本数据 2

图 11.15　撤退意图数据轨迹图

根据每组数据中目标的方位和运动参数计算对应时刻的特征状态参数，再识别每组数据对应的目标机动类型 M_t，以参数 $V_{Tt}, H_t, \phi_{st}, \varphi_{Tt}, R_t, a_{Tt}, M_t$ 构成 t 时刻的意图识别特征向量 $\boldsymbol{x}_t$，以当前作战意图类别为输出，构建意图识别样本数据。本章按照这种方式构建各类作战意图的样本数据 51729 组，其中，突防意图样本 9901 组、攻击意图样本 12584 组、佯攻意图样本 8676 组、侦察意图样本 9724 组、撤退意图样本 10844 组。

11.4 仿真实验与分析

11.4.1 实验设置

在样本数据中划分训练样本和测试样本，各类样本的划分情况如表 11.1 所示。为了避免数据中变量取值范围不同造成的误差，对所有样本进行归一化处理。

表 11.1 意图识别样本数据划分

意图类别	样本总数	训练样本数	测试样本数
突防	9901	2476	7425
攻击	12584	3146	9438
佯攻	8676	2169	6507
侦察	9724	2431	7293
撤退	10844	2711	8133

在模型训练过程中，样本输入向量的维度为 70，设定每 100 个样本为 1 个 batch，训练迭代次数 epoch 为 200。采用随机梯度下降学习算法 AdaGrad，学习率设定为 0.05，正则化参数为10^{-8}。利用训练样本对模型进行多次训练，对比不同参数下的测试样本识别准确率，最终设定采用 4 层 BiLSTM 结构。仿真环境为：Intel(R) Core(TM)i7-9750H CPU @ 2.60GHz 2.59 GHz 处理器，Nvidia GeForce RTX 2080 显卡，64GB 内存，Windows10 64 位操作系统，运行平台为 MATLAB 2010a 和 JetBrains Pycharm Community Edition 2017.3.3×64。其中，在 Pycharm 中搭建基于 TensorFlow（深度学习框架）的深度学习环境完成 PSO-LSTM 仿真。

在 DCS 中选取 1 对 1 空战数据进行意图识别的实例仿真，数据飞行轨迹和数据意图分布如图 11.16 和图 11.17 所示。

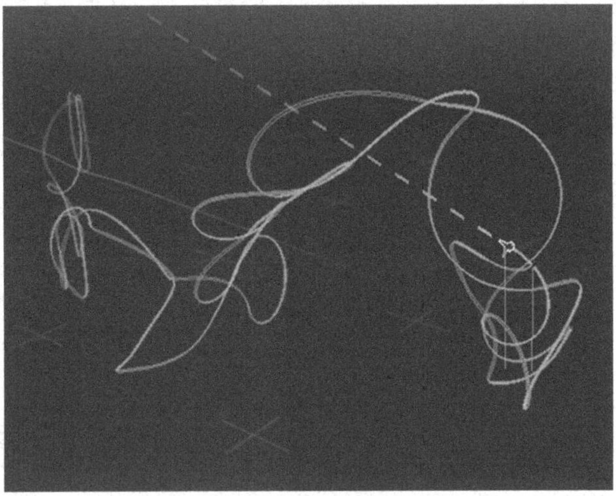

（a）DCS 飞行轨迹

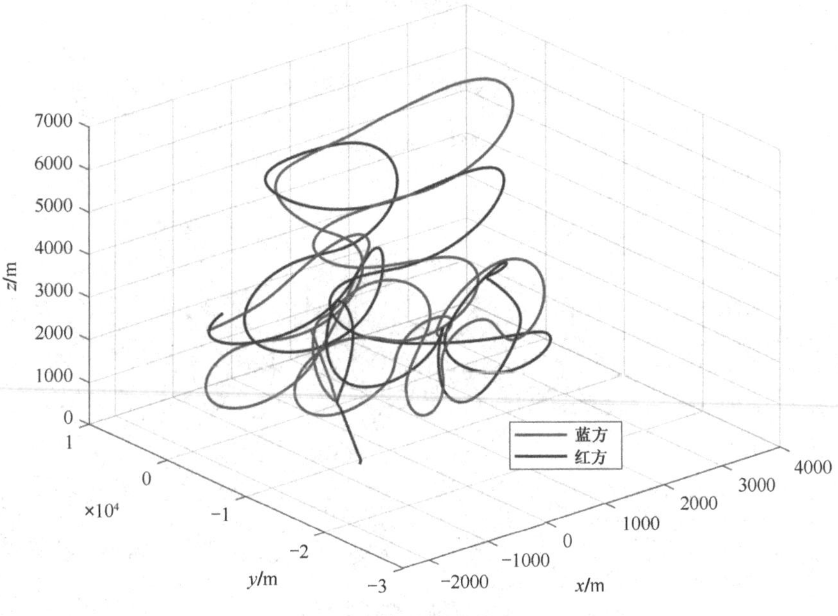

（b）数据飞行轨迹

图 11.16　数据飞行轨迹

该段数据共 8320 组样本，该段数据包含突防、攻击、佯攻、侦察、撤退 5 种作战意图，其中，突防样本 1105 组、攻击样本 931 组、佯攻样本 2124 组、侦察样本 3229 组、撤退样本 931 组。

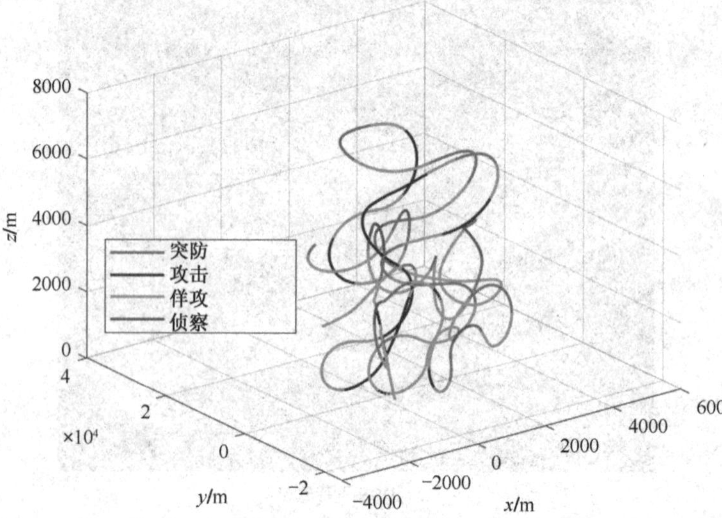

（a）最可能作战意图分布

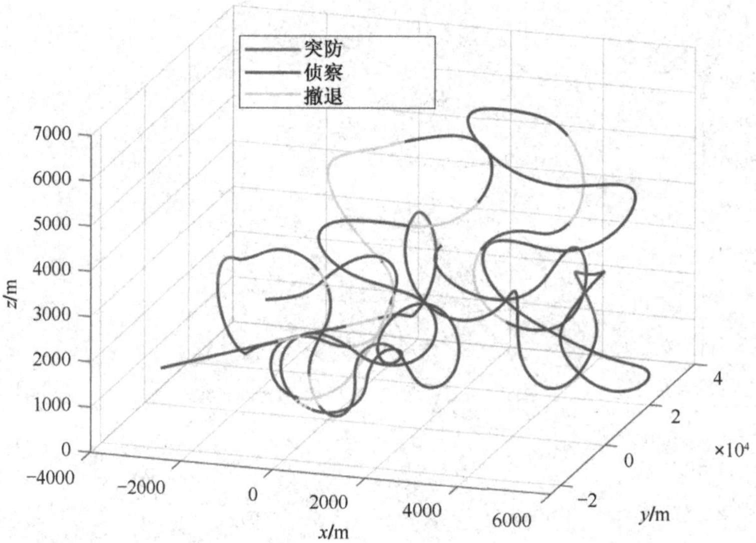

（b）次可能作战意图分布

图 11.17　数据意图分布

选取的实例仿真数据包含意图空间中的 5 类作战意图，满足意图识别仿真的需求。对数据分别进行编号，不同意图类别的仿真数据样本分布如图 11.18 所示。

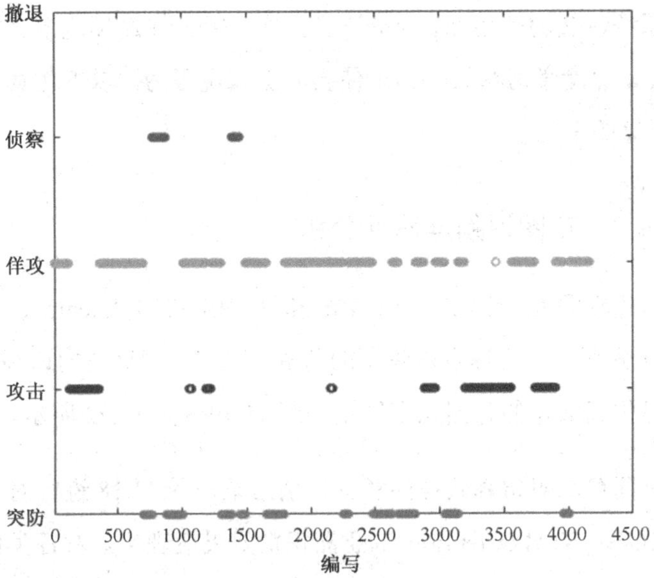

（a）最可能作战意图样本分布

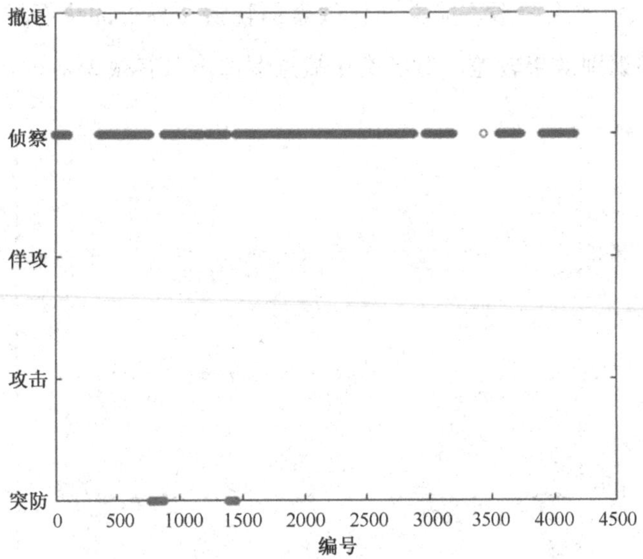

（b）次可能作战意图样本分布

图 11.18　仿真数据样本分布

仿真实验在计算机上进行，运行环境为：Intel(R) Core(TM) i7-9750H CPU 处理器，NVIDIA GeForce RTX 2080 显卡，16GB 内存，Win10 64

位操作系统，实验使用 Python 语言，在 GPU 加速环境下进行，采用 Tensorflow 深度学习框架。为了使实验更具说服力，以下仿真结果均为 200 次计算的平均值。

11.4.2 意图识别准确性分析

利用建立的 Multi-BiLSTM-Attention、BiLSTM-Attention、BiLSTM 和 LSTM 分别进行目标意图识别的仿真，比较不同算法的识别性能。不同算法对仿真数据的意图识别结果如图 11.19～图 11.22 所示。

将不同算法对仿真数据的意图识别结果与图 11.18 进行对比可以看出，Multi-BiLSTM-Attention 的意图识别效果最理想，对各类作战意图的识别准确率都很高；BiLSTM-Attention 和 BiLSTM 的识别准确率比较接近，识别效果一般，尤其在作战意图转换交界处的错误样本较多；LSTM 的识别效果较差，对各类作战意图都难以有效识别。

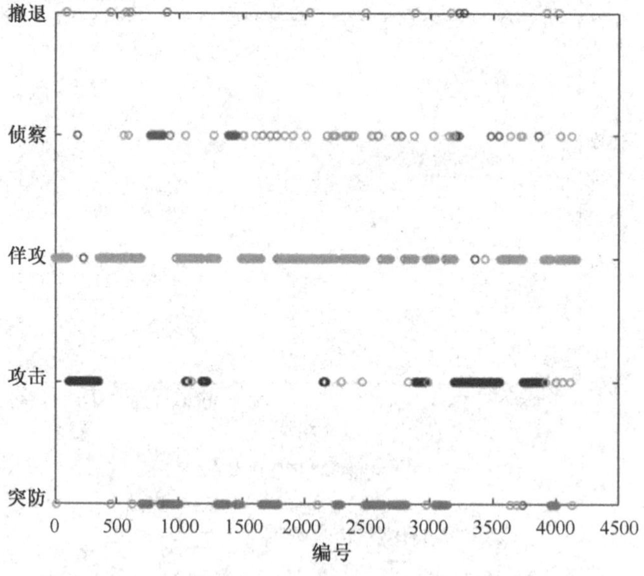

（a）最可能作战意图识别结果

图 11.19　Multi-BiLSTM-Attention 对仿真数据的意图识别结果

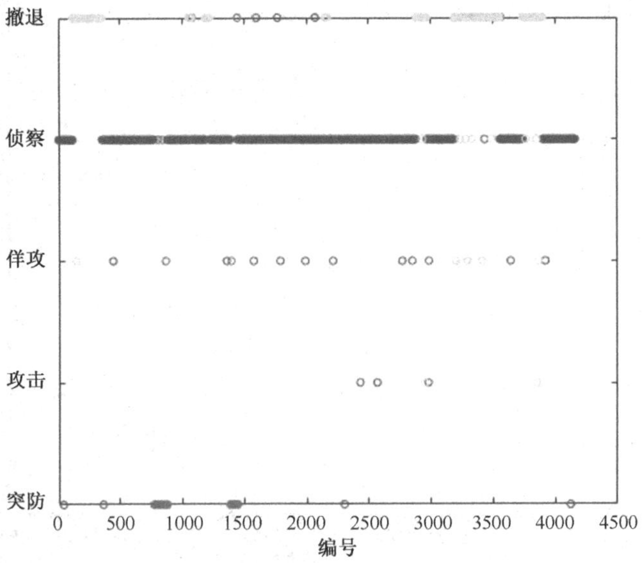

（b）次可能作战意图识别结果

图 11.19 Multi-BiLSTM-Attention 对仿真数据的意图识别结果（续）

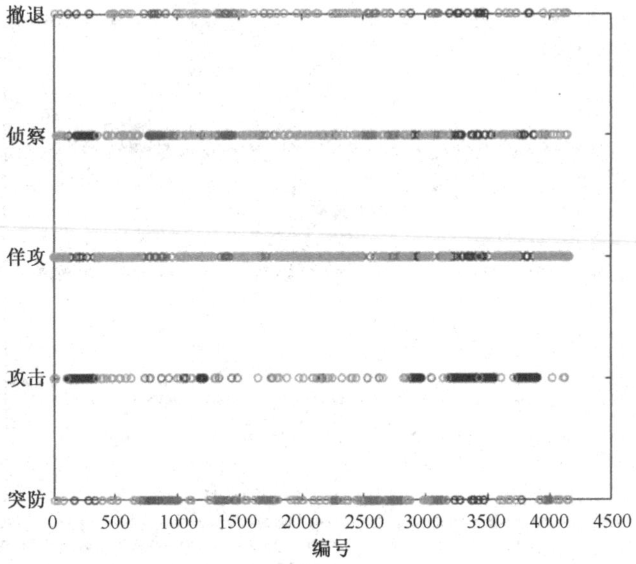

（a）最可能作战意图识别结果

图 11.20 BiLSTM-Attention 对仿真数据的意图识别结果

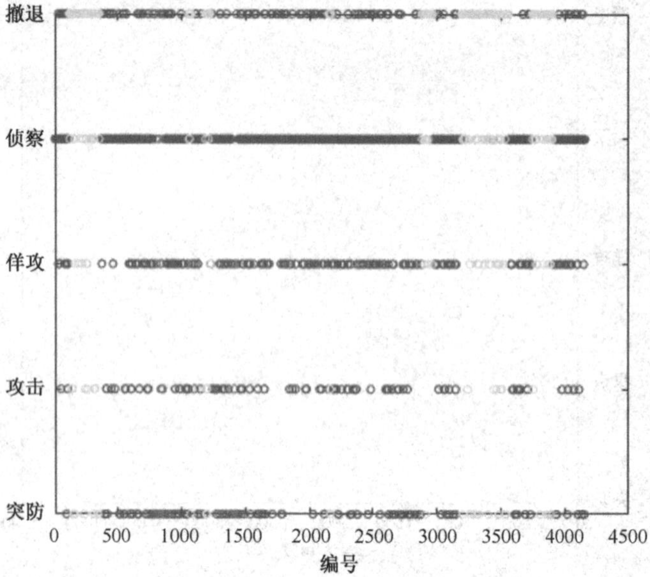

（b）次可能作战意图识别结果

图 11.20 BiLSTM-Attention 对仿真数据的意图识别结果（续）

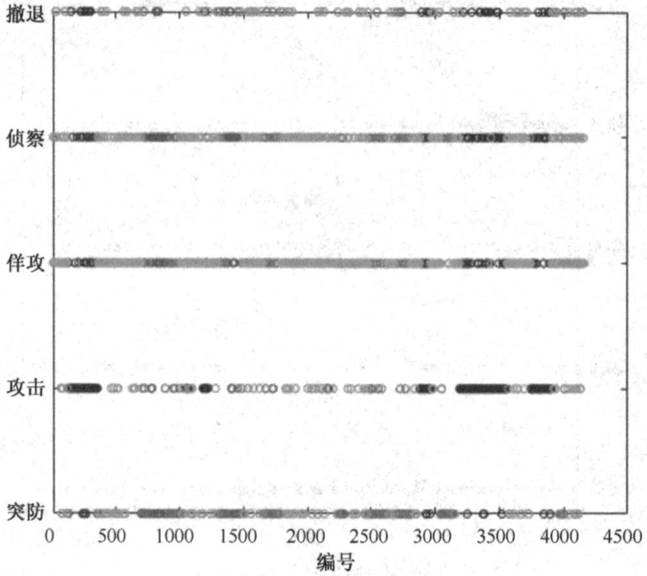

（a）最可能作战意图识别结果

图 11.21 BiLSTM 对仿真数据的意图识别结果

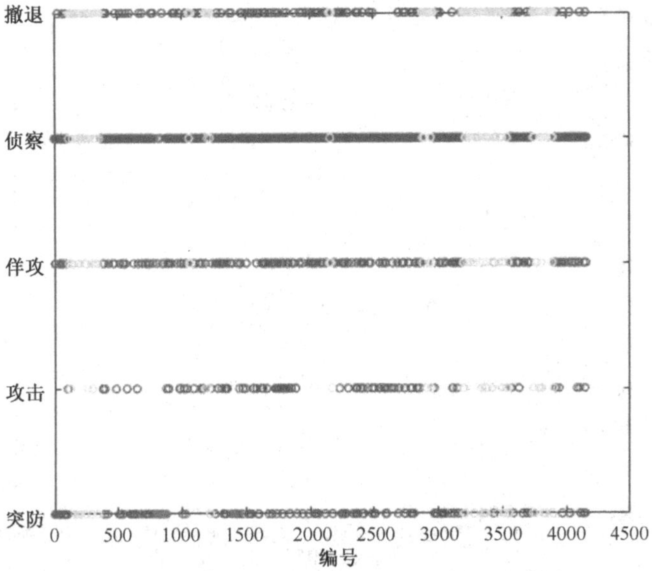

（b）次可能作战意图识别结果

图 11.21　BiLSTM 对仿真数据的意图识别结果（续）

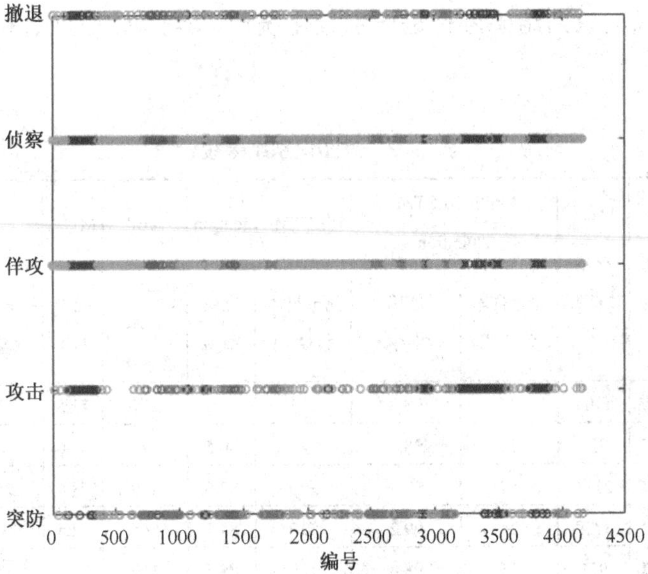

（a）最可能作战意图识别结果

图 11.22　LSTM 对仿真数据的意图识别结果

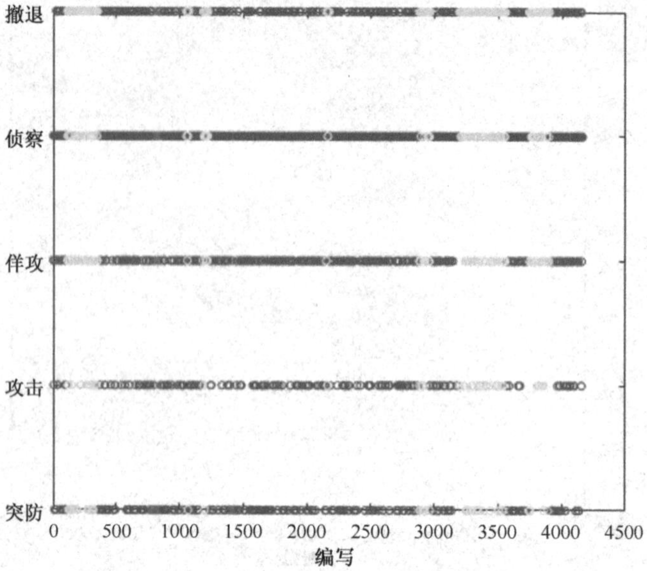

（b）次可能作战意图识别结果

图 11.22　LSTM 对仿真数据的意图识别结果（续）

对以上识别结果进行进一步量化统计，具体如表 11.2 和图 11.23 所示。

表 11.2　意图识别结果统计

意图编号	意图类别	样本数量/组	Multi-BiLSTM-Attention		BiLSTM-Attention		BiLSTM		LSTM	
			错分样本数量/组	准确率/%	错分样本数量/组	准确率/%	错分样本数量/组	准确率/%	错分样本数量/组	准确率/%
1	突防	1105	20	98.2	173	84.3	227	79.5	439	60.3
2	攻击	931	12	98.7	126	86.5	171	81.6	351	62.3
3	佯攻	2124	57	97.3	370	82.6	459	78.4	750	64.7
4	侦察	3229	26	99.2	539	83.3	565	82.5	1243	61.5
5	撤退	931	15	98.4	135	85.5	180	80.7	336	63.9
6	综合	8320	130	98.4	1343	83.9	1602	80.1	3119	62.5

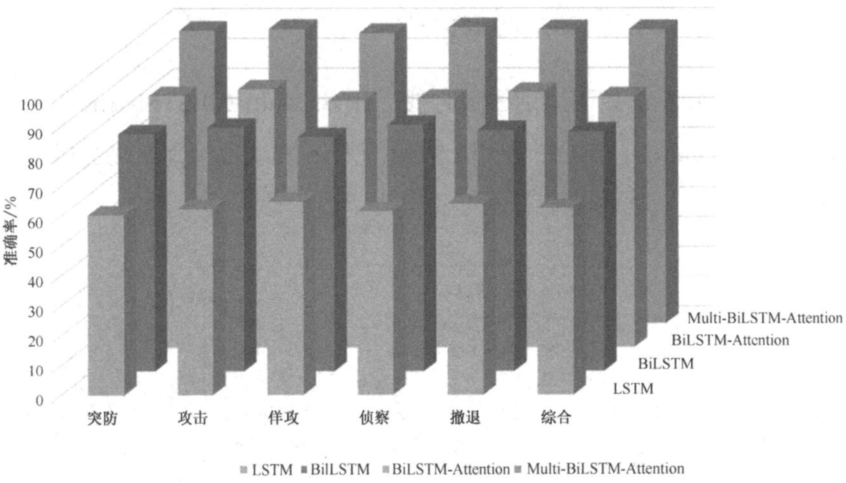

图 11.23　不同算法的识别准确率

由表 11.2 和图 11.23 可知，Multi-BiLSTM-Attention 对各类作战意图的识别准确率都很高，平均准确率达到 98.4%；BiLSTM-Attention 和 BiLSTM 的识别准确率都不够高，平均准确率分别为 83.9%和 80.1%；LSTM 的识别准确率最低，平均准确率只有 62.5%。在意图识别过程中，作为单向 LSTM 只能学习时序信息在一个方向上的特征，而不能充分考虑目标前后时刻的状态信息对当前时刻的影响，导致意图识别准确率很低；BiLSTM 可以同时利用前向和后向的 LSTM 进行时序特征的学习，但每个时刻的特征向量权重是相同的。在实际空战对抗过程中，会存在影响目标机动和战术意图的关键条件因素，因此不同时刻的数据重要程度是不同的，导致意图识别准确率不够高；BiLSTM-Attention 考虑每个时刻的特征向量权重变化，但是单一的、固定的 BiLSTM 只能学习到一个特定维度的信息，导致意图识别准确率也不够高；通过设置不同的 BiLSTM，构建的 Multi-BiLSTM-Attention 模型充分考虑了每个时刻的特征向量权重变化，学习到多个维度的信息，因此，极大地提升了空中目标战术意图识别率，达到了 98.4%。

11.4.3 意图识别实时性分析

比较不同算法意图识别的实时性，计算 Multi-BiLSTM-Attention，BiLSTM-Attention，BiLSTM 和 LSTM 进行不同次数识别所需的时间，实验结果如图 11.24 所示。

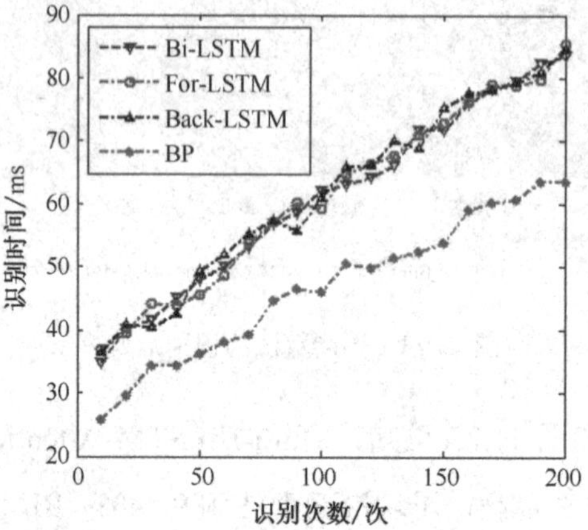

图 11.24 不同算法的识别时间

由图 11.24 可知，由于 LSTM 和 BiLSTM 不带有 Attention 层，神经网络模型比较简单，网络进行一定次数识别所需的时间要小于其他两种网络，具有较好的实时性。Multi-BiLSTM-Attention 和 BiLSTM-Attention 的识别实时性基本相同，连续进行 200 次识别所需时间约为 100ms，相差只有 10ms，这说明相比不带 Attention 层的 LSTM 和 BiLSTM，使用 Multi-BiLSTM-Attention 模型进行意图识别的效率并没有显著降低，同样可以获得很好的识别实时性。

本章针对现有意图识别方法的不足，提出了一种基于 Multi-BiLSTM-Attention 的目标意图识别模型；分析阐述了目标作战意图分解为作战行动，再到机动动作，最终体现为状态参数变化的逻辑关系；把意图识别问题等效为数据分类问题，利用 DCS 中的空战数据构造意图识别样本数据，利用 Multi-BiLSTM-Attention 对目标的时序特征进行学习，挖掘目标特征状态参数与作战意图之间的映射关系。仿真实验结果表明，本章提出的意图识别模型对各类作战意图都可以准确识别，平均准确率可达 98.4%，准确率远远超出其他神经网络结构。而且连续进行 200 次识别所需时间约为 100ms，具有很好的识别实时性，可以准确、快速地进行空战意图识别。

本部分总结

本部分针对当前研究中存在的不足，从空战态势感知的概念出发，依次研究了超视距 1 对 1 空战中的态势评估、目标威胁评估、目标机动识别、目标轨迹预测和目标意图识别 5 个关键问题；利用机器学习算法建立了智能空战态势感知的模型框架，并通过仿真实验进行了分析验证；在当前研究的基础上，进一步提高了空战态势感知的准确性和实时性，从数据化、智能化的角度解决了空战态势感知问题。本部分研究工作具体包括以下几个方面。

（1）研究了基于粒子群优化 LSTM 的空战轨迹预测。轨迹预测是空战态势感知、智能空战中的关键问题。传统轨迹预测模型存在模型简化较大、考虑因素较少等问题。结合飞行轨迹连续性、时序性、交互性的特点，本部分提出了基于粒子群优化 LSTM 的轨迹预测模型，将目标机的位置、姿态等信息同时作为轨迹预测模型的输入，更加符合真实轨迹变化规律；对建立的粒子群优化 LSTM 的轨迹预测模型采用综合考虑动量和速度的自适应调整学习步长的学习算法进行训练；并与基于 BP、RNN、LSTM 的轨迹预测模型进行仿真对比分析。结果表明：与基于 BP、RNN、LSTM 的轨迹预测模型相比，本部分所提模型预测误差更小、预测效果更好，可以更加准确地进行目标机空战轨迹的预测。

（2）研究了基于 CHCQPSO-LSSVM 的空战目标机动识别。针对现有机动识别方法的不足，本部分将空战目标机动识别问题等效为数据分类问题，提出了一种基于运动分解和 CHCQPSO-LSSVM 的识别模型。利用 DCS 仿真数据对模型进行训练，挖掘出了飞行参数与机动动作之间的映射关系。结合运动分解的思想，本部分构造了机动特征数据，在此基础上构建了机动动作样本库，并建立了基于最小二乘支持向量机的机动动作识别模型，利用交叉杂交的混沌量子粒子群算法对模型进行优化，将优化后的模型应用到态势数据中实现飞行员的机动动作识别，建模过程实现了复杂问题的简单化。仿真实验结果表明，本部分提出的识别模型可以准确识别各类机动动作，平均准确率可达 96%左右，而且连续进行 200 次识别所需时间约为 30ms，可以准确、快速地进行空战目标机动识别。

（3）研究了基于 Multi-BiLSTM-Attention 的空战目标意图识别。传统 1 对 1 空战中，目标战术意图识别过程中仅依据单一时刻进行推理分析，而实际战场中目标战术意图是由一系列动作实现的，因此目标状态呈现动态、时序变化特征。针对此问题，在长短期记忆网络（LSTM）的基础上引入双向（Bidirectional）传播机制和注意力（Attention）机制，但是单一的、固定的 BiLSTM 只能学习到一个特定维度的信息，因此我们通过设置不同的 BiLSTM，构建了一个 Multi-BiLSTM-Attention 模型。该模型可以学习到多个维度的带有依赖信息的特征。根据领域专家知识和实践经验，构建空战意图特征集，并将其编码成时序特征，将决策人员经验封装成标签，通过 Multi-BiLSTM 学习空战意图特征向量中的深层次信息，并利用 Attention 机制自适应分配网络权重，最后将不同权重的空战特征信息放入 Softmax 函数层进行意图识别。通过与多种空战目标意图识别模型对比和实时性实验分析表明，所提模型极大地提升了空中目标战术意图识别率，并且具有很好的识别实时性，可以准确、快速地进行空战意图识别。

本部分的创新点有如下 3 个方面。

（1）本部分结合飞行轨迹连续性、时序性、交互性的特点，提出了基于粒子群优化 LSTM 的轨迹预测模型。将目标机的位置、姿态等信息同时作为轨迹预测模型的输入，更加符合真实轨迹变化规律。

（2）本部分将空战目标机动识别问题等效为数据分类问题，提出了一种基于运动分解和 CHCQPSO-LSSVM 的识别模型。利用 DCS 仿真数据对模型进行训练，挖掘出了飞行参数与机动动作之间的映射关系。结合运动分解的思想，构造了机动特征数据，在此基础上构建了机动动作样本库并建立了基于最小二乘支持向量机的机动动作识别模型，利用交叉杂交的混沌量子粒子群算法对模型进行了优化，将优化后的模型应用到态势数据中实现飞行员的机动动作识别，建模过程实现了复杂问题的简单化。

（3）在长短期记忆网络（LSTM）的基础上引入双向（Bidirectional）传播机制和注意力（Attention）机制，但是单一的、固定的 BiLSTM 只能学习到一个特定维度的信息，因此我们通过设置不同的 BiLSTM，构建了一个 Multi-BiLSTM-Attention 模型。该模型可以学习到多个维度的带有依赖信息的特征。根据领域专家知识和实践经验，构建空战意图特征集，并将其编码成时序特征，将决策人员经验封装成标签，通过 Multi-BiLSTM 学习空战意图特征向量中的深层次信息，并利用 Attention 机制自适应分配网络权重，最后将不同权重的空战特征信息放入 Softmax 函数层进行意图识别。

智能空战是当前航空军事领域的前沿，是提高空军部队战斗力的核心关键技术。由于作者时间和能力有限，这里只针对 1 对 1 超视距空战开展了基于机器学习的智能空战态势感知研究，是在智能空战领域的一次尝试，虽然取得了一些初步成果，但也有很多不足。结合研究工作和未来发展方向，作者认为还应在以下 3 个方面继续探索：

（1）研究了 1 对 1 超视距空战中的态势感知。随着武器装备的发展更新和作战样式的演变，未来空战将是多机协同的体系化作战。下一步可以将该方法推广至单机对抗多目标空战和多机对抗多目标空战中，针对协同智能空战态势感知进行深入研究，拓展模型的适用范围。

（2）在机动动作识别研究中，本部分考虑了 10 类基础机动动作的识别。在实际空战对抗中，目标机动通常是连贯且复杂的。下一步将重点针对复杂机动动作的识别进行研究，如 8 字形机动、蛇形机动和水平剪刀机动等，增强模型的实际应用性。

（3）在大数据基础上开展智能空战态势感知的理论研究，前提是对空战环境和目标信息完全掌握的理想条件。在实际空战对抗中，由于电子对抗等外部因素的影响，大部分情况下我们无法掌握目标的完备信息。下一步将针对不完备信息条件下的智能空战态势感知进行研究，使态势感知更贴近实际。

参考文献

[1] ZHANG M. Command and Guidance of Modern Aerial Combat[J]. Air, Sea and Land Inertia World, 2010, 5: 40-45.

[2] ENDSLEY M R. Toward a Theory of Situation Awareness in Dynamic Systems[J]. Human Factors, 1995, 35(1): 32-45.

[3] 万璞，王丽莎. 数据挖掘与人工智能技术研究[J]. 无线互联科技，2016，10：113-114.

[4] KRIZHEVSKY A, SUTSKEVER I, HINTON G E. ImageNet Classification with Deep Convolutional Neural Networks[C]// International Conference on Neural Information Processing Systems. British Columbia, Canada, 2012: 1097-1105.

[5] SILVER D, HUANG A, MADDISON C, et al. Mastering the Game of Go with Deep Neural Networks and Tree Search[J]. Nature, 2016, 529(7587): 484-489.

[6] NICHOLAS E, DAVID C, COREY S, et al. Genetic Fuzzy Based Artifical Intelligence for Unmanned Combat Aerial Vehicle Control in Simulated Air Combat Missions[J]. Journal of Defense Management, 2016, 6 (1): 1-7.

[7] SHANNON J. Fighter Pilot: Operation Red Flag[J]. Video Librarian, 2009, 15 (3): 42-43.

[8] ZAMBELIS C. Sino-Turkish Strategic Partnership: Implications of Anatolian Eagle 2010[J]. China Brief, 2011, 22 (8): 18-20.

[9] 大卫·罗根，胡文翰. 解放军“红蓝对抗”紧贴实战[J]. 环球军事，2017，7：68.

[10] 张玉清，黄书波，胡晓宇. “金头盔”飞行员是怎样炼成的[J]. 南国博览，2015，2：24-25.

[11] HUANG J M, GAO D P. Combat Systems Dynamics Model with OODA Loop[J]. Journal of System Simulation, 2012, 24(3): 181-561.

[12] 胡晓峰，贺筱媛，饶德虎，等. 基于复杂网络的体系作战指挥与协同机理分析方法研究[J]. 指挥与控制学报，2015，1（1）：5-13.

[13] 吴文海，周思羽. 基于导弹攻击区的超视距空战态势评估改进[J]. 系统工程与电子技术，2011，33（12）：21-25.

[14] ROUX J N, VUUREN J H V. Threat Evaluation and Weapon Assignment Decision Support: A Review of the State of the Art[J]. Journal of the Operations Research Society of South Africa, 2007, 23(2): 151-187.

[15] 宋元，章新华，许林周. 基于离散隐马尔科夫模型的空中目标战术机动识别[J]. 仪器仪表学报，2007，28（S4）：588-592.

[16] HARLIN W J, CICCI D A. Ballistic Missile Trajectory Prediction Using a State Transition Matrix[J]. Applied Mathematics and Computation, 2007, 188(6): 1832-1847.

[17] CHEN Z G, WU X F. A Novel Multi-Timescales Layered Intention Recognition Method[J]. Applied Mechanics & Materials, 2014, 644-

650: 4607-4611.

[18] FU J, LUO A, LUO X, et al. Study on Service Deployment in C4ISR System Integration[C]//IEEE International Conference on Software Engineering and Service Science. Beijing, China, 2017: 10-20.

[19] 杨凡，常国岑. C3I 战术态势评估系统结构与实现方法[J]. 空军工程大学学报：自然科学版，2002，3（4）：16-18.

[20] LISA A, JESSE Q, JUGAL K, et al. Some Computational Approaches for Situation Assessment and Impact Assessment[J]. Knowledge-Based Systems, 1997, 10(3): 87-102.

[21] AZIMIRAD E, HADDADNIA J. Target Threat Assessment Using Fuzzy Sets Theory[J]. International Journal of Advances in Intelligent Informatics, 2015, 1(2): 57-74.

[22] NARAYANA R P, SUDESH K, GIRIJA G, et al. Situation Assessment in Air Combat: A Fuzzy-Bayesian Hybrid Approach[C]//International Conference on Aerospace Science and Technology. Bangalore, India, 2008: 665-670.

[23] WU W H, ZHOU S Y. A New Situation Assessment Model for Modern Within-Visual-Range Air Combat[J]. Procedia Engineering, 2012, 29(3): 339-343.

[24] 高永，向锦武. 一种新的超视距空战威胁估计非参量法模型[J]. 系统仿真学报，2006，18（9）：2570-2573.

[25] 肖冰松，方洋旺，胡诗国，等. 一种新的超视距空战威胁评估方法[J]. 系统工程与电子技术，2009，31（9）：2163-2166.

[26] XIAO F, HUANG Y, LU W Z. A New Model of the Comprehensive Advantages Threat Assessment in Air Combat Simulation[J]. Journal of Sichuan Ordnance, 2009, 30(6): 221-223.

[27] YIN S, ZHU X P, QIU J B, et al. State Estimation in Nonlinear System Using Sequential Evolutionary Filter[J]. IEEE Trans, 2016, 63 (6): 3786-3794.

[28] OU A I, ZHU Z Q. A Method of Threat Assessment Based on MADM and Results of Situation Assessment in Air to Air Combat[J]. Fire Control Radar Technology, 2006, 35(6): 138-141.

[29] WANG X H, QIN Z, LIU Y, et al. RBF Neural Network for Threat Sequencing[J]. Journal of System Simulation, 2004, 16(7): 82-85.

[30] FU Z W, KOU Y X, WANG L, et al. Multi-Target Threat Assessment of Air Combat Based on Synthesis Fuzzy Assessment Method[J]. Electronics Optics & Control, 2009, 16(9): 456-461.

[31] LU J, ZHANG G, RUAN D. Intelligent Multi-Criteria Fuzzy Group Decision-Making for Situation Assessment[J]. Soft Computing, 2008, 12(3): 289-299.

[32] BAXTER L, SIMPSON R, PREBOLA J, et al. Spiral 1 Space Threat Assessment Testbed Development[J]. ITEA Journal, 2009, 30(3): 345-353.

[33] ZHANG H X, KANG B Y, Li Y, et al. Target Threat Assessment Based on Interval Data Fusion[J]. Journal of Computational Information Systems, 2012, 6(8): 2609-2616.

[34] AZIMIRAD E, HADDADNIA J. Target Threat Assessment Using Fuzzy Sets Theory[J]. International Journal of Advances in Intelligent Informatics, 2015, 1(2): 57-74.

[35] CHEN D F, FENG Y, LIU Y X. Threat Assessment for Air Defense Operations Based on Intuitionistic Fuzzy Logic[J]. Procedia Engineering, 2012, 29(4): 3302-3306.

[36] MA S D, ZHANG H Z, YANG G Q. Target Threat Level Assessment Based on Cloud Model under Fuzzy and Uncertain Conditions in Air Combat Simulation[J]. Aerospace Science and Technology, 2017, 67(3): 49-53.

[37] OKELLO N, THOMS G. Threat Assessment Using Bayesian Networks[C]// IEEE International Conference on Information Fusion. Ottawa, Canada, 2003: 1102-1109.

[38] QU C W, HE Y. A Method of Threat Assessment Using Multiple Attribute Decision Making[C]//International Conference on Signal Processing. Mexico, Acapulco, 2002: 1091-1095.

[39] LIANG Q, CHENG X. Knowledge-Based Ubiquitous and Persistent Sensor Networks for Threat Assessment[J]. IEEE Transactions on Aerospace and Electronic Systems, 2008, 44(3): 1060-1069.

[40] 王俊，姜长生. 基于 LSRBF 神经网络的空战目标威胁评估[J]. 电光与控制，2007，14（4）：43-48.

[41] 邱浪波，刘作良，刘明. 一种应用神经网络技术的威胁估计算法[J]. 空军工程大学学报：自然科学版，2002，3（6）：25-28.

[42] 王向华，覃征，刘宇，等. 径向基神经网络解决威胁排序问题[J]. 系统仿真学报，2004，16（7）：1576-1579.

[43] 郭辉，徐浩军，刘凌. 基于回归型支持向量机的空战目标威胁评估[J]. 北京航空航天大学学报，2010，36（1）：123-126.

[44] 倪世宏，史忠科，谢川，等. 军用战机机动飞行动作识别知识库的建立[J]. 计算机仿真，2005，22（4）：23-26.

[45] 沈一超，倪世宏，张鹏. 基于贝叶斯网络的飞行动作识别方法[J]. 计算机工程与应用，2017，53（24）：161-167.

[46] 孟光磊，陈振，罗元强. 基于动态贝叶斯网络的机动动作识别方法[J]. 系统仿真学报，2017，29（1）：140-145.

[47] 杨俊，谢寿生. 基于模糊支持向量机的飞机飞行动作识别[J]. 航空学报，2005，26（6）：84-88.

[48] 杨俊，段翀，谢寿生. 基于模糊最小二乘支持向量机的飞机飞行动作识别[J]. 弹箭与制导学报，2004，24（3）：395-398.

[49] 谢川，倪世宏，张宗麟，等. 基于状态匹配与支持向量机的飞行动作识别方法[J]. 弹箭与制导学报，2004，24（2）：240-242.

[50] 许卫宝. 基于模糊神将网络的舰载机着舰动作识别方法[J]. 应用科技，2013，40（2）：26-29.

[51] IOANNIS L, JOHN L. Adaptive Aircraft Trajectory Prediction using Particle Filters[C]//AIAA Guidance, Navigation and Control Conference. Honolulu, Hawaii, 2008: 2-6.

[52] BAKLACIOGLU T, CAVCAR M. Aero-Propulsive Modeling for Climb and Descent Trajectory Prediction of Transport Aircraft using

Genetic Algorithms[J]. The Aeronautical Journal, 2014, 118(1199): 66-73.

[53] 翟岱亮，雷虎民，李炯，等. 基于自适应 IMM 的高超声速飞行器轨迹预测[J]. 航空学报，2016，37（11）：3466-3475.

[54] 刘爽，武虎子，耿建中. 一种寻优的 BP 神经网络飞行轨迹实时跟踪算法[J]. 系统仿真技术，2014，10（3）：229-233.

[55] 王俭臣，齐晓慧，单甘霖. 基于 EPSO-BP 的 Elman 网络及其在飞行航迹预测中的应用[J]. 控制与决策，2013，28（12）：1884-1888.

[56] 孟庆芳，张强，牟文英. 混沌时间序列多步自适应预测方法[J]. 物理学报，2006，55（4）：1666-1671.

[57] 徐一帆，谭跃进，贺仁杰，等. 海洋移动目标多模型运动预测方法[J]. 火力与指挥控制，2012，37（3）：20-25.

[58] 夏曦. 基于模板匹配的目标意图识别方法研究[D]. 长沙：国防科技大学，2007.

[59] 赵福均，周志杰，胡昌华，等. 基于置信规则库和证据推理的空中目标意图识别方法[J]. 电光与控制，2017，24（8）：15-19.

[60] 周创明，申晓勇，雷英杰. 基于直觉模糊 Petri 网的敌意图识别方法研究[J]. 计算机应用，2009，29（9）：2464-2467.

[61] 耿振余，张建康. 基于贝叶斯网络的空中目标作战企图识别研究[J]. 现代防御技术，2008，36（6）：40-44.

[62] 葛顺，夏学知. 用于战术意图识别的动态序列贝叶斯网络[J]. 系统工程与电子技术，2014，36（1）：76-81.

[63] 魏蔚，王公宝. 基于径向基神经网络的侦察目标意图识别研究[J]. 舰船电子工程，2018，38（10）：37-40.

[64] 周旺旺，姚佩阳，张杰勇，等. 基于深度神经网络的空中目标作战意图识别[J]. 航空学报，2018，39（11）：322468.

[65] WITTEN I H. Data Mining-Practical Machine Learning Tools and Techniques，Second Edition[M]. 北京：机械工业出版社，2005.

[66] 邹志文，朱金伟. 数据挖掘算法研究与综述[J]. 计算机工程与设计，2005，26（9）：2304-2307.

[67] 赵强. 数据挖掘方法在纳税人行为分析中的研究和实现[D]. 西安：西安电子科技大学，2009.

[68] 刘明吉，王秀峰，黄亚楼. 数据挖掘中的数据预处理[J]. 计算机科学，2000，27（4）：54-57.

[69] 张秀爱. 基于数据挖掘方法的数据转换问题的研究[J]. 科技信息：科学教研，2007，36：709-710.

[70] 罗可，林睦纲，郗东妹. 数据挖掘中分类算法综述[J]. 计算机工程，2005，31（1）：3-5.

[71] 冯勤. 基于回归数据挖掘预测系统的分析与研究[D]. 天津：天津大学，2005.

[72] 李强. 数据挖掘中关联分析算法研究[D]. 哈尔滨：哈尔滨工程大学，2010.

[73] 刘佶鑫，赵英凯. 元胞贝叶斯决策路径规划方法[J]. 计算机工程与设计，2009，30（17）：4053-4056.

[74] 王娟，朱庆保，崔靖. 复杂环境下基于贝叶斯决策的机器人路径规划[J]. 计算机工程与应用，2012，48（2）：245-248.

[75] 符小卫，高晓光. 基于贝叶斯优化的无人机路径规划算法[J]. 宇航学报，2006，27（3）：422-425.

[76] 姬杨蓓蓓，张小宁，孙立军. 基于贝叶斯决策树的交通事件持续时间预测[J]. 同济大学学报（自然科学版），2008，36（3）：319-324.

[77] WEBB G I, CHEN S L, ZAIDI N A. Scalable Learning of Bayesian Network Classifiers[J]. Journal of Machine Learning Research, 2016, 17(1): 1515-1549.

[78] MURALIDHARAN V, SUGUMARAN V. A Comparative Study of Naïve Bayes Classifier and Bayes Net Classifier for Fault Diagnosis of Monoblock Centrifugal Pump using Wavelet Analysis[J]. Applied Soft Computing, 2012, 12(8): 2023-2029.

[79] JIANG L X, CAI Z H, WANG D H, et al. Improving Tree Augmented Naive Bayes for Class Probability Estimation[J]. Knowledge-Based Systems, 2012, 26: 239-245.

[80] 周开乐，杨善林. 聚类有效性研究综述[J]. 系统工程与理论实践，2014，9（34）：2417-2431.

[81] XU R, WUNSCH II D. Survey of Clustering Algorithms[J]. IEEE Transactions on Neural Networks, 2005, 16: 645-678.

[82] JAIN A K, MURTY M N, FLYNN P J. Data Cluster: A review[J]. ACM Computing Survey, 1999, 31(3): 264-323.

[83] FREY B J, DUECK D. Clustering by Passing Messages between Data Points[J]. Science, 2007, 315(5814): 972-976.

[84] KONG D M, XU L J, LI X L, et al. K-Plane-Based Classification of Airborne LiDAR Data for Accurate Building Roof Measurement[J]. IEEE Transactions on Instrumentation & Measurement, 2014, 63(5): 1200-1214.

[85] RODRIGUEZ A, LAIO A. Clustering by Fast Search and Find of Density Peaks[J]. Science, 2014, 344(6191): 1492-1496.

[86] CHOUBIN B, SOLAIMANI K, HABIBNEJAD R M, et al. Watershed Classification by Remote Sensing Indices: A Fuzzy C-Means Clustering Approach[J]. Journal of Mountain Science, 2017, 14(10): 2053-2063.

[87] WANG D L, LIU X M, AHALT S C. On Temporal Generalization of Simple Recurrent Networks[J]. Neural Networks, 1996, 9(7): 1099-1118.

[88] HORNIK K, STINCHCOMBEA M, WHITE H. Miltilayer Feedforward Networks are Universal Approximators[J]. Neural Networks, 1989, 2(5): 359-366.

[89] FANG H J, LUO J L, WANG F. Fast Learning in Spiking Neural Networks by Learning Rate Adaptation[J]. Chinese Journal of Chemical Engineering, 2012, 20(6): 1219-1224.

[90] 曾晓勤，周建新. 一种高效二进前馈神经网络学习算法[J]. 哈尔滨工业大学学报，2016，5（48）：148-154.

[91] HINTON G E, SALAKHUTDINOV R. Reducing the Dimensionality of Data with Neural Network[J]. Science, 2006, 313: 504-507.

[92] RUMELHART D E, HINTON G E, WILLIAMS R J. Learning Representations by Back Propagation Errors[J]. Nature, 1986, 323(9): 533-536.

[93] KIM J, SHIN H S, SHIN K, et al. Robust Algorithm for Arrhythmia Classification in ECG using Extreme Learning Machine[J]. Biomedical Engineering, 2009, 31(8): 1-12.

[94] GUAN X M, ZHU Y R, et al. Application of RBF Neural Network Improved by Peak Density Function in Intelligent Color Matching of Wood Dyeing[J]. Chaos Solitons and Fractals, 2016, 89: 485-490.

[95] LIOU C Y, HUANG J C, YANG W C. Modeling Word Perception using the Elman Network[J]. Neurocomputing, 2008, 71(16-18): 3150-3157.

[96] ADANKON M M, CHERIET M. Support Vector Machine[M]. US: Springer, 2015.

[97] 郑红军，周旭，毕笃彦. 统计学习理论及支持向量机概述[J]. 现代电子技术，2003，4：59-61.

[98] MIN J H, LEE Y C. Bankruptcy Prediction using Support Vector Machine with Optimal Choice of Kernel Function Parameters[J]. Expert Systems with Applications, 2008, 28(4): 603-614.

[99] 杜树新，吴铁军. 用于回归估计的支持向量机方法[J]. 系统仿真学报，2003，15（11）：1580-1585.

[100] 郭丽娟，孙世宇，段修生. 支持向量机及核函数研究[J]. 科学技术与工程，2008，8（2）：487-490.

[101] 余凯，贾磊，陈雨强，等. 深度学习的昨天、今天和明天[J]. 计算机研究与发展，2013，50（9）：1799-1804.

[102] 尹宝才，王文通，王立春. 深度学习研究综述[J]. 北京工业大学学报，2015，1（41）：48-60.

[103] TÓTH L. Phone Recognition with Hierarchical Convolutional Deep Maxout Networks[J]. EURASIP Journal on Audio, Speech, and Music Processing, 2015(1): 25.

[104] ORDEZ F J, ROGGEN D. Deep Convolutional and LSTM Recurrent Neural Networks for Multimodal Wearable Activity Recognition. Sensors, 2015, 16 (1): 15.

[105] SCHMIDHUBER J. Deep Learning in Neural Networks: An Overview[J]. Neural Networks, 2015, 61(2): 85-117.

[106] GRAVES A. Generating Sequences with Rccurrent Neural Networks[J]. arXiv preprint arXiv: 1308.0850, 2013: 1-29.

[107] HINTON G E, OSINDERO S, TEH Y W. A Fast Learning Algorithm for Deep Belief Nets[J]. Neural Computation, 2014, 18(7): 1527-1554.

[108] FORNARELLI G, GIAQUINTO A. Adaptive Particle Swarm Optimization for CNN Associative Memories Design[J]. Neurocomputing, 2009, 72(16): 3851-3862.

[109] GRAVES A, SCHMIDHUBER J. Framewise Phoneme Classification with Bidirectional LSTM and Other Neural Network Architectures[J].

Neural Networks, 2005, 18(5): 602-610.

[110] 丛伟，景博. 美国空军空战训练系统的发展历程和启示[J]. 电光与控制，2011，18（7）：55-59.

[111] 左家亮，杨任农，张滢，等. 基于模糊聚类的近距空战决策过程重构与评估[J]. 航空学报，2015，36（5）：1650-1660.

[112] SU J, SHIRAB J S, MATWIN S. Large Scale Text Classification using Semi-Supervised Multinomial Naive Bayes[C]//International Conference on Machine Learning. Bellevue, WA, USA, 2011: 97-104.

[113] 顾佼佼，刘卫华. 基于攻击区和杀伤概率的视距内空战态势评估[J]. 系统工程与电子技术，2015，37（6）：1306-1312.

[114] 马耀飞，龚红光，彭晓媛. 基于强化学习的航空兵认知行为模型[J]. 北京航空航天大学学报，2010，36（4）：379-383.

[115] ZHANG H, SHENG S. Learning Weighted Naive Bayes with Accurate Ranking[C]//International Conference on Data Mining. Brighton, England, 2004: 567-570.